建筑业
财税合规管理
与疑难问题处理
二十讲

林久时◎著

中国铁道出版社有限公司
CHINA RAILWAY PUBLISHING HOUSE CO., LTD.

图书在版编目（CIP）数据

建筑业财税合规管理与疑难问题处理二十讲／林久时
著. -- 北京 ：中国铁道出版社有限公司，2025. 5.
ISBN 978-7-113-32185-7

Ⅰ. F426.9;F812.423

中国国家版本馆 CIP 数据核字第 2025YC6399 号

书　　名：**建筑业财税合规管理与疑难问题处理二十讲**
JIANZHUYE CAISHUI HEGUI GUANLI YU YINAN WENTI CHULI ERSHI JIANG

作　　者：林久时

责任编辑：王淑艳　　　　**编辑部电话**：(010)51873022　　　**电子邮箱**：554890432@qq.com

封面设计：赵　兆
责任校对：苗　丹
责任印制：赵星辰

出版发行：中国铁道出版社有限公司（100054，北京市西城区右安门西街 8 号）

网　　址：https://www.tdpress.com

印　　刷：北京联兴盛业印刷股份有限公司

版　　次：2025 年 5 月第 1 版　2025 年 5 月第 1 次印刷

开　　本：710 mm×1 000 mm 1/16　**印张**：19　**字数**：309 千

书　　号：ISBN 978-7-113-32185-7

定　　价：108.00 元

前　言

当前，建筑业财务管理部门和财务人员的专业能力存在显著的两极分化现象：一方面，一些大型建筑央企、地方建工集团和城市建设集团等已经构建了较为完善的财税管理体系，并能有效控制总体风险；另一方面，许多资质等级不高的总包企业和中小型分包企业仍处于管理薄弱阶段，在智能税务严格征管的环境下，这些企业的财税风险尤为显著，容易出现风险失控的情况。中小型建筑企业的财务人员往往缺乏系统学习行业财税知识的耐心，他们需要的是类似"专业词典"的参考资料，以便在需要时能够迅速查阅。而对那些财税管理水平较高的大型建筑企业财务人员来说，他们需要的是超越基础会计核算和财税政策解读的专业书籍，通过实战案例分析和真实合同案例讲解，来满足业务、财务、税务、法务高度融合的需求。

鉴于上述行业现状，本书的编写基于我在教学和咨询工作中积累的高频、关注度高的专题内容，采用类似授课的方式进行写作，而非全面阐述会计核算体系、增值税管理体系、合同管理体系等。因此，在写作思路和内容结构上与我先前出版的《建筑企业财税处理与合同涉税管理》《建筑施工企业全生命周期财税处理与风险防范（案例版）》存在较大差异。

本书具有三大特色：首先，精选了建筑行业关注度较高的二十个专题，深入剖析财税合规处理的策略，其中的大量案例源自实际业务。其次，本书内容全面覆盖了建筑业务，难度适中，适合不同层级的建筑企业财务部门人员阅读，无须担心内容不适用。最后，各专题之间无严格的逻辑顺序，读者可以根据个人需求选择性阅读，便于利用零散时间进行学习。

本书的出版，首先要感谢我的导师——中国建设会计学会会计学术委员会首席专家何广涛博士。本书的重点章节和核心内容是在他的高瞻远瞩指导下完成的。他对行业发展趋势的深刻洞察和对财税政策的精准解读，为本书内容的深度和广度奠定了坚实基础。他严谨的学术态度和对知识不懈地追求，也深深影响了我，让我在学术研究和实务钻研的道路上更加坚定和自信。

同时，我要感谢多年来一直支持我的广大读者。在追求知识的道路上，是大家的期待和鼓励，让我始终保持激情和动力。每当我遇到困难和挑战时，想到大家对我的信任和支持，便有了克服一切的勇气。

我要感谢那些在背后默默付出的家人、同学和朋友们。没有你们的理解与支持，我无法全心投入到写作工作中。未来，我将继续努力，希望能够创作出更多具有价值的专业著作。

受写作时间和写作能力所限，书中或许存在若干错误与疏漏，恳请广大读者予以批评并指正。

林久时

2025 年 2 月

目　录

I

音频

第一讲

第一讲 联合体工程项目的财税处理

联合体工程项目是指多个单位联合参与的一个整体性工程项目，通过整合各方的优势资源，提高项目的建设效率和质量。本讲主要围绕联合体工程的财税处理、资金管理、经营风险进行全方位剖析。

一、工程承揽模式

（一）工程承揽模式划分标准

1. 按照是否独立投标划分

按照是否由一个法人单位独立投标划分，可以将工程承揽模式分为独立投标和联合体投标。独立投标，指的是建筑企业以自身资质参与投标，中标后与建设方签订施工承包合同，并办理计价结算；联合体投标，指的是在满足资质要求的前提下，参与投标的各方利用自身优势组成联合体共同投标、共同签订合同，各自成立工程项目部并按合同约定进行施工，业主对联合体各方分别计价结算。

2. 按照是否完全自营划分

按照是否完全自营划分，可以将工程承揽模式分为自营模式、总分包模式。自营模式，指的是建筑企业中标后直接成立项目部，负责履行合同义务；总分包模式，指的是总包方和分包方各自按照合同约定进行工程施工，业主对总包工程进行计价结算，总包方对分包工程进行计价结算。

建筑工程总承包单位按照总承包合同的约定对建设单位负责；分包单位按照分包合同的约定对总承包单位负责。总承包单位和分包单位就分包工程对建设单位承担连带责任。

（二）集团公司内部授权施工

集团公司内部授权施工模式，是指建筑集团公司承揽工程项目后通过内部授权协议或三方协议的形式授权给内部单位进行实施，由内部单位负责实际施工并直接与发包方办理工程结算、开具增值税发票等事项。

二、联合体承包工程

（一）联合体的基本概念

《中华人民共和国建筑法》(以下简称《建筑法》) 第二十七条规定："大型建筑工程或者结构复杂的建筑工程，可以由两个以上的承包单位联合共同承包。共同承包的各方对承包合同的履行承担连带责任。两个以上不同资质等级的单位实行联合共同承包的，应当按照资质等级低的单位的业务许可范围承揽工程。"

1. 联合体各方对承包合同的履行承担连带责任

《建筑法》第二十七条规定的"联合共同承包"行为的主体即本讲所述"联合体"。联合体是一个虚拟组织，非法人概念，联合体的各方要对承包合同履行连带责任。连带责任，是指在同一债权债务关系的两个以上的债务人中，任何一个债务人都负有向债权人履行全部债务的义务。债权人可以向其中任何一个或多个债务人请求履行部分债务，也可以请求全部履行。负有连带责任的债务人不得以债务人之间对账分担比例有约定为由拒绝履行部分或全部债务。

2. 联合体项目对联合体各方资质的要求

《建筑法》第二十六条第一款规定："承包建筑工程的单位应当持有依法取得的资质证书，并在其资质等级许可的业务范围内承揽工程。"因此，联合体共同承包的各个承包单位在资质等级许可范围内承揽工程。对于联合承包的资质等级要求应当以资质等级低的承包单位的业务许可范围为准。《建筑法》第二十七条第二款的规定可以有效防止越级承包，避免部分承包单位在实践中以联合承包为幌子进行"资质挂靠"，从而确保建筑工程的安全和质量。

因此，无论是从民事责任上还是资质要求上，均不能由总公司与分公司组成联合体进行工程承包。至于母公司与子公司是否可以组成联合体，或同一集团公司的下属两家独立法人单位可否组成联合体进行共同承包，在法律法规上并未禁止，具体看发包单位是否限制。

【案例 1-1】 某县公墓改扩建项目设计施工总承包（EPC）项目，招标人在招标文件中关于投标人的约定如下。本次招标接受联合体投标。联合体投标应满足下列要求：各成员单位为独立法人，在资质上要求投标人具备工程设计建筑行业（建筑工程）乙级及以上资质，建筑工程施工总承包乙级及以上资质。联合体单位不得超过两家；牵头单位必须是具备建筑工程施工总承包乙级及以上资质的施工单位；联合体各成员须签订有效的联合体协议书并明确各自的权利和义务，牵头人负责联合体从投标报名直到完成本项目的所有具体事宜；联合体成员不得再与其他单位组成联合体或单独投标。

分析：上述案例，招标人在招标文件中明确了可以接受联合体投标，只明确了联合体成员单位必须为独立法人、符合资质要求，并未限制母、子公司组成联合体投标。另外，在建筑法规明确规定的联合体投标事项以外，招标人对联合体投标事项作出一定限制。例如，明确了牵头人的资质限制和联合体成员数量限制，换句话说限制了设计单位作为联合体的牵头人。

3. 单个项目参与联合体投标后不得再单独投标

《工程建设项目施工招标投标办法》第四十二条规定："两个以上法人或者其他组织可以组成一个联合体，以一个投标人的身份共同投标。联合体各方签订共同投标协议后，不得再以自己名义单独投标，也不得组成新的联合体或参加其他联合体在同一项目中投标。"

这一规定能够有效防止联合体成员之间产生不正当竞争，确保联合体投标活动的公平、公正和透明。

4. 联合体投标项目的牵头人

联合体投标项目的牵头人，是整个联合体投标团队的核心，也是与招标人进行沟通、协调的重要桥梁。《工程建设项目施工招标投标办法》第四十四条规定："联合体各方应当指定牵头人，授权其代表所有联合体成员负责投标和合同实施阶段的主办、协调工作，并应当向招标人提交由所有联合体成员法定代表人签署的授权书。"

在投标保证金的支付上，既可以以联合体各方的名义支付，也可以联合体中牵头人的名义提交投标保证金。以联合体中牵头人名义提交的投标保证金，对联合体各成员具有约束力。

（二）联合体优势

联合体的各方必须具备相应的资质等级和施工能力，能够满足工程建设的需要。联合体各方在满足以上硬性条件的基础上，能够形成优势互补，提高整体竞争力。联合体承揽工程可以实现资源共享，降低投标成本，同时也可以分散风险，提高工程的整体效益和竞争力。

三、联合体承揽工程如何签订合同

（一）联合体成员之间的协议的签订

联合体协议经发包人确认后应作为合同附件。在履行合同过程中，未经发包人同意，不得变更联合体成员及其负责的工作范围，或者修改联合体协议中与本合同履行相关的内容。

在联合体承揽工程中，各个承包单位通过合同的方式约定各方的权利和义务，一般包括联合承包的管理机构、管理职责、管理方式、各方承担的工程任务及分工、利润和风险的分配比例或者方式等。联合体成员之间合同协议签订是一个非常重要的环节。

在签订联合体成员之间的协议时，需要特别注意以下几点：

1. 明确联合体的组织形式和运作方式

联合体各方需要协商确定联合体的组织形式，如成立联合体项目部，或者由各成员单位分别设立项目部等。同时，还需要明确联合体的运作方式，比如如何进行工程管理、资金分配等。

2. 明确联合体牵头人及其权利义务

联合体各方应通过协议明确联合体的牵头人，并签订授权协议授权牵头人在合同履约阶段的主办、协调工作。联合体牵头人或联合体授权的代表负责与发包人和监理人联系，并接受指示，负责组织联合体各成员全面履行合同。

3. 明确联合体各方的权利和义务

联合体各方需要明确各自在工程建设中的权利和义务，如谁负责哪些工作、谁承担哪些风险等。在实务中，部分联合体成员方共同与采购人签订合同，并就采购合同约定的事项对采购人承担连带责任。

【案例 1-2】　A 建设公司、B 设计公司组成联合体共同承包了"月光海"商业楼工程总承包项目，合同总金额 3.6 亿元（适用一般计税方法计税），其中设计费 600 万元，施工费 3.54 亿元。A 建设公司、B 设计公司签订了月光海商业楼工程总承包项目联合体投标协议。

月光海商业楼工程总承包项目联合体协议书

A 建设公司、B 设计公司自愿组成联合体，共同参加月光海商业楼工程总承包项目（以下简称本工程）的投标。现就联合体投标事宜订立如下协议。

1. A 建设公司为牵头人。

2. 联合体牵头人合法代表联合体各成员负责本工程投标文件编制和合同谈判活动，代表联合体提交和接收相关的资料、信息及指示，处理与之有关的一切事务，并负责合同订立和合同实施阶段的主办、组织和协调工作。

3. 联合体将严格按照磋商文件的各项要求，递交投标文件，履行投标义务和中标后的合同，共同承担合同规定的一切义务和责任，联合体各成员单位按照内部职责的划分，对内承担各自所负的责任和风险，并对外承担连带责任。

4. 联合体牵头人代表联合体签署文件的，联合体牵头人的所有承诺均被认为代表了联合体各成员。

5. 联合体在投标工作及中标后合同履行过程中的费用按各自承担的工作量分摊。联合体各方按照各自履约的合同义务向发包人开具相应发票，并各自向发包人收取款项。

6. 如中标，联合体双方的工作须符合各自的资质要求，具体分工如下：联合体牵头人 A 建设公司承担施工作业工作，联合体成员 B 设计公司承担设计工作。

7. 联合体中标后，本联合体协议是承包合同的附件，对联合体各成员单位有合同约束力。

8. 本协议书自签署之日起生效，如联合体未中标或者中标后合同履行完毕，本协议自动失效。

9. 本协议书一式三份，联合体成员和采购人各执一份。

牵头人名称（盖章）：

法定代表人（签字或盖章）：

成员名称（盖章）：

法定代表人（签字或盖章）：

_____年____月____日

（二）联合体成员与发包人之间的承包合同

经发包人同意，以联合体方式承包工程的，联合体各方应共同与发包人订立合同协议书，即在合同主体的表述形式上为"一个甲方多个乙方"。联合体各方应为履行合同向发包人承担连带责任。承包人应在专用合同条件中明确联合体各成员的分工、费用收取、发票开具等事项。

联合体各成员分工承担的工作内容必须与适用法律规定的该成员的资质资格相适应，并应具有相应的项目管理体系和项目管理能力，且不应根据其承包工作的分工而减免对发包人的任何合同责任。

【案例1-3】　铁蛋建筑公司与钢蛋设计公司组成联合体，于2025年4月1日与某地文化馆签订文化馆主体及附属楼加固改造工程总承包合同（EPC项目），合同工期为2025年5月1日至2025年12月31日。签约含税合同价为人民币（大写）壹佰陆拾柒万柒仟柒佰元，（小写金额：1 677 700元）。其中设计费为人民币（大写）伍万玖仟伍佰元整（小写金额：59 500元）（一次性包干）；工程费用为人民币（大写）壹佰陆拾壹万捌仟贰佰元整（小写金额）1 618 200元（工程费用一次性包干）。本工程合同签订后7个工作日内，按约定支付工程预付款，本项目承包人收取预付款前应当足额开具增值税发票，预付款比例为合同签约金额的10%。设计费由设计单位向发包人开具发票进行结算。

分析：上述联合体项目的施工合同约定相对较明确。在施工合同中已经将设计费和施工费分别列明，且约定了各项费用由具体负责履约的联合体成员向发包方开具发票进行结算，不易因开票事项产生纠纷。

四、联合体项目的财税处理与资金管理

联合体项目中的财税处理与资金监管是项目管理体系中极为关键的一环。鉴于联合体项目通常囊括了多个合作伙伴，各方在项目运作过程中各自承担着不同的职责与角色，这使得财税事务的处理与资金的监管工作变得尤为复杂与重要。联合体工程的发票管理与资金管理如图1-1所示。

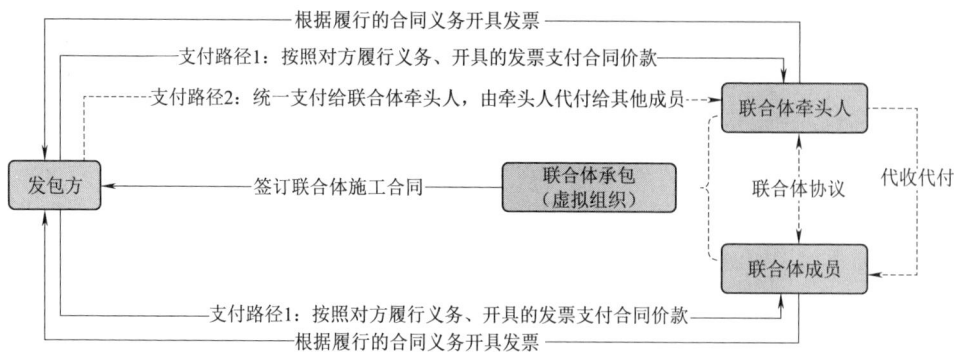

图 1-1　联合体工程发票管理与资金管理

（一）发票管理

单个法人单位承包的工程项目，由承包方按照履约内容向发包方开具相应发票，并由发包方直接向其支付相应款项（ABS 供应链融资、应收账款保理等付款方式除外）。联合体承包项目，联合体的牵头人及各个成员单位也应当根据各自履约内容分别向发包方开具应税发票。

【**案例 1-4**】　铁蛋建筑集团公司与 A 建设公司、B 建设公司、C 建设公司组成联合体共同承包了某一地铁施工总承包工程，合同总金额 36 亿元（适用一般计税方法计税）。合同工期为 2025 年 1 月 1 日至 2027 年 12 月 31 日。合同约定每次付款由联合体牵头人给发包人开具增值税专用发票，发包人统一将款项支付给联合体牵头人，视同所有承包人收到款项。

分析：上述案例，在工程业务的管理上可能属于联合体，但是在财税处理上属于"总分包模式"。如果联合体工程的合同关系为"一个甲方，多个乙方"，开具发票时又是按照"发包—总包—分包"的关系逐级开具，可能存在一定的涉税风险。

（二）资金管理

联合体项目的资金管理需要综合考虑各参与方的利益和需求，建立有效的管理机制和监管体系，加强资金使用的监控和调度，以及强化风险管理和应对措施。

1. 资金的收取上可能出现"三流不一致"的情形及潜在风险

在实务中，笔者遇到建筑企业咨询如下问题：

建筑企业与设计单位组成联合体投标某项目，该项目以设计单位为牵头人。在项目建设过程中，发包方将工程款全部支付给设计单位，再由设计单位支付给建筑施工企业，发票是由设计单位、建筑企业各自开票给发包方。按此操作，出现资金流和票流不一致的情况，对于发包方、设计方和施工方是否存在税务风险呢？

笔者认为，合同约定的业务实际由联合体哪一方完成的，就由哪一方向发包方开具发票。在款项收取上，可以由发包方直接向联合体各方支付；也可以统一支付给联合体的牵头人，由牵头人再支付给其他成员。作为联合体的牵头人，若依据联合体协议或者是施工合同的约定需代收代付其他联合体成员款项的，在收到代付款项时，借记"银行存款"科目，贷记"其他应付款"科目；向其他联合体单位支付款项时，借记"其他应付款"科目，贷记"银行存款"。

从资金安全的角度考虑，统一支付给牵头人对其他联合体成员而言存在潜在民事纠纷风险。在实务中，发生过联合体项目的牵头人统一收款后，未支付给其他联合体成员而卷款潜逃事情。

【案例1-5】　A公司为政府平台公司，2016年对外发布了某市政道路工程招标公告，该项目为BT项目，建设期3年。建筑B公司（以下简称B公司）与C设计公司（以下简称C公司）组成联合体中标了该工程。中标后，由C公司担任项目公司负责筹资和设计，同时C公司为牵头人，B公司负责施工。该联合体合同中明确约定工程竣工移交给A公司后，A公司将工程款及利息统一打给牵头人C公司，C公司收到款项后再按照B、C公司之间的联合体协议及双方的利益分配约定向B公司支付款项。由于C公司对外发生了大量的民间借贷，收取的款项大部分被法院强行划走了，造成B公司未收到任何款项，且尚未收取的尾款也已被C公司以债权转让的名义质押给了其他机构。B公司竹篮打水一场空。

2. 在资金支付上注意是否需要承担连带责任

在资金支付上，笔者建议联合体项目的成员在签订联合体协议时约定，针对各自完成的合同义务各自寻找合适的供应商进行合作，各自对选择合作的供应商负责。虽然对联合体中标项目，联合体成员需要承担连带责任，但并不意味着必须以联合体的名义与所有供应商签订合同。例如联合体由设计单位和施工单位组成，设计单位只负责该项目的设计内容，其余施工完全由施工单位负责，若采购混凝土合同也以联合体的名义签订并且要求设计单位承担连带责任，对设计单位有失公允。

3. 联合体项目如何缴纳工伤保险

部分规模较大、结构较复杂的总承包项目由两家以上单位组成联合体进行共同承包的，项目的施工作业人员的工伤保险如何缴纳？以联合体牵头人的名义统一缴纳，还是联合体各方以自己的名义缴纳？笔者认为，联合体各方以自己的名义缴纳工伤保险更为合适。首先，各自缴纳工伤保险可以避免企业所得税扣除凭证存在争议的问题；其次，按照联合体协议约定的各自的合同义务、合同金额承担相应的工伤保险缴纳义务更合理。联合体建筑工程施工许可证如图 1-2 所示。

中华人民共和国

建筑工程施工许可证

编号530*******210101

根据《中华人民共和国建筑法》第八条规定，经审查，本建筑工程符合施工条件，准予施工。

特发此证

发证机关 A市B区行政审批局

发证日期 2024年06月21日

扫描二维码核对证照信息

建设单位	A保障房建设管理有限公司		
工程名称	A市B区2024-2号地块保障性住房项目		
建设地址	A市B区C街道		
建设规模	42322.12平方米		
合同工期	2024年06月21日至2025年11月13日	合同价格	16258.21万元
参建单位			
勘察单位	A市建筑设计研究院股份有限公司	项目负责人	×××
设计单位	A市建筑设计研究院股份有限公司	项目负责人	×××
施工单位	B建设集团有限公司	项目负责人	×××
监理单位	C城市建设工程咨询有限公司	总监理工程师	×××
工程总承包单位	B建设集团有限公司	项目经理	×××
备注	D开发投资集团有限公司（联合体牵头人）、C集团有限公司（联合体成员）、A市建筑设计研究院股份有限公司（联合体成员）		

注意事项：
一、本证放置施工现场，作为准予施工的凭证。
二、未经发证机关许可，本证的各项内容不得变更。
三、住房和城乡建设行政主管部门可以对本证进行查验。
四、本证自发证之日起三个月内应当开工，逾期应办理延期手续，不办理延期或延期次数、时间超过法定时间的，本证自行废止。
五、在建的建筑工程因故中止施工的，建设单位应当自中止之日起一个月内向发证机关报告，并按照规定做好建筑工程的维护管理工作。
六、建筑工程恢复施工时，应当向发证机关报告；中止施工满一年的工程恢复施工的，建设单位应当报发证机关核验施工许可证。
七、凡未取得本证擅自施工的属违法建设，将按《中华人民共和国建筑法》的规定予以处罚。

图 1-2 联合体工程施工许可证

笔者在此提醒，为了避免联合体成员各自缴纳工伤保险时出现适用施工主体争议，建设单位在办理施工许可证时"施工单位"栏次务必填写联合体全部成员名称。

（三）会计核算

在经营成果核算上，各联合体成员应当各自独立核算。联合体是一个虚拟的组织，不能以联合体的名义进行经营成果的核算，也没必要。联合体成员应该根据各自履约的内容对合同收入和合同成本与其他各项经济业务进行准确核算和记录。对于作为单一会计核算主体的联合体成员，其在会计核算方面的处理与其他建筑工程业务并无不同。

第二讲　集团公司签约授权内部单位施工的财税处理

随着建筑市场的不断扩大和竞争的日益激烈，建筑企业在异地施工的过程中，经常面临一些挑战和难题，其中最常见的问题之一就是被要求设立子公司或分公司来负责项目的实施。本讲就建筑企业跨地施工设立的分公司涉及的财税管理进行讲解。

一、"三流"不一致的涉税风险

在实务中，"三流"一致，一般指的是资金流、物流、发票流一致。"三流"不一致一定存在涉税风险吗？

（一）为什么会认为"三流"不一致有风险

1. "三流"不一致是否影响进项税额的抵扣

笔者在某地税务局 12366 纳税服务平台中看到过这样一个问题：

我公司在国美平台购买货物，并收到增值税专用发票。款项是支付到"国美在线电子商务有限公司"银行账户，但收到的发票开票方是"广州国美在线电子商务有限公司"，进项税额是否属于不予抵扣的情形？这种情况是否属于"进行了实际经营活动，但让他人为自己代开专用发票"的虚开增值税专用发票情形？除此以外，各大电商平台都存在这种开票方和收款方不一致的情况，这些情况是否属于虚开？

为什么有人会认为"三流"不一致不能抵扣进项税额呢？主要是因为《国家税务总局关于加强增值税征收管理若干问题的通知》（国税发〔1995〕192 号）[①] 第一条第三项"购进货物或应税劳务支付货款、劳务费用的对象。纳税人购进货物或应税劳务，支付运输费用，所支付款项的单位，必须与开具抵扣凭证的销货单位、提供劳务的单位一致，才能够申报抵扣进项税额，否则不予抵扣"的规定得出的结论。

2016 年 5 月 26 日，国家税务总局通过视频会议解答政策问题时，政策组

---

① 此文件已全文废止，因说明"三流"一致的由来，引用此文件。

发言材料中有以下问答。

问：纳税人取得服务品名为住宿费的增值税专用发票，但住宿费是以个人账户支付的，这种情况能否允许抵扣进项税额？是不是需要以单位对公账户转账付款才允许抵扣？

答：其实现行政策在住宿费的进项税额抵扣方面，从未作出过类似的限制性规定，纳税人无论通过私人账户还是对公账户支付住宿费，只要其购买的住宿服务符合现行规定，都可以抵扣进项税额。而且，需要补充说明的是，不仅是住宿费，对纳税人购进的其他任何货物、服务，都没有因付款账户不同而对进项税额抵扣作出限制性规定。

2. "三流"不一致是否存在其他涉税问题

国家税务总局政策组发言材料其实已经从根本上回答了"三流"不一致不影响进项税额的抵扣，但是"三流"不一致是否存在其他涉税问题呢？

网络咨询款项支付到"国美在线电子商务有限公司"银行账户，但收到的发票开票方是"广州国美在线电子商务有限公司"，这种情况是否属于"进行了实际经营活动，但让他人为自己代开专用发票"的虚开专票情形？在新时代新经济形态下，平台经济已经非常普遍了。平台公司的功能，可能只作为一个信息撮合的场所和提供代收代付服务，并不实际销售货物，因此类交易模式导致的"三流"不一致并不存在虚假开具发票问题。例如在京东网上购买办公用品，款项支付给"京东支付（北京）科技有限公司"或"京东商城平台商户"，但实际销售货物和开具发票可能为京东自营企业和第三方供应商，这种也属于形式上的"三流"不一致。笔者认为，只要业务真实发生，且出现收款方和开票方不一致是由特定交易模式导致的，资金流向可追溯反应完整业务链的，不应认定"三流"不一致就有涉税问题。

(二) 建筑企业常见的"三流不一致"

除了前述平台经济模式下，容易出现"三流"不一致外，还有很多因素会导致这一情形，在建筑业中尤其普遍。例如，债权债务转让、应收账款和应付账款保理、以房抵偿工程款、以物抵债、非货币性资产交换、业主方代付甲控材料款。还有一类在建筑业中也比较典型，即建筑企业集团公司签订施工合同后授权给分公司施工，并由分公司办理结算款、开具建筑服务发票。本讲主要讲解的就是集团公司签约授权内部单位施工的财税处理的情形。

二、集团公司内部授权施工的核心要义

建筑企业跨省、跨地级行政区施工设立分、子公司的情况非常普遍。从某种角度说，建筑企业在项目所在地设立分、子公司可能并非其本意，而是特殊原因导致的。有些是项目地有关部门要求的，有些是业主方要求的。

【案例 2-1】 铁蛋建筑公司（增值税一般纳税人）于 2025 年 1 月 1 日在 A 省承揽了钢蛋实业有限公司发包的园区招商大楼施工总承包合同，双方签订了建设工程合同，合同工期为 2025 年 1 月 1 日至 2026 年 12 月 31 日，合同总造价为 21 800 万元（其中价款 20 000 万元，增值税 1 800 万元）。发包方要求铁蛋建筑公司在项目所在地设立分（子）公司，由分（子）公司负责施工并与发包人对接结算事项。铁蛋建筑公司应当设立分公司还是子公司？此项授权施工应注意哪些事项？

接下来我们一一解答上述案例提出的问题。

（一）严禁强制要求施工单位在项目地设立分（子）公司

在"营改增"后，中华人民共和国财政部（以下简称财政部）、国家税务总局和中华人民共和国住房和城乡建设部（以下简称住房和城乡建设部）等就联合发过一个内部意见，即《财政部 国家税务总局 住房和城乡建设部〈关于进一步做好建筑行业营改增试点工作的意见〉》(税总发〔2017〕99 号)第二条第七项规定："……坚决打破区域市场准入壁垒，任何地区和单位不得违法限制或排斥本地区以外的建筑企业参加工程项目投标，严禁强制或变相要求外地建筑企业在本地设立分公司或子公司，为建筑企业营造更加开放、公平的市场环境。"

后来，住房和城乡建设部也多次发布有关文件。2019 年，住房和城乡建设部发布了《住房和城乡建设部办公厅关于支持民营建筑企业发展的通知》（建办市〔2019〕8 号），根据该文件第二条规定："……地方各级住房和城乡建设主管部门要给予外地民营建筑企业与本地建筑企业同等待遇，不得擅自设置任何审批和备案事项，不得要求民营建筑企业在本地区注册设立独立子公司或分公司……"2021 年，《住房和城乡建设部办公厅关于开展建筑企业跨地区承揽业务要求设立分（子）公司问题治理工作的通知》（建办市函〔2021〕36 号）规定："一、各级住房和城乡建设主管部门要严格执行《住房

城乡建设部关于印发推动建筑市场统一开放若干规定的通知》（建市〔2015〕140号）第八条规定，不得要求或变相要求建筑企业跨地区承揽业务设立分（子）公司；对于存在相关问题的，要立即整改……"

随着建筑业"放管服"改革的进一步深化，有关部门严肃查处了一批违规设置建筑市场壁垒、限制和排斥建筑企业跨省承揽业务的行为，较之前，建筑企业迎来了一个相对公平竞争的建筑市场环境。

（二）集团企业内部授权施工的要点

建筑企业跨省、跨地市承揽工程项目，允许授权给其设立的内部单位进行施工，并由内部单位办理结算和发票开具手续。在税法上，主要是根据《国家税务总局关于进一步明确营改增有关征管问题的公告》（国家税务总局公告2017年第11号）（以下简称国家税务总局公告2017年第11号）第二条的规定。从规定内容上看，旨在解决发包方和承包方，因合同流与发票流、资金流不一致的争议，给双方找到一个合规依据。

1. 签订内部授权协议或三方协议

国家税务总局公告2017年第11号规定："二、建筑企业与发包方签订建筑合同后，以内部授权或者三方协议等方式，授权集团内其他纳税人（以下称'第三方'）为发包方提供建筑服务，并由第三方直接与发包方结算工程款的，由第三方缴纳增值税并向发包方开具增值税发票，与发包方签订建筑合同的建筑企业不缴纳增值税。发包方可凭实际提供建筑服务的纳税人开具的增值税专用发票抵扣进项税额。"

这一规定明确了建筑企业签订建筑合同后以内部授权或者三方协议等方式，授权其集团内其他单位提供建筑服务的，在业务流、资金流、发票流不完全一致的情况下，如何计算缴纳增值税并开具发票。同时，需要注意这种模式的第一个核心要义，建筑企业应当与内部第三方签订内部授权协议，或与发包方、内部第三方签订三方协议。该协议官方没有给出具体要求，建筑企业和发包人，以及内部实际承担施工任务的纳税人之间可以根据实际情况和个性化需求协商拟定。

另外，此规定当中有一项内容存在争议。即该规定中要求"授权集团内其他纳税人"，这是否意味着能够采用这种授权施工模式的建筑企业必须得是集团公司？从理论上，应当有此要求，但从实践中看，又没有强制建筑企业必须登记为集团公司的才能采用授权施工模式。笔者建议，建筑企业采用授权施工模式的，应与机构所在地和分公司所在地（项目地）税务机关充分沟通。

2. 集团内的第三方如何理解

国家税务总局公告2017年第11号所规定的"集团内的其他纳税义务人"没有强调集团内的其他纳税义务人是否可以是子公司。从字面上理解，集团旗下的子公司和分公司在增值税上都属于其他集团内的其他纳税义务人。在该公告发布时，其他相关部门也未正式发文规定母公司承揽的工程项目不得交由子公司实施。

2019年1月3日，住房和城乡建设部为规范建筑工程施工发包与承包活动，保证工程质量和施工安全，有效遏制违法发包、转包，违法分包及挂靠等违法行为，维护建筑市场秩序和建设工程主要参与方的合法权益，制定了《住房和城乡建设部关于印发建筑工程施工发包与承包违法行为认定查处管理办法的通知》（建市规〔2019〕1号），该文件第八条规定："存在下列情形之一的，应当认定为转包，但有证据证明属于挂靠或者其他违法行为的除外：（一）承包单位将其承包的全部工程转给其他单位（包括母公司承接建筑工程后将所承接工程交由具有独立法人资格的子公司施工的情形）或个人施工的……"母公司承揽工程由子公司负责施工，由子公司与发包方办理工程结算并开具增值税发票，虽然并不违反相关税收法规，但违反了建筑法规。在实践中，这种行为违反了建筑法规，母公司应当谨慎考虑是否采取这种做法。

笔者建议，如果因各种因素必须采用授权施工模式的，建筑企业集团公司承揽项目可以交由分公司施工，将同时满足税收法规和建筑法规的要求。

3. 资金流与发票流一致

国家税务总局公告2017年第11号第二条中提到"……授权集团内其他纳税人（以下称第三方）为发包方提供建筑服务，并由第三方直接与发包方结算工程款的，由第三方缴纳增值税并向发包方开具增值税发票……"此项规定，实际要求内部第三方负责结算、收款的，才能由内部第三方直接开具发票。

三、内部授权施工项目合同签订事项

建筑企业采用内部授权施工模式，要注意合同签订事项。第一，建筑企业集团公司与内部施工单位之间签订授权协议，如果是刚刚设立的分公司，对分公司及其负责人都应当签订授权协议，明确分公司及其负责人的权利和义务；第二，建筑企业集团公司的内部施工单位与外部客商签订合同（协议）时应当注意的问题。

（一）集团公司与内部施工单位签订授权协议

1. 内部授权施工协议

建筑企业集团公司在与内部施工单位签订施工授权协议时，要明确授权范围，包括具体的工程项目、施工区域、施工内容等；要确定授权期限，包括开始和结束日期，以及是否可以提前终止协议。要明确权利和义务，包括施工责任、工程结算、款项收付、发票开具等；明确内部考核与责任人应承担的责任，税费如何核算和缴纳、最终的利润如何分配等事项。

范本 2-1：

建筑企业内部施工授权协议

甲方（总公司）：铁蛋建筑集团有限公司

乙方（分公司）：铁蛋建筑集团有限公司南方分公司

甲方（铁蛋建筑集团有限公司，纳税人识别号＊＊＊）于 2025 年 1 月 1 日中标钢蛋实业有限公司的招商园区办公大楼项目，并签订了工程项目总承包合同，合同工期为 3 年。为了便于施工管理，甲方现将该项目授权于乙方（铁蛋建筑集团有限公司南方分公司，纳税人识别号＊＊＊）进行施工。关于财税管理事项，授权如下：

一、甲乙双方的财务实行分级核算，甲方统一监督管理，总负责部门为甲方财务部。

二、本项目中乙方的增值税及附加税费实行独立管理，甲方只负责监督，不干涉乙方管理。由乙方负责与业主方进行工程结算，并按照结算金额开具"建筑服务"发票。

三、《国家税务总局关于印发〈跨地区经营汇总纳税企业所得税征收管理办法〉的公告》(国家税务总局公告 2012 年第 57 号)、《国家税务总局关于跨地区经营建筑企业所得税征收管理问题的通知》(国税函〔2010〕156 号) 等文件规定，企业所得税实行"分级核算、汇算清缴"，由甲方根据各分支机构的职工薪酬、营业收入、资产总额占比进行分摊，计算出应由乙方承担的企业所得税后，乙方按照相关规定就地预缴。乙方需要参加甲方的企业所得税年度汇算清缴。若乙方在设立地已被认定为企业所得税独立纳税义务人的，则当年独立计算就地缴纳企业所得税，无须参加甲方的企业所得税汇算清缴。

四、乙方自行招聘的人员自行申报缴纳个人所得税。甲方派往乙方工作的相关人员，由甲方进行申报缴纳个人所得税及社会保险费用，相关费用由乙方承担。

五、甲方授权乙方以自己的名义开具银行账户，用于本项目的工程款收取和费用支付，甲方有权监督乙方合法合规使用银行账户。未经甲方书面授权许可，乙方不得私自开设银行账户。

六、甲方授权乙方以自己的名义与供应商直接签订相关业务合同，允许乙方与客户签订补充协议、承诺函、变更洽商、奖励、赔偿等相关涉及法律、经济事项内容，但与外部单位签订的所有合同、协议等内容均需要甲方审核同意后，才可加盖乙方的相关印章并按照约定正式实施。乙方在自主签订的所有合同、协议不得违反各项法律、法规，包括但不限于《中华人民共和国建筑法》《中华人民共和国民法典》，以及税收法规、住房和城乡建设部门文件、财政部门文件等，在此前提下，签订的内容甲方均予以认可。

甲方：铁蛋建筑集团有限公司　乙方：铁蛋建筑集团有限公司南方分公司

法定代表人：林铁蛋　　　　　负责人签字：林钢蛋

签订日期：2025 年 2 月 1 日　签订日期：2025 年 2 月 1 日

范本 2-2：

授权施工三方协议

甲方：钢蛋实业有限公司

乙方：铁蛋建筑集团有限公司

丙方：铁蛋建筑集团有限公司南方分公司

鉴于甲乙双方于 2025 年 1 月 1 日签署园区招商办公楼建设工程施工合同

（合同编号：20250101，以下称"施工合同"），合同工期为3年。乙方承建甲方发包的位于A省B市C大道园区招商办公楼总承包工程，丙方为乙方设立的分公司。现甲、乙、丙三方经自愿、平等、协商，就该项目施工合同及与之相关的分包合同等有关法律文件的签订、履行、款项支付、发票开具、税费申报与缴纳事宜达成一致并签订本协议，以共同恪守。

一、三方同意并确认：甲方为C大道园区招商办公楼工程项目总发包人，乙方为钢蛋家园一期项目的总承包方，丙方为乙方在我辖区依法设立、有效存续且独立核算的分公司。

二、三方同意并确认：自丙方依法设立后，甲乙双方施工合同项下乙方的全部承包事项及合同义务由丙方负责具体实施，且后续关于施工合同的变更、补充、确认等文件及附件皆由丙方负责执行，税费申报与缴纳由丙方自行办理。

三、三方同意并确认：因执行施工合同或与之有关的事项需签署分包、购销或其他类型合同的，均以丙方的名义签署，并由丙方负责合同履行、款项支付、发票开票、税费申报与缴纳等事宜。

四、乙、丙双方承诺：将严格按照法律法规及地方政府部门的有关规定执行，保证在项目所在地完成与项目施工有关的税款的申报与缴纳。

五、乙方确认：丙方不具有独立的法人资格，但实行独立核算，在项目所在地以增值税一般纳税人身份进行经营，按自主经营的独立企业申报增值税，企业所得税根据国家税务总局有关文件执行，涉及分支机构有特殊要求的，乙方与丙方自行负责机构所在地与分支机构所在地主管税务机关的沟通工作。丙方对外应承担的义务和责任概由乙方承担。

六、自本协议签订之日起，由丙方开具给甲方的工程发票，与前期由乙方开具给甲方的工程发票，具有同等法律及税务效力，均作为乙方与甲方的工程款结算依据。

七、本协议自三方签章后生效。本协议与施工合同约定不一致的，以本协议为准。本协议为甲乙双方施工合同和后续签署的合同文件的重要组成部分。

八、本协议一式六份，三方各执两份，均具有同等法律效力。

甲方：钢蛋实业有限公司（盖章）

乙方：铁蛋建筑集团有限公司（盖章）

丙方：铁蛋建筑集团有限公司南方分公司（盖章）

签订时间：2025年2月1日

2. 建筑企业应与分公司的负责人签订授权协议

建筑企业在设立分公司时，应当明确授权分公司所能从事的业务范围与相关权限，同时应该与分公司负责人签订相应的授权协议，明确相关业务的审批权限。前面已经详细阐述了建筑企业集团公司（总公司）对分公司的授权协议应注意的主要事项，接下来我们看看总公司对新组建的分公司及其负责人的授权协议应该注意哪些事项。

在拟订总公司对新组建的分公司及其负责人的授权协议时，应注意授权范围：明确分公司的业务范围和经营地域；应注意财务权限，明确分公司负责人的财务审批权限，包括预算内、预算外的资金使用、费用报销等，以避免出现资金管理混乱的情况；明确人员如何管理，授权分公司负责人招聘、解雇、调整岗位等人事权；明确合同管理权限，授权分公司签订与业务相关的合同，并明确合同审批流程和权限，以降低法律风险；明确禁止事项，明确要求分公司负责人及分公司不得从事和处理的相关事项，例如以分公司的名义进行融资、担保等。

范本 2-3：

总公司对新组建的分公司及其负责人的授权协议

甲方：铁蛋建筑集团有限公司

乙方：林钢蛋

甲方由于业务发展需要成立铁蛋建筑集团有限公司南方分公司，拟调任林钢蛋（身份证号：＊＊＊＊）为负责人，负责分公司的组建与运营。对于分公司及其负责人的授权内容具体约定如下：

一、双方权利与义务。

（一）甲方负责审批乙方所组建的分公司机构设置及组成人员任免。乙方全面负责上述分公司的组建和管理工作，全面履行甲方和承担甲方与建设单位签订的该项目建设施工合同中规定的甲方各项义务和责任。

（二）甲方参与乙方所组建的分公司，对材料供应商、施工劳务提供方的资质及必要条件的审批。

（三）乙方及负责组建的分公司遵守甲方经营管理的一切规章制度，服从甲方管理和安排。时刻保持与甲方的信息联系和沟通，按时参加甲方组织的相关会议和活动。

（四）乙方及所组建的分公司，除原已备案的分公司印章外，不得私刻总公司印章，如有需要加盖总公司印章，应依据公司印鉴管理办法提出申请，由总公司进行相应的审批。一经发现有私刻印章的现象，甲方有权要求乙方上交印章，并提供该印章使用过的文件，以决定是否追溯其法律效力。乙方及所组建的分公司不得从事其他经营活动，不得对外提供担保，乙方不得以分公司的名义或其他个人名义进行融资和借款。

（五）乙方及所组建的分公司在施工过程中独立核算合同收入与合同费用，在切实保证工程质量、工期的基础上，乙方应合理控制分公司的经营成本、工程成本。乙方及所组建的分公司在施工过程中及在材料采购款、设备租赁款、劳务费等支付过程中应当依法及时履行相关义务，不得随意违约，并妥善解决相关纠纷，不得损害甲方的利益。

（六）就工程款结算给付款等事宜，乙方及所在分公司应严格按照建设工程施工合同履行，严禁乙方以分公司的名义或其他个人名义私自与建设方达成任何背离建设工程施工合同实质内容的协议，如在工程结算过程中涉及减少工程价款或就项目工程折抵工程款或以其他方式支付工程款的，乙方不得以分公司的名义或其他个人名义自行与建设方达成任何协议，结算及付款事宜的变更必须经过甲方书面同意，否则甲方不予认可。

（七）分公司所属工程项目涉及其他施工生产及协调工作，甲方授权于乙方及分公司全权处治，由分公司负责向建设单位开具相应的增值税发票，并办理工程结算及收款事宜。

（八）乙方由甲方及法定代表人授权委托，委托期限为 2025 年 1 月 1 日至 2027 年 12 月 31 日，委托到期后，甲方根据实际考核情况决定是否继续委任。乙方应当在工程施工中忠实勤勉尽责，不得损害甲方的权益，如乙方履行职务过程中损害乙方所在分公司或甲方的权益，应当承担赔偿责任。

（九）乙方以分公司名义签订的任何形式的合同、协议、收据等必须经过甲方审批同意或授权签订以后才有效，否则甲方一律不予承认，给甲方带来的损失，将追究乙方个人责任，并有权要求乙方赔偿相应损失。

（十）本协议是甲方向乙方出具的书面授权，乙方应按照书面授权范围进行分公司及所属项目的施工和处理工程施工中的各项事宜，乙方不得实施本协议禁止事项和授权书未明确授权的事项，如超越授权范围，相关行为对甲方无效。

二、财务与税务管理

（一）会计核算上，甲方与乙方所组建的分公司的财务实行分级核算，甲方统一监督管理。

（二）增值税管理上，由乙方所负责的分公司自行在注册地根据应税行为申报缴纳。

（三）企业所得税的管理上，遵循企业所得税相关法规，对总、分机构的企业所得税实行"分级核算、汇算清缴"，由甲方根据各分支机构的职工薪酬、营业收入、资产总额占比进行分摊（或分公司作为独立的纳税义务人，在分公司所在地独立缴纳企业所得税）。

（四）甲方（总公司）招聘的人员由总公司进行申报缴纳个人所得税，分公司自行招聘的人员由分公司申报缴纳个人所得税。总公司派往分公司工作的相关人员，由总公司进行申报个人所得税及社会保险费用，相关费用由分公司承担。

（五）乙方所在分公司经甲方书面审批同意后可以以分公司的名义开设银行账户，用于辖下项目的工程款及费用收付事宜，该银行账户的使用权归分公司，甲方有监督的权利，如发现乙方及分公司有任何不法行为，或未按授权使用银行账户，甲方有权收回银行账户的使用权。未经授权，乙方不得以分公司的名义或其他个人名义私自开具银行账户用于分公司及辖下项目的资金收付事宜。

甲　　方：铁蛋建筑集团有限公司　　　　乙　　方：林钢蛋

签订日期：2025 年 1 月 1 日　　　　　　签订日期：2025 年 1 月 1 日

（二）内部施工单位与外部单位签订合同

1. 分公司的法律地位涉及的民事法律问题

建筑企业总公司授权分公司施工，由分公司开具发票和收取工程款。该分公司是否有资格与甲方、供应商签订各类协议？

《中华人民共和国公司法》（以下简称《公司法》）第十三条第二款规定："公司可以设立分公司。分公司不具有法人资格，其民事责任由公司承担。"建筑企业的分公司不具备独立的法律实体地位，但它在与第三方进行民事交往时，通常是以总公司的名义进行的。在实务中，建筑企业总公司应当与其分公司签订授权协议，明确分公司能够从事哪些业务，明确可以与客户、供应商签订各类协议。

因此，在民事法律关系中，分公司是作为总公司的代理人或代表存在的。这意味着分公司在民事法律关系中的权利和义务，实际上是由总公司来承担的。如果分公司的行为超出了其业务范围，并且给第三方造成了损失，那么总公司可能需要承担相应的民事责任。

2. 注册分公司专门给挂靠人使用存在什么风险

在实务中，经常出现建筑企业设立独立核算的分公司交由挂靠的实际施工人使用。挂靠业务涉及的借用资质和出借资质是《建筑法》所明令禁止的，建筑企业这类事项存在较大经营隐患。

分公司在流转税和附加税费上属于独立的纳税义务人，在企业所得税上分为汇总纳税和独立核算两类。顾名思义，汇总纳税的分公司是指企业所得税上需要将收入、费用汇总到总公司，由总公司统一计算应纳税额，再根据总公司计算的分摊比例就地分摊税额；独立纳税的分公司，是指以总机构名义进行生产经营的非法人分支机构，无法提供汇总纳税企业分支机构所得税分配表，也无法提供相关证据证明其二级及以下分支机构身份的，应视同独立纳税人计算并就地缴纳企业所得税。

笔者提醒，独立核算的分公司与非独立核算分公司一样，无法独立承担民事责任。建筑企业的分公司负责人以分公司的名义对外签订相关合同，建筑企业总公司并不知情，即便合同无效，建筑企业总公司依然要兜底民事责任。

3. 建筑企业与客户或供应商的分公司签订合同应该注意哪些事项

分公司不具有法人资格，其民事责任由公司承担。因此，建筑企业在与客户或供应商签订合同协议时，应当要求该分公司出具其法人公司的授权委托。在客户和供应商的分公司出具的法人授权委托书中应当明确授权分公司实施的具体事项，以及分公司代表法人公司与自身签订相关协议时是否直接生效，是否需要与法人公司确认等事项。

范本 2-4：

法人授权委托书

铁蛋建筑集团有限公司：

我公司（钢蛋防水材料有限公司）与贵公司签订了园区招商办公大楼防水

材料采购合同，现授权钢蛋防水材料有限公司南方分公司全权负责该合同的履行（包括但不限于材料供应、运输保管、开具增值税发票、货款结算等）。

钢蛋防水材料有限公司南方分公司向贵公司所做的任何承诺、保证、函件、签字、确认等均视为我公司的行为，我公司均予以认可，如产生责任和纠纷由我公司自行承担。

特此授权！

授权公司：钢蛋防水材料有限公司

法定代表人：林钢蛋

2025 年 2 月 1 日

四、内部授权施工典型涉税风险

在实务中，授权施工模式在具体实施时经常存在不同程度的涉税风险。笔者在日常咨询服务中，遇到的内部授权施工模式下较为典型的涉税风险大致分为以下三类。

（一）工程款结算方与开票方不一致

我们已经阐述了国家税务总局公告 2017 年第 11 号第二条规定建筑企业集团公司可以授权内部第三方施工的核心要义，其中有一项就是要求内部第三方负责结算、收款的，才能由内部第三方直接开具发票。在实务中，授权施工模式下工程款结算方与开票方不一致依然存在。

【案例 2-2】 铁蛋建筑集团有限公司中标一个外省项目，要求在当地设立分公司，由分公司进行施工管理，并由分公司向甲方开具工程款发票，但工程款由总公司收取。该操作是否存在税务风险？

分析：上述案例由总公司签约、收款，分公司施工和开具工程款发票，那该项目的债务由哪一方来支付？其核心涉税风险就是与国家税务总局 2017 年第 11 号公告第二条要求的资金流与发票流要一致的要求不符。出现这类情况原因，有可能是部分建筑企业的总公司对资金的使用权控制较严，不允许分公司自行收款和付款。针对建筑企业总公司有此类要求的，要么可以通过控制银行账户的 U 盾实现，要么可以通过虚拟资金池实现，没有必要违反税收规定，导致"三流"再次不一致。如果已经发生这类情况，笔者建议建筑企业主动调整，以免引发更大的涉税风险。

（二）分公司成了"过账"的空壳公司

【案例 2-3】 铁蛋建筑集团有限公司（增值税一般纳税人）（以下简称总公司）在 A 省中标一个道路施工总承包项目，该项目适用一般计税方法。业主方声称只认可分公司开具的发票，总公司应当地要求在该项目开工之前设立了一个分公司，但以总公司的名义核算该项目损益。因此，财务部门想了一个方法，当业主方要求分公司开具建筑服务发票时，总公司给分公司开等额发票，作为分公司的成本。请问，财务部门提出的这个方法是否可行？有无税务风险？

分析：如果按照上述案例中财务部门提出的方法，即总公司给分公司开具建筑服务发票，则总公司就成了分公司的分包方了。该项目的合同是以总公司的名义签订的，既然总公司给分公司开了"建筑服务"发票，是否以为总公司提供了建筑服务？如果是，总公司自己就可以施工，为何要授权分公司施工，让分公司给业主方开具发票？这不符合正常的业务逻辑。从涉税风险上分析，该做法也不符合国家税务总局 2017 年第 11 号公告第二条规定的授权施工要求。

（三）分公司中途接手却被要求开具全部建筑服务发票

建筑企业应当在拟采用授权施工模式的项目开工之前设立分公司，再以分公司的名义施工，并办理工程结算款和发票开具事宜。

【案例 2-4】 铁蛋建筑集团有限公司（增值税一般纳税人）（以下简称总公司）在 A 省中标一个污水处理厂施工总承包项目，该项目适用一般计税方法。总公司已经开始施工，且施工进度大已经达到了 70%，后甲方要求总公司在当地设立分公司，由分公司向甲方开具该工程全额发票。这种模式是否适用国家税务总局公告 2017 年第 11 号第二条的规定？如何处理最妥当？

分析：上述案例并不完全符合国家税务总局公告 2017 年第 11 号第二条的规定。按照正常业务逻辑，如果采用总公司内部授权施工模式，该分公司的设立时间应当早于项目开工时间。而上述案例总公司已经完成了该项目 70% 的施工作业，从某种程度上可以说明完全不需要授权内部单位来施工了。即便要采用授权施工模式，也应该是将剩余 30% 的作业内容授权给分公司来实施，并由分公司办理剩余款项的结算和发票开具，不应由分公司开具100％的发票。总、分公司属于独立的流转税纳税义务人，如果分公司替总公司开了70％的建筑服务发票，存在较大涉税风险。《中华人民共和国发票管理办法》第二十一条第二款规定："任何单位和个人不得有下列虚开发票行为：（一）为他人、为自己开具与实际经营业务情况不符的发票；（二）让他人为自己开具与实际经营业务情况不符的发票；（三）介绍他人开具与实际经营业务情况不符的发票。"

因此，笔者认为，上述案例要么不采用内部授权施工模式，由总公司独立完成全部施工作业内容，要么采用授权施工模式，只能是剩余30％未施工的内容。

（四）内部第三方的纳税人身份与集团公司不一致

在实务中，部分建筑企业因特定业务设立子公司进行实施，以达到剥离主体公司的涉税风险与民事责任的目的也较为常见。

【案例2-5】 2025年3月，A建筑建团公司（以下简称"A公司"）接受了张三个人的违法挂靠请求，拟在外省某地承揽一个乡镇便民服务中心项目，合同工期13个月，合同总金额600万元，招标文件规定该项目按照一般计税方法计价。A公司为了规避挂靠项目给公司带来的涉税风险和民事责任，在项目所在地设立了子公司B建筑工程公司（以下简称"B公司"）进行实施。双方签订了授权施工协议，约定由B公司进行施工管理和办理工程结算、开票事项。由于该项目的业主方不需要抵扣进项税额，业主方口头答应该项目可以开具简易征收率发票，于是A公司在设立子公司办理税务登记时将B公司登记为小规模纳税人，准备在合同履约时向该项目的业主方开具征收率为1％的建筑服务发票。

上述案例存在哪些风险？

分析：首先，A公司接受张三挂靠属于违法出借资质的行为，有可能面临行政处罚及其他法律责任。《建筑法》第二十六条规定："承包建筑工程的单位应当持有依法取得的资质证书，并在其资质等级许可的业务范围内承揽工程。禁止建筑施工企业超越本企业资质等级许可的业务范围或者以任何形式用其他建筑施工企业的名义承揽工程。禁止建筑施工企业以任何形式允许其他单位或者个人使用本企业的资质证书、营业执照，以本企业的名义承揽工程。"其次，A 公司与 B 公司为母子公司关系，两家公司均为独立法人，资质主体存在差别，A 公司将自己承包的项目授权给 B 公司实施属于转包。最后，要注意涉税问题。B 公司登记为小规模纳税人，在选择供应商时均按照不抵扣进项税额原则考量，但该项目工期为一年，则很有可能在履约过程中 B 公司将转成一般纳税人，增值税税负将发生利空变化。另外，该项目的投标文件明确规定该项目适用一般计税方法，而在履约过程中 B 公司提供了两种税率（征收率）发票，在结算时恐引争议。

第三讲　适用或者选择适用简易计税
　　　　方法解析

　　建筑企业提供建筑服务部分符合条件的工程项目可以选择适用简易计税方法，选择简易计税方法并不意味着税负一定比一般计税方法低，而错误适用简易计税方法的可能存在涉税风险。本讲就针对选择适用与适用简易计税方法等有关事项进行详细讲解。

一、建筑企业可以选择简易计税方法的情形

建筑企业提供建筑服务增值税的计税方法有两种：一般计税方法和简易计税方法。增值税小规模纳税人适用简易计税方法计税；增值税一般纳税人适用一般计税方法计税，部分符合条件的工程项目可以选择适用简易计税方法计税。建筑业增值税一般纳税人可以就不同的项目，符合条件的可以分别选择适用一般计税方法或简易计税方法。

（一）一般纳税人可以选择适用简易计税方法的三种情形

根据《财政部 国家税务总局关于全面推开营业税改征增值税试点的通知》(财税〔2016〕36 号) 附件 2《营业税改征增值税试点有关事项的规定》（以下简称《营业税改征增值税试点有关事项的规定》）的规定可知，一般纳税人以清包工方式、甲供材工程、老项目提供的建筑服务，可以选择适用简易计税方法计税。

1. 一般计税方法

建筑企业适用一般计税方法计税的税率为 9%，一般计税方法下的应纳税额，是指当期销项税额抵扣当期进项税额后的余额。计算公式为

应纳税额＝当期销项税额－当期进项税额

销项税额，是指纳税人发生应税行为按照销售额和增值税税率计算并收取的增值税。销项税额计算公式为

销项税额＝销售额×税率

一般计税方法的销售额不包括销项税额，纳税人采用销售额和销项税额合并定价方法的，按照下列公式计算销售额为

销售额＝含税销售额÷（1＋税率）

进项税额，是指纳税人购进货物、加工修理修配劳务、服务、无形资产或者不动产，支付或者负担的增值税额。

2. 简易计税方法

建筑企业适用简易计税方法计税的征收率为 3%，简易计税方法的应纳税额，是指按照销售额和增值税征收率计算的增值税额，不得抵扣进项税额（可以扣除分包）。计算公式为

应纳税额＝销售额×征收率

简易计税方法的销售额不包括其应纳税额，纳税人采用销售额和应纳税额合并定价方法的，按照下列公式计算销售额为

销售额＝含税销售额÷（1＋征收率）

（二）清包工工程应注意的涉税事项

建筑业一般纳税人以清包工方式提供建筑服务，是指施工方不采购建筑工程所需的材料或只采购辅助材料，并收取人工费、管理费或者其他费用的建筑服务。笔者认为，上述"施工方不采购工程所需的材料……"有两种情况：第一，承揽的建筑工程本身需要材料，但施工方不采购，完全由发包方采购并提供给施工方使用（例如劳务分包）；第二，承揽的工程本身无须材料，因此不存在施工方采购材料这一前提（例如拆除和土石方分包）。

【案例 3-1】 铁蛋建筑公司为建筑总承包企业，2025 年 1 月与甲方签订的某项建筑工程总承包合同约定工程所需材料 100% 由建设方供应，该合同性质到底属于清包工还是包工包料？

分析：建筑企业工程项目一共分为清包工、清包工＋辅材、包工包料三种性质。100% 甲供材料属于哪一种工程，关键看 100% 甲供材料是否计入合同总价。如果不计入合同总价属于清包工工程；如果 100% 甲供材料计入合同总造价，属于包工包料的性质。上述案例，铁蛋建筑公司可以选择适用简易计税方法计税，也可以选择适用一般计税方法。

清包工合同，施工承包方不需要对甲供材料的质量和数量负责；包工包料合同，虽然 100% 为甲供材料，承包方也需要对材料的数量负责。如果甲供材料允许承包方计取材料检测费、企业管理费、利润，承包方还需要对甲供材料的质量承担 100% 的责任。无论是清包工合同还是包工包料合同，都

不影响承包方计取材料二次搬运费（垂直运输费）等措施费用。如果甲供材料的目的仅仅是为了节省承包方计取的企业管理费和利润等蝇头小利承担巨大的质量风险，对于甲方来说得不偿失，因为一旦工程项目出现质量问题导致安全事故的，无法判定工艺缺陷和材料质量问题时，甲供材料一方至少要承担50%的责任。

（三）甲供工程应注意的涉税事项

建筑企业的甲供工程，是指全部或部分设备、材料、动力由工程发包方自行采购的建筑工程。

1. 甲供材料及设备应注意事项

根据住房和城乡建设部与国家市场监督管理总局制订的《建设项目工程总承包合同（示范文本）》(GF-2020-0216) 的规定可知，发包人自行供应材料、工程设备的，应在订立合同时在专用合同条件的附件"发包人供应材料设备一览表"中明确材料、工程设备的品种、规格、型号、主要参数、数量、单价、质量等级和交接地点等。

承包人应根据项目进度计划的安排，提前28天以书面形式通知发包人供应材料与工程设备的进场计划。承包人按照项目进度计划约定修订项目进度计划时，需要同时提交经修订后的发包人供应材料与工程设备的进场计划。发包人应按照上述进场计划，向承包人提交材料和工程设备。

发包人应在材料和工程设备到货7天前通知承包人，承包人应在约定的时间内，赴交货地点共同进行验收。除专用合同条件另有约定外，发包人提供的材料和工程设备验收后，由承包人负责接收、运输和保管。发包人提供的材料和工程设备的规格、数量或质量不符合合同要求，或由于发包人原因发生交货日期延误及交货地点变更等情况的，发包人应承担由此增加的费用和（或）工期延误，并向承包人支付合理利润。

2. 只要是甲方供应的物资就是甲供工程吗

《住房城乡建设部 财政部关于印发〈建筑安装工程费用项目组成〉的通知》(建标〔2013〕44号) 附件1《建筑安装工程费用项目组成（按费用构成要素划分）》(以下简称《建筑安装工程费用项目组成》) 规定："……（二）材料费：是指施工过程中耗费的原材料、辅助材料、构配件、零件、半成品或成品、工程设备的费用……（三）……（6）燃料动力费：指施工机械在运转作业中所消耗的各种燃料及水、电等……"因此，建设方为工程主体的施工供应电力属于甲供工程，承包方可以选择适用简易计税方法计税。

工程设备，是指构成或计划构成永久工程一部分的机电设备、金属结构设备、仪器装置及其他类似的设备和装置。例如，房屋建筑及其配套的附属工程中电气、采暖、通风空调、给排水、通信及建筑智能等为房屋功能服务的设备。

根据上述规定，并不是甲方供应的物资就可以列为甲供材料或甲供设备。

【案例3-2】 铁蛋建筑公司与某实业公司签订了施工总承包合同，工程所需要的塔吊、升降梯由甲方提供，租赁款项不包含在合同造价中。铁蛋建筑公司可否按照甲供设备选择适用简易计税方法？

分析：工程设备是指构成或计划构成永久工程一部分的机电设备、金属结构设备、仪器装置及其他类似的设备和装置。而上述案例中甲方提供的塔吊和升降梯显然不是永久构成建筑物的一部分的设备，而属于施工机具使用费，因此不能按照甲供设备选择适用简易计税方法计税。而且，上述案例的操作方式不仅在计税方式的选择上要谨慎，双方签订施工承包合同的金额应当包含塔吊和升降梯租赁的金额。铁蛋建筑公司应向甲方开具全额建筑服务发票，同时甲方也应该向铁蛋公司开具塔吊和升降梯的租赁发票，这部分"互负债务"的资金，双方可以签订债权债务抵消协议直接抵消。

3. 一般纳税人提供建筑服务甲供项目可以选择简易计税方法

根据前述可以选择简易计税方法的情形，一般纳税人提供建筑服务若属于甲供工程，施工方可以选择适用简易计税方法计税。

【案例3-3】 铁蛋建筑公司于2025年1月1日与钢蛋实业公司签订了一份房屋建筑施工总承包合同，在合同专用条款中关于材料条款约定如下：本工程所需的PVC管与防水卷材全部由甲方供应，乙方需要配合甲方供应材料的出入库管理。

分析：上述案例中甲方供应的材料属于普通甲供材料，铁蛋建筑公司可以选择适用简易计税方法计税，也可以选择适用一般计税方法。在工程投标之前，可以根据历史经验、供应商选择空间等实际情况测算哪一种计税方式更合适。

在实务中，存在部分建筑企业为了可以选择适用简易计税方法计税单方修改合同条款伪造甲供条款和甲供内容，此举存在严重涉税风险。这一行为有可能被税务机关认定为"虚假纳税申报"。若造成少缴增值税及附加税费、企业所得税的税收违法事实，将会受到相应处罚。

4. 甲供物资计入造价的，可以选择适用简易计税吗？

通常意义上的甲供工程，是指建设方自行采购全部或部分设备、材料、动力提供给施工方使用，不是卖给施工方。甲供物资计入合同造价的情况，事实上相当于施工方购买的材料，无非供应商是甲方还是第三方而已。不管在财税处理上还是质量责任认定上与甲供材料还是有较大差异的。

【案例3-4】 铁蛋安装公司承建了某个设备安装工程项目，总造价为10 000万元，造价中材料设备部分8 000万元（其中甲供材料2 000万元），安装劳务费2 000万元。若选择"全额甲供"，设备由甲方销售给铁蛋安装公司，铁蛋安装公司应付的设备款与应收的工程款直接抵消。双方互开应税发票，铁蛋安装公司还能选择简易计税吗？

分析：上述项目事实上不能称之为甲供工程。我们可以参照两个地方城乡住房和建设部门文件：《四川省住房和城乡建设厅关于进一步明确实施〈建筑业营业税改征增值税四川省建设工程计价依据调整办法〉有关事项的通知》（川建造价发〔2016〕481号）第二条规定："……在建筑业营改增试点期间，不论是采用简易计税方法还是一般计税方法计价的建筑工程项目，符合财税〔2016〕36号文规定的甲供材料（设备）费应在计取税金前扣除，不作为计取税金的基础……"

《省住房城乡建设厅关于建筑业实施营改增后江苏省建设工程计价依据调整的通知》（苏建价〔2016〕154号）第三条规定："甲供材料和甲供设备费用不属于承包人销售货物或应税劳务而向发包人收取的全部价款和价外费用范围之内。因此，在计算工程造价时，甲供材料和甲供设备费用应在计取甲供材料和甲供设备的现场保管费后，在税前扣除。"

根据两个地区城乡和住房建设部门的文件规定可知，甲供工程指的是甲方自行采购材料、设备、动力交给施工方使用，该金额不计入工程造价。因此上述案例不应按照甲供工程选择适用简易计税方法计税。

（四）建筑工程老项目应注意的涉税事项

建筑工程老项目，是指"建筑工程施工许可证"注明的合同开工日期在2016年4月30日前的建筑工程项目；未取得"建筑工程施工许可证"的但有施工合同的，建筑工程承包合同注明的开工日期在 2016 年 4 月 30 日前的建筑工程项目；"建筑工程施工许可证"未注明合同开工日期，但建筑工程承包合同注明的开工日期在 2016 年 4 月 30 日前的建筑工程项目。目前，大部分地区的建筑工程施工许可证中都标注了合同工期，只是标注的格式存在一定差异。

【案例 3-5】 铁蛋建筑公司的某个房屋总承包施工项目于 2013 年 1 月开工，2016 年 12 月竣工，2018 年 12 月最终结算，结算额中尚存 500 万元质量保证金（以下简称质保金）尚未开票、结清。由于双方涉及多项纠纷一直未决，款项一直未付。2024 年 10 月，铁蛋建筑公司向甲方申请支付该质保金，是否可以按照一般计税方法开具发票？

分析：上述案例中项目属于全面"营改增"老项目，在计税方式上可以选择一般计税也可以选择简易计税方法计税。若该项目在全面"营改增"后已经按老项目选择了简易计税方法，则质保金部分可以接着按照简易征收方式开具发票；若该项目的质保金部分想按照一般计税方式及对应的税率开具建筑服务发票，要看自该项目选择适用简易计税方法计税起，是否超过 36 个月，未超过 36 个月的，不得变更。

【案例 3-6】 承【案例 3-5】，铁蛋建筑公司房屋总承包施工项目其他条件不变，该项目符合变更为一般计税方法的条件。2024 年 10 月，铁蛋建筑公司向甲方申请支付质保金，质保金部分应适用的税率是新税率还是原税率？

分析：该项目竣工时实施的增值税税率为 11%，结算时实施的税率为 10%，申请支付时实施的税率为 9%。到底该适用哪一个税率呢？我们必须明确该笔质保金的增值税纳税义务发生时间。《国家税务总局关于在境外提供建筑服务等有关问题的公告》（国家税务总局公告 2016 年第 69 号）第四条规定："纳税人提供建筑服务，被工程发包方从应支付的工程款中扣押的质押金、保证金，未开具发票的，以纳税人实际收到质押金、保证金的当天为纳税义务发生时间。"

根据上述规定可知，只要质保金部分还没有开具应税发票，质保金的增值税纳税义务发生时间为收到质保金的当天，与竣工时间、结算时间无关。2024 年 10 月，铁蛋建筑公司向甲方申请付款，假设甲方付款了，就以支付当天正在实施的增值税税率为准，按照新税率 9% 开具建筑服务发票。

二、提供建筑服务必须适用简易计税的情形

除了建筑企业一般纳税人提供建筑服务可以选择适用简易计税的三种情形外，我们还应当特别注意提供建筑服务必须适用简易计税方法计税的情形。必须适用简易计税方法的情形主要有两种：第一种是建筑业小规模纳税人提供建筑服务；第二种是一般纳税人的"特定甲供"项目。

（一）建筑业小规模人适用简易计税方法

建筑业增值税纳税人年应税销售额①超过财政部、国家税务总局规定的小规模纳税人标准 500 万元的，应当向主管税务机关办理一般纳税人登记。销售服务、无形资产或者不动产有扣除项目的纳税人，其应税行为年应税销售额按未扣除之前的销售额计算。纳税人偶然发生的销售无形资产、转让不动产的销售额，不计入应税行为年应税销售额。年应税销售额未超过规定标准的纳税人，会计核算健全，能够提供准确税务资料的，可以向主管税务机关办理一般纳税人登记。

1. 小规模纳税人提供建筑服务适用简易计税方法"差额征税"

建筑企业适用简易计税方法计税的，征收率为 3%。建筑业小规模纳税人提供建筑服务，应以取得的全部价款和价外费用扣除支付的分包款后的余额为销售额，按照 3% 的征收率计算应纳税额。

2. 建筑业小规模纳税人增值税税收优惠

《财政部 税务总局关于增值税小规模纳税人减免增值税政策的公告》（财政部 税务总局公告 2023 年第 19 号）规定："……一、对月销售额 10 万元以下（含本数）的增值税小规模纳税人，免征增值税。二、增值税小规模纳税人适用 3% 征收率的应税销售收入，减按 1% 征收率征收增值税；适用 3% 预征率的预缴增值税项目，减按 1% 预征率预缴增值税。三、本公告执行至 2027 年 12 月 31 日，特此公告。"

---

① 《增值税一般纳税人登记管理办法》（国家税务总局令第 43 号）第二条第二款规定："本办法所称年应税销售额，是指纳税人在连续不超过 12 个月或四个季度的经营期内累计应征增值税销售额，包括纳税申报销售额、稽查查补销售额、纳税评估调整销售额。"

（二）建筑业一般纳税人适用简易计税方法的情形

《财政部 税务总局关于建筑服务等营改增试点政策的通知》（财税〔2017〕58号）（以下简称财税〔2017〕58号）第一条规定："建筑工程总承包单位为房屋建筑的地基与基础、主体结构提供工程服务，建设单位自行采购全部或部分钢材、混凝土、砌体材料、预制构件的，适用简易计税方法计税。地基与基础、主体结构的范围，按照《建筑工程施工质量验收统一标准》（GB 50300—2013）附录B《建筑工程的分部工程、分项工程划分》中的'地基与基础''主体结构'分部工程的范围执行。"

符合上述"特定甲供"条件的工程不能选择一般计税方法，一律适用简易计税的政策，确保建筑企业"应享尽享"特定甲供工程的简易计税方法的选择权。

【案例 3-7】 铁蛋建筑公司为建筑总承包企业，于 2024 年 6 月 1 日与钢蛋地产公司签订了一份房屋建筑工程施工总承包合同，在合同专用条款中关于材料条款约定如下：本工程所需的预制梁、预制柱、预制空调板全部由甲方供应，乙方需要配合甲方管理。

分析：毫无疑问，上述案例必须适用简易计税方法。第一，上述案例铁蛋建筑公司属于总承包单位；其次，承包的项目属于房屋建筑项目；再次，建设单位供应的材料为预制构件，且这些材料在该工程中只有主体结构需要用到；最后，该项目为 2024 年 6 月 1 日签订的合同，所有条件均满足财税〔2017〕58 号特定甲供的条件，因此，必须适用简易计税。

【案例 3-8】 接【案例 3-7】，其他条件不变，只有合同签订时间发生了变化。假设该合同签订的时间为 2017 年 6 月 1 日，请问该项目是否必须适用简易计税方法？

分析：财税〔2017〕58 号关于"特定甲供"适用简易计税方法的规定自 2017 年 7 月 1 日起实施，只明确了开始实施的时间，对于在此之前已经签订的施工总承包合同如果符合"特定甲供"的条件是否也必须适用简易计税，文件中并没有明确。笔者的观点是这类项目应尊重合同双方意思自治原则，特别是建筑企业的选择计税方式的意愿。当然，这种情形是否必须适用简易计税方法最终应当咨询建筑企业主管税务机关的意见。

三、特定工程是否可以选择适用简易计税方法

前面我们已经讲解了建筑业一般纳税人在什么情况下可以选择适用简易计税方法，其中最典型的就是清包工工程。在实务中，特别在涉税处理上对"清包工"的理解存在一些争议，例如土方分包。部分观点认为土方工程需要使用机械设备、运输车辆等，而这些设备都需要燃料、动力支持，且设备租赁和燃料成本比重较大，因此此类工程应当属于包工包料。笔者认为，清包工只是一种工程承包形态，清包工不等同于劳务分包，建筑总承包、专业承包同样有可能承揽清包工工程。例如某房屋建筑施工总承包工程，所有材料和设备均由发包方提供，则该总承包工程虽然使用了部分机械设备，依然属于清包工工程。工程作业中使用的机械设备只是一种生产工具，无论是人工作业还是机械作业只是作业方式不同，并不影响工程形态的定义。如果土方分包必须由人工徒手挖掘才属于清包工工程，是对清包工的误解。

（一）土石方工程

土石方工程属于典型的分部分项工程，分部分项工程是指按现行国家计量规范对各专业工程划分的项目。如房屋建筑与装饰工程划分的土石方工程、地基处理与桩基工程、砌筑工程、钢筋及钢筋混凝土工程等。

1. 土方分包的资质

根据最新的资质管理办法所列的建设工程企业资质分类分级表显示，已经没有独立的土方分包资质，土方分包工程已经纳入地基与基础工程专业承包资质的施工范围，资质等级分为甲级、乙级。因此，地基与基础工程专业承包资质就可以承揽土方开挖的施工项目。

根据规定，地基与基础工程专业承包资质甲级资质，在企业资信能力方面需要建筑企业具备净资产 2 000 万元以上；近三年上缴建筑业增值税在 200 万元以上。乙级资质对企业资信能力要求稍微低一些，净资产只需要 400 万元以上。近三年上缴建筑业增值税以企业申报的增值税完税证明或增值税税收缴款书（含项目地和机构注册地主管税务机关）为准。"近三年"是指自申请资质年度起逆推 3 年。如申报年度为 2025 年，"近三年"上缴建筑业增值税是指 2022 年 1 月 1 日之后上缴的建筑业增值税。

2. 土方分包是否属于清包工工程

土方分包工程不需要材料，属于清包工，即承包方只负责提供人力和设备而不负责采购任何材料。

土方分包工程一般分为土方开挖和运输两部分内容，土石方的开挖、运输，均按开挖前的天然密实体积以"立方米"计算。土方回填，按夯填后的竣工体积以"立方米"计算。土方工程的计量主要是土壤分类和开挖方法挂钩，一二类土（粉土、砂土、粉质黏土、弱中盐渍土、软土、软塑红黏土、冲填土等），只需要用锹，少许用镐、条锄开挖，机械能全部直接铲挖满载者；较硬岩（碎石土、坚硬红黏土、超盐渍土、杂填土等），全部用镐、条锄挖掘，少许用撬棍挖掘，机械须普遍刨松方能铲挖满载者。

【案例 3-9】 铁蛋建筑公司于 2025 年 3 月承揽了某项土方开挖工程，土方开挖工程量为 10 000 立方米，属于一类工程，土的最初可松性系数为 1.02。假设普工工日消耗量定额为 0.266 工日/10 立方米，管理费费率为 5.7%，利润率为 4.6%，其余基础数据见表 3-1。铁蛋建筑公司适用一般计税还是简易计税方法，哪种更合适？

表 3-1 土方开挖工程基础数据表

金额单位：万元

成本项目	单位	含税价格	不含税价格
工程渣土外运内环线	立方米	109	100
履带式单斗液压挖掘机（1 立方米）①	台班	1 485.12	1 372.61
普工	工日	140	140

分析：假设建筑企业采用一般计税方法，工程造价计算过程如下。

（10 000×1.02×100＋10 000×1 372.61＋10 000×0.266÷10×140）×（1＋5.7%＋4.6%）×（1＋9%）＝1 777.36（万元）

假设建筑企业采用简易计税方法，工程造价计算过程如下：

（10 000×1.02×109＋10 000×1 485.12＋10 000×0.266÷10×140）×（1＋5.7%＋4.6%）×（1＋3%）＝1 817.77（万元）

上述案例，假设建筑企业不考虑其他因素，单纯从造价的计算规则上考虑，且具备选择计税方式的权利的，应当选择简易计税方法。

---

① 指挖掘机斗容量。

（二）拆除工程

拆除工程，是指对已经建成或部分建成的建筑物或构筑物等进行拆除的工程。拆除工程，按拆除的程度，分为全部拆除和局部拆除；按拆除的标的物划分，有民用建筑的拆除、工业厂房的拆除、地基基础的拆除。

拆除的方式主要分为人工拆除、机械拆除、爆破拆除、静力破碎四类，无论采用哪一种方式，事实上都无须用到材料，所以笔者认为纯粹的拆除工程应当归类为清包工工程。在增值税税目中属于其他建筑服务。

【案例 3-10】 铁蛋建筑公司与某地街道办事处签订了一份该地热电站厂建筑物拆除工程合同。合同约定的施工内容：对 A 街道热电厂第二热电站老厂区进行拆除，并对场地内建筑垃圾进行清理，拆除建筑物占地面积约为 15 000 平方米，建筑面积约为 9 000 平方米。工期为 2025 年 7 月 26 日至 2025 年 8 月 15 日。合同承包范围内采用固定单价合同形式，合同金额人民币（大写）壹佰捌拾陆万元整，（小写）￥1 860 000 元。

分析：一般纳税人以清包工方式提供的建筑服务，可以选择适用简易计税方法。而以清包工方式提供建筑服务，是指施工方不采购建筑工程所需的材料或只采购辅助材料，并收取人工费、管理费或者其他费用的建筑服务。建筑公司以人工和机械拆除旧房的工程项目未提供建筑工程所需的材料或只采购辅助材料，应属于清包工适用简易计税方法计算增值税。

【案例 3-11】 铁蛋建筑公司与某实业公司签订了一份园区厂房及办公楼门窗拆除合同，合同约定的价格形式为单价合同，采用的是人工拆除和静力破碎相结合的方式。双方约定的拆除内容和单价见表 3-2。

表 3-2 门窗拆除作业内容及计价

工作内容：拆除，将废渣废料囤放到室外 30 米以内地点堆放。

定额编号		16—49	16—50	16—51	16—52	16—53	16—54
项目		木门窗	金属门窗	卷帘门	无框玻璃门	门窗扇	门窗套
计量单位		10 米				10 扇	10 米
基价（元）		154.71	182.66	110.43	89.24	36.45	23.09
其中	人工费（元）	154.71	182.66	110.43	89.24	35.45	23.09
	材料费（元）	—	—	—	—	—	—
	机械费（元）	—	—	—	—	—	—

定额编号			16—49	16—50	16—51	16—52	16—53	16—54
名称		单位	单价（元）	消耗量				
人工	二类人工	工日	135.00	1.146	1.353	0.818	0.661	0.270	0.171

注：整樘门窗拆除包括门窗框及门扇的拆除。

上述案例中，铁蛋建筑公司是否可以选择适用简易计税方法计税？

分析：上述案例属于局部拆除，主要依靠的是人工，采取静力破碎的方法。通过双方在合同中约定的拆除内容和计价规则可知，该拆除工程主要计价的内容为人工费，所以该项目可以按照清包工选择适用简易计税方法计税。

（三）河道整治工程

河道综合整治工程是一项系统性的工程，涉及多个方面的整治工作。首先，需要进行河道清淤和护岸加固，以确保河道的行洪能力和河岸的稳定性。其次，需要对河道进行生态修复，包括植被恢复、水生生物投放等措施，以提高河道的自净能力和生态系统的完整性。河道整治工程的目的是恢复河流的自然生态，改善河流的水质和环境，保护历史文化遗产，提升城市形象和品质，以推动城市可持续发展。通过清淤河底的淤泥和污物，改善河流水质，保障城市的供水、排水、防洪等基础设施的正常运行。

1. 河道疏浚工程属于其他建筑服务

在河道疏浚工程中，最常见的施工方法是机械清淤和人工清淤。机械清淤主要是使用挖掘机、泥浆泵等机械设备进行清淤，这种方法效率高、成本低，但容易对河道造成二次污染。人工清淤主要是使用人工清理河道内的杂物和淤泥，这种方法对河道环境影响较小，但效率低下、成本较高。

常规的河道清理属于其他建筑服务，其他建筑服务是指工程服务、安装服务、修缮服务、装饰服务之外的各种工程作业服务，如钻井（打井）、拆除建筑物或者构筑物、平整土地、园林绿化、疏浚（不包括航道疏浚）、建筑物平移、搭脚手架、爆破、矿山穿孔、表面附着物（包括岩层、土层、沙层等）剥离和清理等工程作业。

上述中特别标注的不属于其他建筑服务的"航道疏浚"按照物流辅助服

务缴纳增值税。

2. 河道清淤工程是否属于清包工工程

河道清淤类项目一般除了劳务作业、淤泥检测外，发包人都不允许其他工程分包。我们本节所讨论的主要是河道清淤。

《关于印发〈水运工程营业税改征增值税计价依据调整办法〉的通知》（交办水〔2016〕100号）规定："二、建筑安装费用计算 营改增后，水运工程建筑安装费用按以下公式计算：建筑安装费用＝税前建筑安装费用＋增值税进项税额＋增值税应纳税额＋附加税费……"

上述公式中的建筑安装费用，指水运工程水工建筑及设备安装工程、疏浚工程、水运工程测量的建筑安装费用；税前建筑安装费用，指不包含可抵扣进项税额的人工费、材料费、施工船舶机械使用费、其他直接费、间接费和利润之和；增值税进项税额，指纳税人购进货物、加工修理修配劳务、服务、无形资产或者不动产，支付或者负担的增值税额；增值税应纳税额，指当期销项税额抵扣当期进项税额后的余额；附加税费，指应计入建筑安装费用内的，以增值税应纳税额为基础计算的城市维护建设税、教育费附加及地方教育附加等。疏浚工程适用增值税税率见表3-3。

表3-3　疏浚工程适用增值税税率

序号	工程类别	增值税税率
1	航道疏浚工程	6%
2	港池等其他疏浚工程	9%
3	吹填工程	9%

当然，上述的规定是按照一般计税方法下的计价规则制定的，如果是选择适用简易计税方法，与原营业税时期的计价规则没有太大区别。

【案例3-12】 A水利建设集团与B水河管理处签订了一份环城河六个桥段河道清淤工程。合同约定工程内容：对环城河的A桥上下游河段及B坝下游、C桥上游、D东路桥上游、E桥下游、F桥上游等五处深潭进行淤泥清理等。工程承包范围：A至F桥段河道清淤工程施工，包括工程量清单、技术条款和设计图纸所示的全部工程内容。签约合同价：人民币（大写）捌佰玖拾捌万壹仟肆佰肆拾捌元贰角陆分（小写￥8 981 448.26元），合同形式为固定总价。

该合同适用一般计税还是可以选择适用简易计税方法计税？

分析：上述案例项目属于河道清淤工程，根据合同约定未见其他包工包料的施工作业事项。河道清淤工程主要是通过挖掘、清除河道中的泥沙、垃圾等杂物，以达到提高河流水质、保障防洪安全的目的。这个过程中主要涉及劳务，如挖掘、运输等，不涉及材料和设备的采购和供应。结合清包工工程的特点和河道清淤的实际操作过程，我们可以判断属于清包工工程。因此，上述建筑企业可以选择适应简易计税方法。

(四) 选择简易计税方法的话语权与必要性

在实务中，无论是土石方工程还是拆除工程、河道整治工程，在项目承包性质上即便被认可属于清包工工程，能否选择适用简易计税方法计税，关键不在施工方的项目性质，而在业主方的需求。

建筑企业一般纳税人提供建筑服务，项目属于老项目、清包工、甲供工程可以选择适用简易计税方法，换言之也可以选择一般计税方法，当然甲供工程中属于财税〔2017〕58号第一条规定的特殊甲供除外（这类甲供强调一律适用简易计税就是通过税法干预确保施工方能够"应享尽享"这项权利）。这类可以选择适用简易计税方法的项目，建筑企业的话语权不重，能否选择适用简易计税方法，主要基于业主方的抵扣需求和采购比价。即便建筑企业有计税方法的选择权，选择适用简易计税方法并不一定比一般计税方法更节税。建筑企业要充分对项目成本构成、供应商身份的影响做比较。例如，土方分包企业项目成本主要由机械设备折旧或者租赁、运输成本（含燃油费用、维修费用）、人工费组成，要根据实际情况考虑进项税额取得的充分性，再选择计税方式。在实务中，测算的进项税额占工程造价比例的临界点对选择适用计税方式有一定的参考意义。

某项河道治理工程项目的含税造价为A，临界点推导过程如下。

（1）若选择一般计税方法，计算该项目应缴纳的增值税。

应纳税额＝A÷（1＋9％）×9％－进项税额

简化后公式为

应纳税额＝A×8.26％－进项税额

（2）若选择简易计税方法，计算该项目应缴纳的增值税。

应纳税额＝A÷（1＋3％）×3％

简化后公式为

应纳税额＝A×2.91％

（3）假设选择两种计税方式缴纳的增值税一致时，公式为

A×8.26％－进项税额＝A×2.91％

进项税额＝A×5.35％

上述等式得出的"进项税额＝A×5.35％"就是选择计税方式的理论临界点，即当某个工程项目能够取得的进项税额占含税造价的5.35％时，无论选择哪种计税方式对建筑企业增值税的应纳税额影响都是一样的；当某个工程项目能够取得的进项税额超过含税造价的5.35％时，应当选择一般计税方法；反之，则应当选择简易计税方法。

笔者认为，上述临界点只能作为一个理论参考。在实务中，除了要考虑能否足额取得进项税额，即比较增值税税负外，对于两种计税方法下税负差距不大的项目，还要考虑现金周期的影响。例如，某个项目的收款条件特别好且业主方可预见的经营情况和资金情况都较良好，预计该项目能够取得的进项税额低于临界点业主方却要求选择一般计税方法时，建筑企业就要考虑有所取舍。

综上所述，建筑企业提供建筑服务符合条件可以选择适用简易计税方法是税法赋予的权力，但在实务中受具体买卖双方话语权影响，建筑企业并不一定能"应享尽享"。同时，建筑企业选择简易计税方法并不一定比一般计税方法节税。

四、错误适用简易计税方法的涉税风险

建筑企业老项目、甲供工程、清包工工程的简易征收已经不需要向主管税务机关进行备案，由企业自行判断，留存相关资料备查。

（一）建筑企业选择适用或适用简易计税方法的项目不再备案

《关于国内旅客运输服务进项税抵扣等增值税征管问题的公告》（国家税务总局公告2019年第31号）第八条规定："……提供建筑服务的一般纳税人按规定适用或选择适用简易计税方法计税的，不再实行备案制。以下证明材料无需向税务机关报送，改为自行留存备查：（一）为建筑工程老项目提供的建

筑服务，留存《建筑工程施工许可证》或建筑工程承包合同。（二）为甲供工程提供的建筑服务、以清包工方式提供的建筑服务，留存建筑工程承包合同。"

上述规定给建筑企业带来了一定便利，自身通过施工合同的有关条款能够判断是否符合选择适用简易计税方法的条件，即老项目、清包工工程、甲供工程。建筑企业自行判断选择适用简易计税方法计税的，应当按照上述文件规定留存建设工程施工合同等相关资料留存备查，否则将存在一定涉税风险。

【案例 3-13】　湖北某地 A 公司于 2019 年 1 月至 2022 年 3 月承揽的多个项目自行判断适用了简易计税方法计税，但未留存合同备查。在此期间，A 公司还申请了增值税留抵退税 9 535.04 元。税务机关在根据《关于国内旅客运输服务进项税抵扣等增值税征管问题的公告》（国家税务总局公告 2019 年第 31 号）第八条第二项"为甲供工程提供的建筑服务、以清包工方式提供的建筑服务，留存建筑工程承包合同"的规定，认为 A 公司选择适用简易计税项目需留存建筑工程承包合同，未留存备查建筑工程承包合同不能选择适用简易计税方法，应调增一般计税项目收入；同时存在部分收入未确认、简易计税项目进项税额未转出、部分项目计税方式不适用简易计税等问题。

最后，税务机关认定 A 公司采取未按规定保管合同、未确认收入等手段，造成少申报缴纳增值税 175 817.85 元（其中：骗取增值税留抵退税 9 535.04 元）、城市维护建设税 11 602.69 元。根据《中华人民共和国税收征收管理法》（中华人民共和国主席令第 49 号）第六十三条第一款和《国家税务总局湖北省税务局关于发布〈湖北省税务行政处罚裁量基准（试行）〉的公告》（国家税务总局湖北省税务局公告 2019 年第 9 号）[①]，对 A 公司骗取的增值税留抵退税 9 535.04 元处一倍的罚款计 9 535.04 元；对其余少缴税款处以百分之五十的罚款计 88 942.79 元，合计处以罚款 98 477.83 元。

（二）错误适用简易计税方法的风险

在实务中，错误适用简易计税方法可能给企业带来一定的风险。错误适

---

① 依据《国家税务总局 湖北省税务局关于发布〈湖北省税务行政处罚裁量基准〉的公告》（国家税务总局湖北省税务局公告 2023 年第 1 号），本法规自 2023 年 5 月 1 日起全文废止。

用简易计税方法的原因有些是对政策理解不到位导致的，有些是故意而为之。由于简易计税方法的适用范围有限，错误使用将会遭到税务机关的检查调整和处罚。

【案例3-14】 A建筑公司于2021年8月承包了某工业园区道路亮化工程项目，承包合同显示A建筑公司承担项目的材料、工程施工及管理所用水、电、机械等。A建筑公司按照简易计税办法开具发票申报增值税，金额477 111.62元，税额14 313.35元。税务机关认定该项目并非建筑工程老项目和甲供工程且未以清包工方式承包工程项目，故该项目应适用一般计税方法缴纳增值税。根据《中华人民共和国税收征收管理法》第六十三条第一款的规定，认定A建筑公司属于《中华人民共和国税收征收管理法》第六十三条中进行虚假的纳税申报造成少缴税款的行为，是为偷税。

最终，税务机关对A建筑公司2021年8月少申报缴纳的增值税26 263.03元处以罚款13 131.52元、少申报缴纳的城市维护建设税1 313.15元处以罚款656.58元、对A建筑公司编造虚假计税依据的行为处以罚款2 100.00元。

五、履约过程中转换计税方式应注意的计价与计税

不同的工程项目可能采用不同的计价方式，不同计税方式下的工程项目计价规则存在差异，在合同履约过程中转换了增值税计税方式与原合同的计价规则不一致时，需要双方协商调整。

（一）转换计税方式的限制

建筑企业工程项目在履约过程中转换计税方式，可能存在一定限制和涉税风险。

1. 简易计税转换为一般计税方法

财政部 国家税务总局关于全面推开营业税改征增值税试点的通知（财税〔2016〕36号）附件1《营业税改征增值税试点实施办法》（以下简称《营业税改征增值税试点实施办法》）第十八条规定："一般纳税人发生应税行为适用一般计税方法计税。一般纳税人发生财政部和国家税务总局规定的特定应税行为，可以选择适用简易计税方法计税，但一经选择，36个月内不得变更。"

上述文件中规定建筑企业某个项目一旦选择适用简易计税方法计税，36个月内不得变更，36个月的起始时间以哪个时间为准？以该施工合同的签订时间，还是项目开工时间，或是以该项目第一次发生增值税纳税义务的时间？财政部和国家税务总局未具体规定，笔者偏向于以该项目第一次发生增值税纳税义务的时间为准。

部分地区税务机关在12366纳税人服务平台答疑时给出了参考建议，例如大连市税务局。

【地方税务口径】

国家税务总局大连市税务局12366纳税服务平台：

《营业税改征增值税试点实施办法》第十八条第二款规定："一般纳税人发生财政部和国家税务总局规定的特定应税行为，可以选择适用简易计税方法计税，但一经选择，36个月内不得变更。"《关于明确二手车经销等若干增值税征管问题的公告》(国家税务总局公告2020年第9号) 规定："五、一般纳税人可以在增值税免税、减税项目执行期限内，按照纳税申报期选择实际享受该项增值税免税、减税政策的起始时间。一般纳税人在享受增值税免税、减税政策后，按照《营业税改征增值税试点实施办法》(财税〔2016〕36号文件印发) 第四十八条的有关规定，要求放弃免税、减税权的，应当以书面形式提交纳税人放弃免（减）税权声明，报主管税务机关备案。一般纳税人自提交备案资料的次月起，按照规定计算缴纳增值税。"

因此，应按上述纳税申报期确定起始时间，再次选择简易计税方式的，应自提交备案资料的次月起适用，一经选择，36个月内仍不得变更为一般计税方式。

2. 一般计税转换为简易计税方法

通常情况下，建筑企业选择适用简易计税方法的项目也不会在中途转成一般计税方法计税，但不排除部分符合条件的工程项目从一般计税转为简易计税方法计税。目前，在财政部和国家税务总局已发布的文件中未提及选择了适用一般计税方法转换为简易计税方法有什么限制，散见部分地区税务机关在12366纳税服务平台答疑中的参考，例如江西省税务局。

【地方税务口径】

咨询内容：建筑业一般纳税人企业的某个工程项目选定为一般计税方式

后，请问 36 个月内可否更换成简易计税？那 36 个月以后可以更换为简易计税吗？

咨询时间：2017 年 11 月 8 日

回复单位：江西省税务局 12366 纳税服务平台

回复内容：您好！您提交的问题已收悉，现针对您所提供的信息回复如下：一般纳税人提供建筑服务或销售自行开发房地产项目，符合财政部、国家税务总局规定可以选择简易计税的，应在首次申报该项目收入之前办理选择简易计税方法相关手续。该项目取得的收入如已按一般计税方法计税并申报纳税的，不得再改为简易计税办法计税。上述回复仅供参考，若您对此仍有疑问，请联系 12366 纳税服务平台或您的主管税务机关咨询。

建筑企业适用一般计税方法的项目履约过程中符合条件转换为简易计税方法计税的，要注意控制该项目的进项税额抵扣"分割线"控制。

第一，在转为简易计税方法后取得的专用于该项目的各类支出对应的进项税额不得抵扣。《营业税改征增值税试点实施办法》第二十七条规定："下列项目的进项税额不得从销项税额中抵扣：（一）用于简易计税方法计税项目、免征增值税项目、集体福利或者个人消费的购进货物、加工修理修配劳务、服务、无形资产和不动产……"例如选择适用简易计税方法的项目采购材料、设备租赁、差旅费、办公用品、水电费等。

第二，转换为简易计税方法后与其他一般计税项目共用的资产对应的进项税额的抵扣问题。适用一般计税方法的纳税人，兼营简易计税方法计税项目、免征增值税项目而无法划分不得抵扣的进项税额，按照下列公式计算不得抵扣的进项税额：

不得抵扣的进项税额＝当期无法划分的全部进项税额×（当期简易计税方法计税项目销售额＋免征增值税项目销售额）÷当期全部销售额

租入固定资产、不动产既用于一般计税项目又用于简易计税项目的，《财政部 税务总局关于租入固定资产进项税额抵扣等增值税政策的通知》（财税〔2017〕90 号）第一条规定："自 2018 年 1 月 1 日起，纳税人租入固定资产、不动产，既用于一般计税方法计税项目，又用于简易计税方法计税项目、免征增值税项目、集体福利或者个人消费的，其进项税额准予从销项税额中全额抵扣。"

购进的固定资产，既用于一般计税项目又用于简易计税项目的，《国家税务总局纳税服务司关于下发营改增热点问题答复口径和营改增培训参考材料的函》（税总纳便函〔2016〕71号）附件1《12366营改增热点问题答复口径》第1问的解答可知，企业既有简易计税项目，又有一般计税项目，营改增后购进办公用不动产，能够取得增值税专用发票，并且不是专用于简易计税办法计税项目的，按照规定可以抵扣进项税额。

（二）转换计税方式应注意计税和计价的差异

在"营改增"之前，工程造价的计算主要依据工程的直接费用和间接费用，以及相应的税费和其他费用，这些费用都是含税的。在"营改增"之后，一般计税项目的工程造价的计算方式发生了变化，需要将税金从原来的费用中分离出来，并在计算工程造价时单独考虑。

【案例3-15】 铁蛋建筑公司承揽了某个科技园区道路照明施工工程，原定合同总造价1 090万元，合同约定该项目适用一般计税方法计税，该项目业主方供应了部分太阳能路灯。后由于业主方从自身抵扣需求出发，允许铁蛋建筑公司按照甲供工程选择适用简易计税，双方签订了补充协议将合同总金额按照税率差直接调整为1 030万元。业主方对该项目的合同金额的调整对铁蛋建筑公司而言是否合适？

作为财务管理人员要判断上述案例的造价调整是否合适，我们必须要对工程造价的组成有所了解，要了解简易计税方法和一般计税方法下的造价组成差异。

1. 营业税时期工程造价

住房和城乡建设部与财政部并没有针对全面"营改增"后适用简易计税方法项目的工程造价做过具体规定，我们可以参照"营改增"之前的工程造价组成规定。依照《建筑安装工程费用项目组成（按费用构成要素划分）》，建筑安装工程费按照费用构成要素划分：由人工费、材料费（包含工程设备，下同）、施工机具使用费、企业管理费、利润、规费和税金组成。

上述规定可以用以下公式表示为

税前工程造价＝人工费＋材料费＋施工机具使用费＋企业管理费＋利润＋规费＋税金

工程造价＝税前工程造价＋税金

税金计算公式为

税金＝税前造价×综合税率（％）

确定综合税率标准如下：

（1）纳税地点在市区的企业。

综合税率＝1÷[1−3％−（3％×7％）−（3％×3％）−（3％×2％）]−1＝3.48(％)

（2）纳税地点在县城、镇的企业。

综合税率＝1÷[1−3％−（3％×5％）−（3％×3％）−（3％×2％）]−1＝3.41(％)

（3）纳税地点不在市区、县城、镇的企业。

综合税率＝1÷[1−3％−（3％×1％）−（3％×3％）−（3％×2％）]−1＝3.28(％)

（4）实行营业税改增值税的，按纳税地点现行税率计算。

"营改增"之前的"税前工程造价"的各项组成费用均为含税金额，同时"实行营业税改增值税的，按纳税地点现行税率计算"，由此可知全面"营改增"后适用或者选择适用简易计税方法计税的项目，在税前工程造价的组成上与"营改增"之前的计价依据基本一致。

2. 增值税下适用简易计税方法项目的工程造价

实行"营改增"之后的项目税前工程造价的计价依据与"营改增"之前的计价依据一致。我们再看看一些地方有关部门发布的关于"营改增"后关于简易计税方法的计价规定。

（1）南通市适用简易计税方式项目的计价。

《关于进一步规范我市建设工程简易计税方式计价办法的通知（试行）》（通建价〔2016〕15 号）第三条规定："简易计税方法下，建设工程造价除税金费率、甲供材料和甲供设备费用扣除程序调整外，仍按营改增前的计价依据执行，不作调整。税金包括增值税应纳税额、城市维护建设税、教育费附加及地方教育附加：1. 增值税应纳税额＝包含增值税可抵扣进项税额的税前工程造价×适用税率，税率 3％；2. 城市维护建设税＝增值税应纳税额×适用税率，税率：市区 7％、县镇 5％、乡村 1％；3. 教育费附加＝增值税应纳税额×适用税率，税率 3％；4. 地方教育附加＝增值税应纳税额×适用税率，税率 2％。以上四项合计，以包含增值税可抵扣进项额的税前工程造价为计费基础，税金费率为：市区 3.36％、县镇 3.30％、乡村 3.18％。"

（2）四川省适用简易计税方式项目的计价。

《四川省住房和城乡建设厅关于进一步明确实施〈建筑业营业税改征增值税四川省建设工程计价依据调整办法〉有关事项的通知》（川建造价发〔2016〕481号）第一条第一项规定："在建筑业营改增试点期间，适用简易计税方法的建筑安装工程费用组成中，分部分项工程费、措施项目费、其他项目费以及变更、签证、索赔等费用均含进项税额，除税金及附加税费外，应按建筑安装工程营改增前计价规则及依据计入税前工程造价。"

根据上面两个地区关于适用简易计税方式项目的计价规则可知，适用简易计税方式的项目在计价时，一般不考虑进项税额的抵扣问题。因此，其造价相比一般计税方式的项目会略高。同时，在选择计税方式时，企业需考虑自身的实际情况和税务筹划的需求。

3. 增值税下适用一般计税方法项目的工程造价

工程造价可按照以下公式计算：

工程造价＝税前工程造价×（1＋9％）

其中，9％为建筑业增值税税率，税前工程造价为人工费、材料费、施工机具使用费、企业管理费、利润和规费之和，各费用项目均以不包含增值税可抵扣进项税额的价格计算，相应计价依据按上述方法调整。

税前工程造价＝人工费＋材料费＋施工机具使用费＋企业管理费＋利润＋规费

工程造价＝税前工程造价×（1＋税率）

上述税前工程造价的组成项目均不含进项税额。

到目前为止，我们可以对【案例3-15】进行分析，并对本小节进行总结了。不同计税方式下的工程造价的计算，建设行政主管部门已经对工程造价的计算方法，特别是一般计税方法下的工程造价的计算进行了相应的调整。两种计价方法都是以人工费、材料费、施工机具使用费、企业管理费、利润和规费之和计算。"营改增"之后计税方法下的含税工程造价计算方法存在本质上的差异，见表3-4。

表3-4　"营改增"之后不同计税方法的项目工程造价计算表

计税方法	税率/征收率	含税工程造价	计算基数（税前工程造价）
一般计税	9％	税前工程造价×（1＋9％）	人工费、材料费、机械使用费、企业管理费、利润和规费之和。各项费用均以不含增值税（即不含税价）的价格计算

计税方法	税率/征收率	含税工程造价	计算基数（税前工程造价）
简易计税	3%	税前工程造价× (1+3%)	人工费、材料费、机械使用费、企业管理费、利润与规费之和。各项费用均以含增值税的价格计算

　　发包方在招标环节，应在招标文件中明确计税方式，在进行工程造价计算时按照适用的计税方法进行组价和取费，而不是在签订合同环节再纠结这个问题。【案例3-15】中，双方签订补充协议将一般计税方法转换为简易计税方法，直接将含税造价按照一般计税税率与简易计税征收率之差进行扣除，显然是不合适的。既然双方对工程项目可以选择适用简易计税方法达成了共识，应当按照简易计税方法下的造价计算方式对该工程的工程造价重新计算。

第四讲　甲控物资的财税处理及经营风险

甲控物资，指的是"甲指乙供"的物资。官方对甲控物资没有明确定义，实际上就是甲方指定了材料品牌或供应商，乙方按照甲方要求进行采购的行为。甲控物资与甲供物资的财税处理不一致。本讲我们将对甲控物资的财税处理、资金流管理，以及债权债务处理进行全面解析。

一、甲控物资在建筑法规中的规定

在实务中，发包人向承包人指定供应商的现象非常普遍，部分发包人甚至将甲方指定供应商事项明文写入合同当中，部分合同条款可能涉嫌违反建筑法规。在业务上，通常把甲方指定供应商的做法称为"甲指"；在财税处理上，通常称之为"甲控"。

（一）承包单位负责采购物资的严禁发包方指定供应商

《建筑法》第二十五条规定："按照合同约定，建筑材料、建筑构配件和设备由工程承包单位采购的，发包单位不得指定承包单位购入用于工程的建筑材料、建筑构配件和设备或者指定生产厂、供应商。"

建筑工程所需的建筑材料、建筑构配件和设备，可以根据合同约定，既可以由发包方负责提供，也可以由承包方负责采购。这是充分尊重当事人的意思自治，由建筑工程承包合同双方根据自己的利益及实际情况做出选择，避免法律对建筑市场主体的活动过度干涉违，违反市场经济规律。但是，按照合同约定建筑材料、建筑构配件和设备由工程承包单位采购的，发包方不得指定承包单位购入工程建筑材料、建筑构配件和设备或者指定生产商和供应商。

（二）《建设项目工程总承包合同（示范文本）》中的规定

《建设项目工程总承包合同（示范文本）》（GF-2020-0216）第二部分通用合同条件中6.2.2规定："……承包人应按照已被批准的第8.4款［项目进度计划］规定的数量要求及时间要求，负责组织材料和工程设备采购（包括备品备件、专用工具及厂商提供的技术文件），负责运抵现场。合同约定由承包人采购的材料、工程设备，除专用合同条件另有约定外，发包人不得指定生产厂家或供应商，发包人违反本款约定指定生产厂家或供应商的，承包人有权拒绝，并由发包人承担相应责任。对承包人提供的材料和工程设备，承包人应会同工程师进行检验和交货验收，查验材料合格证明和产品合格证书，并按合同约定和工程师指示，进行材料的抽样检验和工程设备的检验测试，检验和测试结果应提交工程师，所需费用由承包人承担……"

另外，在建筑工程按照合同约定实行固定价格的情况下，发包方指定承包方购买高价的建筑材料、构配件和设备会损害承包方的利益，同时也容易滋生腐败。

【案例 4-1】　2024 年 10 月，铁蛋建筑公司（增值税一般纳税人）与钢蛋地产公司（增值税一般纳税人）签订了一份房屋建设工程合同，该项目为包工包料施工总承包项目，适用一般计税方法计税。合同中关于甲指材料约定如下：甲方指定乙方供应材料设备清单详见合同专用条款，由乙方履行采购义务；乙方须严格执行合同约定的"甲指乙供"材料部品和供应商清单，严格执行合同约定的质量标准；对因乙方不按甲方指定供应商、指定品牌采购，甲方有权不予支付相应的工程价款。上述约定是否有效？

分析：首先，上述案例中发包方违反《建筑法》第二十五条及其他法规的规定，对包工包料项目的承包方指定材料设备供应商和材料设备品牌，违法在先；若因发包方指定供应商、指定材料品牌出材料质量问题，导致工程质量缺陷的，发包方应承担过错责任。如果承包人自行采购材料出现质量问题，承包人有过错的，也应当承担相应的过错责任。

其次，即便承包方没有按照发包方指定的供应商购买材料，发包方也无权以此为由拒绝支付工程款。只要双方签订的合同有效，且承包方已经按照履约施工，完成的工程作业符合验收标准，质量合格，则发包方不得以未按照约定向指定的供应商采购材料为由拒绝付款。

最后，发包有权按照合同约定对承包方采购的建筑材料、构配件和设备是否符合规定的要求进行验收，对不符合要求的有权拒绝验收并要求承包方承担相应的责任。但是，发包方不得利用自己的有利地位，要求承包方购入由其指定的建筑材料、构配件或设备，包括不得要求承包方必须向其指定的生产厂或供应商购买建筑材料、构配件或设备。

二、甲控物资与甲供物资的区别

甲控材料与甲供材料存在明显的差异。

在控制力上，甲控材料与甲供材料名义上都是为了确保工程质量，实际上更多因素是经济利益。相比之下，甲供材料是由甲方提供给承包方使用，承包方只能根据设计要求和甲方的要求使用材料，几乎没有任何自主选择权。而甲控材料，虽然甲方指定了供应商，但也要充分考虑乙方的纳税人身份和计税方法，若因甲控材料导致承包方增值税税负上升，恐怕承包方也不会答应，或可以与甲方商谈在结算价中弥补甲控材料带来的损失。

在风险承担上，甲供材料的风险通常由发包方承担，如工期风险。如果甲供材料没有按照原计划提供，可能会导致工期延误，这也由发包承担，承包方无须承担。而甲控材料的大部分风险则由承包方承担，因为名义上承包方是采购方。除了工期外，还有质量、保修、维护等责任，甲控材料、甲供材料二者也存在差异。

在造价计价上，甲控材料和甲供材料也不同。甲供材料金额不计入承包方与发包方签订的合同总价中，而甲控材料包含在合同总价中。

三、甲控物资的财税处理

（一）甲控物资的会计处理

甲控物资与建筑企业自行采购的其他物资的会计处理并无实质差异，只是供应商为发包方指定。在实务中，发包人指定供应商的目的是控制材料价格。因此甲控物资对承包方的影响主要是利润被稀释了。

【案例 4-2】 2024 年 10 月，铁蛋建筑公司（增值税一般纳税人）与钢蛋地产公司（增值税一般纳税人）签订了一份房屋建筑施工总承包合同，在该合同中约定铁蛋建筑公司须按钢蛋地产公司指定的供应商采购钢筋。2024 年 12 月，钢蛋地产公司指定的钢筋供应商供应了一批钢筋，经验收合格后，三方确认的该批结算金额为 1 130 万元（其中，价款 1 000 万元，增值税额 130 万元）。该批钢筋销售发票已经开具，款项尚未支付。铁蛋建筑公司如何进行会计处理？

（1）铁蛋建筑公司取得甲方指定供应商供应的材料时会计处理。

借：原材料——钢筋　　　　　　　　　　　　　　10 000 000

　　应交税费——应交增值税（进项税额）　　　　　1 300 000

　　贷：应付账款——甲指供应商　　　　　　　　　　　11 300 000

（2）铁蛋建筑公司工程项目领用材料时会计处理。

借：合同履约成本——工程施工——材料费　　　　　10 000 000

　　贷：原材料——钢筋　　　　　　　　　　　　　　　10 000 000

上述案例中的甲指材料款若由铁蛋建筑公司支付，则在支付该款项时，借记"应付账款"科目，贷记"银行存款"等科目；若由钢蛋地产公司从应支付给铁蛋建筑公司的进度款中直接扣除，并由其支付给钢筋供应商，则借记"应付账款"科目，贷记"应收账款"科目。

（二）甲控物资补偿金的结算

在实务中，由于甲控物资对建筑企业的利润造成了利空影响，因此，部分发包方可能会以"采保费"① 或 "总包配合费"② 给予承包方一定的经济补偿。

采保费和总包配合费的费率因地区而异，不同的建设单位或施工方在不同的情况下承担的费用比例也有所区别。具体费率和相关规定需要根据当地的具体政策和合同条款来确定。

【案例 4-3】　总包方铁蛋建筑公司（增值税一般纳税人）与发包方钢蛋地产公司（增值税一般纳税人）签订了某房建施工总承包合同。其中包含门窗安装业务，发包方向总包方指定了某门窗加工企业。该门窗加工企业为增值税一般纳税人，向总包方开具了门窗销售发票 565 万元（含税，税率13%）。发包方就该门窗部分与总包方结算时，应按 13% 还是 9% 的税率计算？

分析：上述案例中总包方在施工过程中假设不存在销售自产货物情形，

① 采保费，是指在建筑行业中，企业为了采购、验收、保管材料物资而产生的一系列费用的统称。这些费用包括了采购、保管人员的工资、办公费、固定资产使用费、材料整理费、零星运费、工具使用费等。采保费的计算公式：采保费＝（原价＋包装费＋供销部门手续费＋运杂费）×采购及保管费率。

② 总包配合费，通常指由项目甲方发包总承包单位和专业分包单位的项目施工配合费，含提供水电接口、提供垂直运输、土建收口、施工脚手架、竣工资料归档、成品保护、平行交叉影响、铁件预埋等总包单位的服务、配合管理责任、施工现场管理、竣工资料汇总整理等服务所需的费用。

则属于混合销售，全部按照建筑服务开具9%的发票。在没有"甲指"情况下，无论门窗加工企业给总包方开具什么税率（征收率）的发票，都不影响发包方与总包方的结算，均按照9%计算最终含税结算额。上述案例中由于门窗安装部分发包方指定了供应商，对总包方的利润产生了影响，可能给予部分补偿。这部分补偿正常计入结算款中，按照"建筑服务"开具发票即可。

四、甲控物资的债权债务事项

通过前述内容，我们可知甲控物资与建筑企业自行采购的物资在会计处理上几乎无差别，但在资金的支付管理上与自行采购材料款的支付管理可能存在差异。通常情况下，甲控材料的款项由发包方从应支付给承包方的工程款中直接扣除，由其直接支付给甲指供应商。这一做法导致了"三流不一致"，即"发票流"与"资金流"不一致，但"三流不一致"并不代表一定存在涉税问题。建筑企业在这一事项的处理过程中，应当与发包方和甲指供应商之间签订相关协议，说明资金流向与发票流不一致的原因，佐证业务的真实性。

在实务中，建筑企业与发包方和甲指供应商之间签订的相关协议一般有委托采购协议、委托付款协议、债权债务抵消协议三类，哪一类对建筑企业更有利一些？

（一）委托代购

委托代购，在甲控物资业务中是指建筑企业（委托方）委托发包方（受托方）采购某一项物资。甲指供应商（销售方）应将发票开具给建筑企业，发票可以直接交付给委托方，或由受托方将该项发票转交给委托方。

【案例4-4】 铁蛋建筑公司（以下简称"乙方"）与钢蛋地产公司（以下简称"甲方"）签订了一份房屋建筑施工总承包合同，合同中约定该工程所需钢筋委托钢蛋地产公司寻找合适的供应商进行采购。甲、乙方与钢筋供应商（以下简称"丙方"）签订了三方委托代购协议。三方委托代购协议约定，丙方将材料运送到工地经乙方质量检验合格后，三方办理材料签收手续，按如下方式结算：乙方每月按照施工合同约定向甲方申请工程进度款，甲方在支付乙方工程进度款时，全额扣除乙方应付给丙方的材料款，并将材料款直接汇入丙方银行账号。

分析：《财政部 国家税务总局关于增值税、营业税若干政策规定的通知》（财税字〔1994〕026号）（以下简称财税字〔1994〕026号）第五条规定："……代购货物行为，凡同时具备以下条件的，不征收增值税；不同时具备以下条件的，无论会计制度规定如何核算，均征收增值税。（一）受托方不垫付资金；（二）销货方将发票开具给委托方，并由受托方将该项发票转交给委托方；（三）受托方按销售方实际收取的销售额和增值税额（如系代理进口货物则为海关代征的增值税额）与委托方结算货款，并另外收取手续费。"

根据上述规定可知，案例中的甲方是从工程款中扣除乙方应付给甲指供应商丙方的款项后，甲方给乙方支付款项和代付给丙方款项的频率不一致，则无法确定甲方是否存在垫付资金的情形。除此之外，甲方也并未收取手续费，也不符合规定。因此，甲控材料若想按照委托代购处理，必须同时具备财税字〔1994〕026号第五条规定的三个条件。

（二）委托付款

委托付款，是指存在债权债务关系中的债权人方，向其债务人开具付款委托申请，委托债务人向该债权债务关系之外的第三方（第三方一般为债权人的债权人）支付款项。该付款委托书由债权人直接交给债务人，或由该委托支付事项关联的三方共同签订协议，约定由债务人把款项支付给第三方。

在实务中，甲控物资款项若由甲方从工程款中直接扣除，并代付给甲控物资供应商，双方或三方签订委托付款协议时要注意是否涉及债权债务转让或债权追索。通常情况下，委托付款协议一般只有资金代付意思，不涉及债权债务合意转让。

【案例4-5】 2024年1月，铁蛋建筑公司（以下简称"乙方"）与钢蛋实业公司（以下简称"甲方"）签订了一份某园区厂房及办公大楼施工总承包合同，工程所需电线电缆由甲方指定供应商（以下简称"丙方"）供应。款项由甲方从应支付给乙方的进度款中直接扣除并支付给甲指供应商。2024年12月，甲方从应付给乙方的1 000万元工程款中，扣除了200万元甲指材料款，但并未向丙方支付。丙方可否就上述款项向乙方追索？

分析：上述案例中，合同约定甲方应付给乙方的工程款将扣除乙方应支付给丙方的材料款，由甲方代为支付给丙方，并未有债权债务转移的意思表示。因此，甲方未按合同约定的委托事项履行债务，乙方应当继续履行债务，丙方可以向乙方继续追索债权。

（三）债权债务抵销

通过对委托付款事项的阐述可知，若发包方未按照合同约定履行代付义务，则承包方可能要继续清偿甲指材料款债务，同时可能存在部分债权无法及时收回的风险。因此，甲控材料款项的支付可以考虑按债权债务转让处理。

债权转让，是指合同债权人将其债权全部或者部分转让给第三人的行为；债务转让，是指合同债务人通过协商，将合同债务全部或者部分转让给第三人承担的行为。债权、债务转让，分为全部转让和部分转让。

1. 债权转让

债权人可以将债权的全部或者部分转让给第三人，但是有下列情形之一的除外：根据债权性质不得转让；按照当事人约定不得转让；依照法律规定不得转让。

当事人约定非金钱债权不得转让的，不得对抗善意第三人。当事人约定金钱债权不得转让的，不得对抗第三人。债权人转让债权，未通知债务人的，该转让对债务人不发生效力。债权转让的通知不得撤销，但是经受让人同意的除外。债权人转让债权的，受让人取得与债权有关的从权利，但是该从权利专属于债权人自身的除外。受让人取得从权利不因未办理转移登记手续或者未转移占有而受到影响。

【案例 4-6】 铁蛋建筑公司（以下简称"甲方"）与钢蛋混凝土公司（以下简称"乙方"）就尚欠的某一笔混凝土款项 500 万元，以二蛋地产公司（业主方，以下简称"丙方"）欠付甲方的工程款直接抵偿所欠乙方的混凝土款项。甲方和乙方在债权转让合同中作了如下约定：甲乙方协商一致，以本协议约定的甲方对丙方享有的债权，抵偿甲方应付乙方的债务。

分析：上述债权转让合同应当注意两个问题。第一，甲方用自己的债权抵销对乙方的债务应当分别签订债权转让协议和债务转让协议，或者应当在与乙方司签订债权转让协议之前通知丙方，即债权转让通知。第二，如果以债权抵偿的债务金额不对等，假设甲方的债权金额略高于应支付给乙方的债务金额，则双方需要对债权债务权利义务消灭作补充约定：本协议生效以后，乙方有权向丙方主张债权，且不论乙方实现的债权金额为多少，均归乙方所有，甲方债务不可逆转地归于消灭。

范本 4-1：

债权转让通知

二蛋地产公司：

我公司与贵公司签订了《＊＊＊施工合同》，截至 2024 年 12 月 31 日累计工程计价金额 10 900 万元（含税），累计已开发票 10 900 万元，贵公司累计支付 8 720 万元，尚有 2 180 万元进度款未支付。根据我公司与钢蛋混凝土公司在 2025 年 1 月 1 日签订的债权转让协议，贵单位所欠我公司 2 180 万元债务中 1 130 万元转给钢蛋混凝土公司，请贵单位将该款项直接支付给钢蛋混凝土公司。如贵单位对此债权转让有异议，请在 7 个工作日内书面告知我公司，如无异议或未在约定时间内告知具体意见则视同贵公司同意本次债权转让。

特此通知。

铁蛋建筑公司

2025 年 1 月 15 日

关于债权转让通知，笔者认为一定要注意是否通知到位。如果是当面签订债权转让通知的收取单据；或者三方签订债权债务抵销协议。如果通过快递的形式向债务方发送债权转让通知，应当约定快递被债务方相关人员签收即视为完成通知义务。

2. 债务转让

《中华人民共和国民法典》第五百五十一条规定："债务人将债务的全部或者部分转移给第三人的，应当经债权人同意。债务人或者第三人可以催告债权人在合理期限内予以同意，债权人未作表示的，视为不同意。"第五百五十二条规定："第三人与债务人约定加入债务并通知债权人，或者第三人向债权人表示愿意加入债务，债权人未在合理期限内明确拒绝的，债权人可以请求第三人在其愿意承担的债务范围内和债务人承担连带债务。"

第五百五十三条规定："债务人转移债务的，新债务人可以主张原债务人对债权人的抗辩；原债务人对债权人享有债权的，新债务人不得向债权人主张抵销。"第五百五十四条规定："债务人转移债务的，新债务人应当承担与主债务有关的从债务，但是该从债务专属于原债务人自身的除外。"

第五百五十五条规定："当事人一方经对方同意，可以将自己在合同中的权利和义务一并转让给第三人。"第五百五十六条规定："合同的权利和义务一并转让的，适用债权转让、债务转移的有关规定。"

笔者认为，转让债权、转让债务，如果不涉及四方，只涉及三方，可以直接签订三方债权债务抵销协议。例如【案例4-6】中，二蛋地产公司（丙方）尚欠铁蛋公司（甲方）工程款，铁蛋公司尚欠钢蛋公司（乙方）混凝土款，铁蛋公司以对二蛋公司的债权抵偿对钢蛋公司的债务，三方可以签订三方债权债务抵偿协议。协议中把甲方与乙方之间的债务关系、甲方与丙方之间的债权关系列明，最后三方达成一致，甲方以债权抵债务，就抵偿部分的债权债务权利义务归于消灭。

范本4-2：

债权债务抵消协议

甲方：铁蛋建筑公司

乙方：钢蛋混凝土公司

丙方：二蛋地产公司

丙方为甲方所承接＊＊项目的业主，乙方为甲方所承接＊＊项目的材料供应商，现为妥善解决甲、乙双方的材料款问题，甲、乙、丙三方经协商，依法达成如下转让协议，以资信守：

一、甲、乙、丙三方一致确认：截至本协议签署之日，丙方欠付甲方工程款，共计人民币_____元（其中价款_____元；增值税_____元）。

二、三方一致确认：截至本协议签署之日，甲方欠付乙方材料款，共计人民币_____元（其中价款_____元；增值税_____元）。

三、三方一致同意，甲方将应付乙方的材料款共计：人民币_____元（含税）全部转让给丙方履行，由丙方按照本协议直接付款给乙方；由丙方于____年____月____日前向乙方支付共计：人民币_____元。

四、乙方在申请丙方支付材料款前，向甲方开具合法有效的应税交易发票。

五、甲方根据当月完成的工程量或应付工程款金额，向丙方开具相应合法有效的"建筑服务"发票。

六、丙方收到甲方开具的合法有效"建筑服务"发票后，根据实际应付工程进度款，代甲方向乙方支付材料款，同时将支付凭证（银行流水复印件加盖公章）返还给甲方。

七、丙方承诺按合同和债务转让协议及时向乙方支付材料款，不得拖欠；甲方承诺不得就上述转让金额再向丙方索要工程进度款；乙方承诺不得再向甲方索要上述材料款。

八、甲、乙、丙三方均承诺该协议需加盖单位公章方可生效；甲、乙、丙三方均承诺该协议为共同友好协商形成，真实有效，是甲方和乙方、甲和丙方原业务合同的补充，且与原合同具有同等法律效力。

本协议一式三份，甲、乙、丙三方各执一份，自三方签字盖章后生效，至合同履行完成后自动失效。

甲方（盖章）：　　　　乙方（盖章）：　　　　丙方（盖章）：

日　期：　　　　　　　日　期：　　　　　　　日　期：

（四）甲控物资收付条款的统一性

前面我们已经对甲控物资款项的支付管理，按照委托采购、委托付款、债权债务抵销三类情形分别进行阐述，若论利弊和风险控制，还是按照正常支付流向对建筑企业最合适。

【案例 4-7】　铁蛋建筑公司与某房地产开发企业签订了一份施工总承包合同，在付款条款中约定如下：工程进度款累计支付达到已审定合同价款（含补充预算）的 80% 时，停止支付进度款。上述约定是否存在问题？

分析：上述案例的支付条款中若不含甲控材料因素，铁蛋建筑公司则不需要考虑收付款条款是否公平。若存在甲控材料因素，则必须考虑甲控材料的付款比例、付款频率与该项目的收款比例、收款频率的关系，尤其是收、付款比例。案例中的付款事项如果用公式表达并考虑甲控材料的付款因素，每期应支付的进度款（不含结算尾款）应该按下列公式计算：

每期应付工程进度款 =（已计价金额 - 应付甲控材料款项）× 80% + 应付甲控材料款 × 甲控材料付款比例

【案例 4-8】　承【案例 4-7】，假设 2025 年 12 月，业主对已完工程量部分计价的金额为 1 000 万元（含甲控材料 100 万元），进度款支付比例依然为 80%，甲控材料的付款比例为 90%。则

每期应付工程进度款 =（1 000 - 100）× 80% + 100 × 90% = 810（万元）。

存在甲控材料因素的，若不按这种公式表示，按照【案例4-7】的收款条款约定，铁蛋建筑公司当期能收回的工程进度款只有800万元（1 000×80％）。甲控材料的付款比例高于收款比例，未另行计算的，将有可能占用承包方的资金。

第五讲 提供建筑服务涉及的两类增值税预缴义务

　　建筑企业提供建筑服务有两类增值税预缴义务：第一类是跨地级行政区施工需要在项目地预缴增值税；第二类是收到预收款需要预缴增值税。本讲讲解两类预缴义务的详细内容和差异。

一、异地施工项目的增值税预缴义务

异地施工，是指建筑企业机构所在地与项目施工地不在同一个区域。从税法的预缴义务而言不能笼统地称之为"异地施工"，不同的税种预缴义务对"异地"的定义有差异，增值税预缴的有关规定中已经明确"异地"是指建筑企业机构地与项目地跨地级行政区以上的才需要预缴增值税。而关于异地施工企业所得税的预缴义务在第七讲中将详细讲解，本节只对增值税及附加税费展开。

（一）建筑企业跨地级行政区施工的增值税预缴义务

建筑企业跨地级行政区提供建筑服务，需要在工程所在地预缴一定比例的增值税。预缴义务，有助于优化地区间的资源配置和平衡发展。通过将税收资金分配给需要的地区，政府可以鼓励地区之间的经济交流和合作，推动各地共同发展。

1. 预缴义务与预缴率

《国家税务总局关于发布〈纳税人跨县（市、区）提供建筑服务增值税征收管理暂行办法〉的公告》（国家税务总局公告 2016 年第 17 号）（以下简称国家税务总局公告 2016 年第 17 号）第四条规定："……（一）一般纳税人跨县（市、区）提供建筑服务，适用一般计税方法计税的，以取得的全部价款和价外费用扣除支付的分包款后的余额，按照 2% 的预征率计算应预缴税款；（二）一般纳税人跨县（市、区）提供建筑服务，选择适用简易计税方法计税的，以取得的全部价款和价外费用扣除支付的分包款后的余额，按照 3% 的征收率计算应预缴税款；（三）小规模纳税人跨县（市、区）提供建筑服务，以取得的全部价款和价外费用扣除支付的分包款后的余额，按照3％的征收率计算应预缴税款。"

随后，国家税务总局对跨区县预缴义务做了调整。国家税务总局公告2017年第11号第三条规定："纳税人在同一地级行政区范围内跨县（市、区）提供建筑服务，不适用《纳税人跨县（市、区）提供建筑服务增值税征收管理暂行办法》（国家税务总局公告2016年第17号印发）。"根据该文规定，建筑企业在同一个地级市内跨区、县施工无须预缴增值税，即建筑企业跨地级行政区提供建筑服务的，才需要预缴增值税。

笔者提醒，上述跨地施工的增值税预缴义务针对的纳税人为单位和个体工商户，且不论建筑企业是总包方还是分包方（含劳务分包），只要属于跨地级行政区提供建筑服务的情形都应当按规定预缴增值税，其他个人跨地提供建筑服务不适用上述规定。

2. 增值税预缴公式

建筑企业跨地级行政区施工，按照以下公式计算应预缴税款：

适用一般计税方法计税的，应预缴税款＝[（全部价款和价外费用－支付的分包款）÷（1＋9％）]×2％

适用简易计税方法计税的，应预缴税款＝[（全部价款和价外费用－支付的分包款）÷（1＋3％）]×3％

建筑企业取得的全部价款和价外费用扣除支付的分包款后的余额为负数的，可结转下次预缴税款时继续扣除。注意，建筑企业在异地施工预缴增值税时，应按照工程项目分别计算应预缴税款分别预缴。在向机构地主管税务机关进行当期增值税纳税申报时，应纳税额可以抵减在异地已经预缴过的增值税。若当期抵减不完的，结转下期继续抵减。建筑企业在机构地纳税申报时可以抵减的预缴税款应以完税凭证作为合法有效凭证。

【案例5-1】 铁蛋建筑公司（增值税一般纳税人）在外省承揽了一个住宅工程总承包合同，该项目适用一般计税方法计税，已经在机构地主管税务机关办理跨地涉税事项备案，属于总机构直营项目。2025年3月，该项目开具了545万元建筑服务发票，取得分包发票109万元，当月应当预缴多少增值税？

分析：该项目适用一般计税方法，适用的增值税税率9％，异地施工适用的预缴率为2％。应预缴税款计算如下：

应预缴税款＝[（545－109）÷（1＋9％）]×2％＝8（万元）

【案例 5-2】 承上例，假设该项目符合简易计税条件，铁蛋建筑公司选择适用简易计税方法计税，其他条件不变，当月应当预缴多少增值税？

分析：该项目选择适用简易计税方法，适用的征收率为 3%，异地施工适用的预缴率为 3%。应预缴税款计算如下：

应预缴税款 = [（545－109）÷（1+3%）] × 3% = 12.70（万元）

3. 跨地施工的预缴税款台账

建筑企业跨地级行政区施工，应自行建立预缴税款台账，区分不同县（市、区）和项目逐笔登记全部收入、支付的分包款、已扣除的分包款、扣除分包款的发票号码、已预缴税款与预缴税款的完税凭证号码等相关内容，留存备查。台账格式见表 5-1。

表 5-1 各项目应交增值税预缴台账

编制：　　　　　　　　　　时间：2025 年 1 月　　　　　　　　　单位：元

序号	日期	工程地点	项目名称	开票或收款金额	支付分包款	扣除分包款		已预缴税款	完税凭证号码
						已扣除分包款	发票号码		

注意，笔者建议上述台账分项目分别编制，便于核对账表数据。

4. 预缴时间与未预缴的涉税风险

建筑企业跨地级行政区施工，增值税的预缴时间，按照规定的纳税义务发生时间和纳税期限执行。在实务中，经常有建筑业的财务人员向笔者咨询，异地施工的项目应该先预缴增值税还是先开具应税发票，实际上并无明确的先后顺序。有一点可以肯定，建筑企业发生增值税纳税义务时，异地施工项目即产生增值税预缴义务。发生增值税纳税义务时未必已经开具应税发票了，有可能先收到了进度款或结算款。因此，建筑企业根据项目地税务机关的特定要求和自身资金情况把握开具应税发票和预缴税款的先后顺序即可。

国家税务总局公告 2016 年第 17 号第十二条第一款规定："纳税人跨县（市、区）提供建筑服务，按照本办法应向建筑服务发生地主管国税机关预缴税款而自应当预缴之月起超过 6 个月没有预缴税款的，由机构所在地主管税务机关按照《中华人民共和国税收征收管理法》及相关规定进行处理。"《中华人民共和国税收征收管理法》第六十九条规定："扣缴义务人应扣未扣、应收而不收税款的，由税务机关向纳税人追缴税款，对扣缴义务人处应扣未扣、应收未收税款百分之五十以上三倍以下的罚款。"

【案例5-3】　　铁蛋建筑公司某个适用一般计税方法的跨省施工项目，于2025年3月18日向业主开具了一张增值税专用发票，含税金额为1 831 322.08元（其中价款1 680 112.00元，增值税款151 210.08元），当月未在项目地预缴增值税。2025年4月23日该公司会计前往项目地预缴增值税，是否存在涉税风险。

分析：根据国家税务总局公告2016年第17号第十二条规定，铁蛋建筑公司该项目的增值税纳税义务发生时间为2025年3月18日，异地施工的增值税预缴义务因增值税纳税义务发生而发生，应在2025年3月预缴增值税，或在该月纳税申报期结束之前预缴。假设2025年4月纳税申报期限为2025年4月15日，则在2025年3月18日至2025年4月15日之间预缴增值税不存在滞纳金，在2025年4月15日之后预缴恐存在滞纳金。2025年4月23日才预缴增值税，延迟了8天，滞纳金计算如下（保留两位小数）：

应预缴增值税＝1 680 112×2％＝33 602.24（元）

滞纳金＝33 602.24×0.05％×8＝134.41（元）

（二）异地施工特殊预缴政策

我们已经阐述了"异地"施工在增值税预缴义务上的概念，即跨地级行政区提供建筑服务。部分地区出台了一些特殊的增值税预缴义务规定，或因设立综合试验区而对预缴义务产生了一定影响。

1. 福建平潭县未跨地级市施工依然需要预缴增值税

笔者在线下课程中遇到过一位福建的学员咨询如下问题：

我们公司的机构设在福州市马尾区，在福州平潭县承揽了一个工程项目。根据国家税务总局公告2017年第11号第三条的规定："纳税人在同一地级行政区范围内跨县（市、区）提供建筑服务，不适用《纳税人跨县（市、区）提供建筑服务增值税征收管理暂行办法》（国家税务总局公告2016年第17号印发）。"平潭县属于福州市下辖县，项目地和公司机构地在同一个地级市，为何我们还被要求在项目所在地预缴增值税呢？

这个问题很特殊，不是项目地的税务机关未执行税收文件。2009年7

月，福州市在平潭县设立了"福州（平潭）综合实验区"，同年9月，平潭县与福州（平潭）综合实验区实行"政区合一"（行政区＋实验区）混合型管理模式。后来福州（平潭）综合实验区更名为福建省平潭综合实验区，行政级别升格为正厅级。因此，平潭县虽然在行政区域划分上属于福州市区域，但税务管理上属于平潭综合实验区，已经属于"跨地级行政区"的概念了，应当在项目地预缴增值税。该建筑企业机构地在马尾区，如果在福州市其他辖区，例如鼓楼区、台江区、仓山区等提供建筑服务，则无须预缴增值税。

2. 海南省内建筑企业跨地施工符合条件的无须预缴增值税

由于跨区域涉税事项管理涉及事项多，部分企业长期从事跨区域经营，且项目多，时间跨度长，合同金额小，却仍需多次往返各项目所在地的市县税务局进行跨区域涉税事项报验、申报预缴、反馈、注销等业务办理。海南省税务局为了减轻纳税人办税负担，提高税收征管效率，调整了省内跨区域涉税事项管理。

《国家税务总局海南省税务局关于调整省内跨区域涉税事项管理的通告》（国家税务总局海南省税务局通告2020年第8号）规定："……从2020年6月1日起，我省纳税人在省内跨市（县）临时从事生产经营活动的，且经营项目合同小于500万（不含）的，可不需向机构所在地的税务机关填报《跨区域涉税事项报告表》，也不需在经营地办理跨区域涉税管理事项的报告、报验、延期反馈等相关事宜。"

根据上述规定，海南省内建筑企业在省内跨地市（县）施工，单个项目合同小于500万元（注意不含500万元），无须办理《跨区域涉税事项报告表》；不需在项目地预缴税款。

（三）建筑业小规模纳税人的预缴政策

《国家税务总局关于增值税小规模纳税人减免增值税等政策有关征管事项的公告》（国家税务总局公告2023年第1号）（以下简称国家税务总局公告2023年第1号）第一条规定："增值税小规模纳税人（以下简称小规模纳税人）发生增值税应税销售行为，合计月销售额未超过10万元（以1个季度为1个纳税期的，季度销售额未超过30万元，下同）的，免征增值税。小规模纳税人发生增值税应税销售行为，合计月销售额超过10万元，但扣除本期发生的销售不动产的销售额后未超过10万元的，其销售货物、劳务、服务、无形资产取得的销售额免征增值税。"第二条规定："适用增值税差额征税政策的小规模纳税人,以差额后的销售额确定是否可以享受1号公告第一条规定的免征增值税政策……"第八条规定："按固定期限纳税的小规模纳税人可以选择以1个月或1个季度为纳税期限,一经选择,一个会计年度内不得变更。"第九条规定："按照现行规定应当预缴增值税税款的小规模纳税人,凡在预缴地实现的月销售额未超过10万元的,当期无需预缴税款。在预缴地实现的月销售额超过10万元的,适用3%预征率的预缴增值税项目,减按1%预征率预缴增值税。"

【案例5-4】 北京铁蛋建筑公司设立于2023年10月1日,为按季申报的增值税小规模纳税人。目前,该公司共有两个项目:A项目在天津市;B项目在廊坊市。2024年第三季度预计销售额60万元,在天津市的建筑项目销售额50万元,在廊坊市的建筑项目销售额10万元,本季度的销售额向业主开具的发票均为1%的增值税普通发票。北京铁蛋建筑公司应该如何缴纳增值税?

分析:根据财政部 税务总局公告2023年第19号和国家税务总局公告2023年第1号的规定,北京铁蛋建筑公司在2023年第三季度销售额60万元,超过了30万元,因此不能享受小规模纳税人免征增值税政策。在机构所在地北京市可享受减按1%征收率征收增值税政策。A项目在天津市实现的销售额50万元,减按1%预征率预缴增值税;B项目在廊坊市实现的销售额10万元,无须预缴增值税。

二、建筑企业收到预收款的预缴义务

我们已经讲解了建筑企业跨地级行政区提供建筑服务涉及的增值税预缴义务及相关事项,还有一项需要预缴增值税的事项,就是提供建筑服务取得预收款。建筑企业取得的预收款,应当专用于工程的设计和工程实施购置材料、工程设备、施工设备、修建临时设施和组织施工队伍进场等合同工作。预付款的额度和支付在专用合同条款中约定。预付款必须专用于合同工作。

(一)建筑企业取得预收款的预缴义务

最初,《营业税改征增值税试点实施办法》第四十五条第二项规定:"纳税人提供建筑服务、租赁服务采取预收款方式的，其纳税义务发生时间为收到预收款的当天。"后来，财政部和国家税务总局对建筑企业预收款的增值税纳税义务做了调整。《财政部 税务总局关于建筑服务等营改增试点政策的通知》（财税〔2017〕58号）第三条规定："纳税人提供建筑服务取得预收款，应在收到预收款时，以取得的预收款扣除支付的分包款后的余额，按照本条第三款规定的预征率预缴增值税。按照现行规定应在建筑服务发生地预缴增值税的项目，纳税人收到预收款时在建筑服务发生地预缴增值税。按照现行规定无需在建筑服务发生地预缴增值税的项目，纳税人收到预收款时在机构所在地预缴增值税。适用一般计税方法计税的项目预征率为2%，适用简易计税方法计税的项目预征率为3%。"

虽然上述文件没有对建筑服务收到的预收款做解释，但笔者认为指的是建筑项目开工前实际收到的款项，因为只有未履约才能称之为"预收款"，如果合同义务已经部分履约则为进度款，若全部履约则为结算款。

（二）建筑企业预收款的认定

1. 建设工程法规中的预收款

《建设工程价款结算暂行办法》第十二条规定，"工程预付款结算应符合下列规定：（一）包工包料工程的预付款按合同约定拨付，原则上预付比例不低于合同金额的10%，不高于合同金额的30%，对重大工程项目，按年度工程计划逐年预付。计价执行《建设工程工程量清单计价规范》（GB 50500—2003）[①] 的工程，实体性消耗和非实体性消耗部分应在合同中分别约定预付款比例。（二）在具备施工条件的前提下，发包人应在双方签订合同后的一个月内或不迟于约定的开工日期前的7天内预付工程款，发包人不按约定预付，承包人应在预付时间到期后10天内向发包人发出要求预付的通知，发包人收到通知后仍不按要求预付，承包人可在发出通知14天后停止施工，发包人应从约定应付之日起向承包人支付应付款的利息（利率按同期银行贷款利率计），并承担违约责任。（三）预付的工程款必须在合同中约定抵扣方式，并

---

① 目前国家标准是《建设工程工程量清单计价规范》（GB 50500—2013）。2025年9月1日起实施《建设工程工程量清单计价标准》（GB/T 50500—2024），同时《建设工程工程量清单计价规范》（GB 50500—2013）废止。

在工程进度款中进行抵扣。（四）凡是没有签订合同或不具备施工条件的工程，发包人不得预付工程款，不得以预付款为名转移资金。"

【案例 5-5】 2025 年 1 月，铁蛋园林公司与某地园林绿化局签订了一份园林绿化施工合同，双方关于预付款的支付基数、支付时间等内容约定如下：本合同生效后 15 个工作日内，发包人向承包人支付合同价款［不包括其他项目清单中招标人部分的暂列金额（含税）、安全文明施工费（含税）、农民工工伤保险费，下同］和 50％的工程预付款，再支付安全文明施工费（含税）的 50％（安全文明施工费余款随工程进度拨付）。合同签订后 15 个工作日内，发包人向承包人支付 100％的农民工工伤保险费，预付款若用于支付农民工工资的，发包人直接拨付至承包人农民工工资专用账户。

关于预付款扣回的条款约定如下：第二次拨付工程款开始等比例（扣回预付款占总预付款比例与已完成工作量占工作量总价的比例相等）抵扣预付款，并在工程款（含预付款）累计支付到合同价款［不包括暂列金额（含税）］的 97％时全部扣回。

分析：上述案例中的合同预付条款，各项要求较为标准。既明确了预付款的时间、预付比例，甚至还明确了预付款应优先用于支付农民工工资，又明确了预付款的扣回时间和比例。在执行上双方不容易产生争议，同时在涉税处理上也较为清晰。

2. 预收款在税法上应注意的事项

在税法上，没有专门对预收款下过定义，但在实践中普遍认为预收款仅指建筑项目开工前实际收取的备料款等各种款项。建筑项目施工过程中和工程结束后收取到的款项，应根据纳税义务发生时间的规定，以纳税人收讫销售款项的当天或者书面合同确定的付款日期作为纳税义务发生时间。

【案例 5-6】 铁蛋建筑公司与业主签订的施工合同中关于预付款约定如下：本合同在签订一个月内最迟不超过开工前 7 天，甲方应向乙方按合同金额 10％支付预付款。在支付预付款前，乙方应向甲方开具相应金额的增值税专用发票。乙方取得甲方支付的预付款后，只能用本项目的材料备料和进场前的各项准备事项，不得挪作他用。预付款在支付进度款时逐次扣回，直至100％扣完为止。

分析：上述案例中，建筑企业取得预收款的时间在开工之前，满足了收款时间的要求，也约定了预收款的扣回时间。看似符合预收款的定义，但是合同要求建筑企业在向甲方申请支付预付款前必须先开具增值税专用发票，则该笔"预收款"则产生增值税纳税义务。除了符合预收款的收款时间等要素外，只有未开具适用税率增值税发票的才不确认增值税纳税义务。《营业税改征增值税试点实施办法》第四十五条第一项规定："纳税人发生应税行为并收讫销售款项或者取得索取销售款项凭据的当天；先开具发票的，为开具发票的当天。"若开具了适用税率发票，不论增值税专用发票还是增值税普通发票，增值税纳税义务旋即发生。建筑企业取得预收款时可以开具商品和服务税收分类与编码为"612"的不征税发票；"货物或应税劳务、服务名称"栏填写"建筑服务预收款"；发票税率栏应填写"不征税"。

（三）建筑企业预收款的增值税预缴基数

财税〔2017〕58号第三条第一款规定："纳税人提供建筑服务取得预收款，应在收到预收款时，以取得的预收款扣除支付的分包款后的余额，按照本条第三款规定的预征率预缴增值税。"

根据上述规定可知，建筑企业取得预收款预缴增值税的基数与跨地级行政区施工预缴增值税的基数一致，都是以扣除支付的分包款后的余额为准。但是在实务中恐怕很难享受扣除分包的优惠，因为在开工之前恐怕还无法确定分包方，更无法取得分包扣除凭证。

（四）建筑企业预收款的增值税预缴空间

财税〔2017〕58号第三条第二款规定："按照现行规定应在建筑服务发生地预缴增值税的项目，纳税人收到预收款时在建筑服务发生地预缴增值税。按照现行规定无需在建筑服务发生地预缴增值税的项目，纳税人收到预收款时在机构所在地预缴增值税。"

根据上述规定，建筑企业跨地级行政区提供建筑服务取得预收款的，应在项目所在地预缴增值税；如果公司机构地和项目所在地跨区县但未跨地级行政区，或者在同一个地区县的，在公司机构地预缴增值税。简而言之，建筑企业取得预收款的项目不论在本地还是外地，都需要预缴增值税，无非是预缴空间的认定问题。

（五）建筑企业预收款的增值税预缴时间

财税〔2017〕58号第三条第一款和国家税务总局公告2016年第17号第

三条，在表述上对于不同项目的预缴时间有所不同，笔者认为建筑企业提供建筑服务取得预收款，应在收到预收款的当月或次月申报期内预缴增值税；建筑企业跨地级行政区提供建筑服务，应在次月申报期内先预缴增值税，再办理纳税申报。

建筑企业取得预收款未按规定时间、地点预缴增值税，也未在机构所在地申报纳税的，将可能被机构所在地主管税务机关按照《中华人民共和国税收征收管理法》有关规定处理。

笔者建议，建筑企业无论工期长短、无论项目类型是哪一类，属于应预缴情形的应当及时预缴。若未按规定在建筑服务发生地预缴增值税而在机构所在地申报纳税，且自预缴期限截至所属月份起未超过 6 个月的，被项目地税务机关要求补预缴的，应先按规定在建筑服务发生地预缴增值税，再向机构所在地主管税务机关申请更正纳税申报；若自预缴期限截至所属月份起已超过 6 个月的，由机构所在地主管税务机关根据《中华人民共和国税收征收管理法》有关规定处理。

三、预缴环节的附加税费与其他行政性费用

建筑企业在预缴增值税时，除了需要缴纳增值税本身之外，还需要支付一些附加税费和其他行政性费用，包括城市维护建设税、教育费附加和地方教育附加、水利建设基金等。这些费用对于建筑企业的经营成本产生了一定的影响。因此，建筑企业在预缴增值税时，需要充分考虑这些附加税费和其他行政性费用的影响，并做好相应的财务规划和管理。

（一）城市维护建设税

城市维护建设税，是我国为了加强城市的维护建设，扩大和稳定城市维护建设资金的来源，而对有经营收入的单位和个人征收的一个税种。城市维护建设税属于特定目的税，是国家用于城市维护建设的一种专项基金。

1. 城市维护建设税的计税依据

城市维护建设税是对缴纳增值税、消费税的单位和个人征收的一种税。《中华人民共和国城市维护建设税法》（以下简称《城市维护建设税法》）第二

条第一款规定："城市维护建设税以纳税人依法实际缴纳的增值税、消费税税额为计税依据。"关于城市维护建设税税率，《城市维护建设税法》第四条规定："……（一）纳税人所在地在市区的，税率为百分之七；（二）纳税人所在地在县城、镇的，税率为百分之五；（三）纳税人所在地不在市区、县城或者镇的，税率为百分之一……"。具体税率因所在地区的不同而有所差异。除了税率之外，还有一些税收优惠措施，例如对某些特定行业或项目给予减免等。

2. 城市维护建设税的纳税义务发生时间与纳税地点

《城市维护建设税法》第七条规定："城市维护建设税的纳税义务发生时间与增值税、消费税的纳税义务发生时间一致，分别与增值税、消费税同时缴纳。"《国家税务总局关于城市维护建设税征收管理有关事项的公告》（国家税务总局公告 2021 年第 26 号）第五条规定："城建税的纳税义务发生时间与两税的纳税义务发生时间一致，分别与两税同时缴纳。同时缴纳是指在缴纳两税时，应当在两税同一缴纳地点、同一缴纳期限内，一并缴纳对应的城建税。采用委托代征、代扣代缴、代收代缴、预缴、补缴等方式缴纳两税的，应当同时缴纳城建税。前款所述代扣代缴，不含因境外单位和个人向境内销售劳务、服务、无形资产代扣代缴增值税情形。"

（二）教育附加费和地方教育附加

教育费附加是由税务机关负责征收，同级教育部门统筹安排，同级财政部门监督管理，专门用于发展地方教育事业的预算外资金。凡缴纳增值税、消费税的单位和个人，均为教育费附加的纳费义务人。教育费附加以纳税人实际缴纳的增值税、消费税的税额之和为计费依据，计征比率为 3%。教育费附加名义上是一种专项资金，实质上具有税的性质。

地方教育附加是指根据国家有关规定，增加地方教育的资金投入，促进各省、自治区、直辖市教育事业发展，开征的一项地方政府性基金。地方教育附加，以单位和个人实际缴纳的增值税、消费税的税额为计征依据。与增值税、消费税同时计算征收，计征比率为 2%。

（三）建筑业涉及的城市维护建设税及教育费附加税收优惠

1. "六税二费"减半征收优惠

《关于进一步支持小微企业和个体工商户发展有关税费政策的公告》（财政

部 税务总局公告 2023 年第 12 号）第二条规定："自 2023 年 1 月 1 日至 2027 年 12 月 31 日，对增值税小规模纳税人、小型微利企业和个体工商户减半征收资源税（不含水资源税）、城市维护建设税、房产税、城镇土地使用税、印花税（不含证券交易印花税）、耕地占用税和教育费附加、地方教育附加。"第四条规定："增值税小规模纳税人、小型微利企业和个体工商户已依法享受资源税、城市维护建设税、房产税、城镇土地使用税、印花税、耕地占用税、教育费附加、地方教育附加等其他优惠政策的，可叠加享受本公告第二条规定的优惠政策。"

2. 收取国家重大水利工程建设基金的纳税人免征城市维护建设税及教育费附加

《财政部 国家税务总局关于免征国家重大水利工程建设基金的城市维护建设税和教育费附加的通知》（财税〔2010〕44 号）规定："……经国务院批准，为支持国家重大水利工程建设，对国家重大水利工程建设基金免征城市维护建设税和教育费附加。"前述特定业务免征城市维护建设税及教育费附加的优惠自发文之日起执行（发文日为 2010 年 5 月 25 日）。

（四）水利建设基金

水利建设基金是一种专门用于水利建设的基金，其目的是为促进水利事业的发展，保障国家经济和社会发展的需要。该基金的来源主要包括中央财政拨款、地方财政拨款、水利建设专项资金等。

水利建设基金以营业收入为计费基数，具体包括但不限于企业的主营业务收入和其他业务收入。营业收入的数额确定需要依据企业财务报表和税务报表中的数据。需要注意的是，不同地区、不同行业的水利建设基金计费基数可能存在差异，具体计费基数还需依据当地政府或税务部门的规定来确定。

《关于取消、调整部分政府性基金有关政策的通知》（财税〔2017〕18 号）（以下简称财税〔2017〕18 号）第三条规定："'十三五'期间，省、自治区、直辖市人民政府可以结合当地经济发展水平、相关公共事业和设施保障状况、社会承受能力等因素，自主决定免征、停征或减征地方水利建设基金、地方水库移民扶持基金。各省、自治区、直辖市财政部门应当将本地区出台的减免政策报财政部备案。"

根据财税〔2017〕18 号文件精神，目前大部分地区已经取消或暂停征收地方水利建设基金。建筑企业跨省、跨设区市提供建筑服务时，应当及时了解当地水利建设基金政策，尤其要注意两地地方水利建设基金的计税基数是否一致，以增值税销售额为准还是企业所得税营业收入为准。

四、预缴增值税的申报与会计处理

（一）增值税及附加税费预缴申报表

建筑企业跨地（市、州）提供建筑服务，应按规定在项目所在地主管税务机关预缴税款的，需填报增值税及附加税费预缴表（格式见表5-2）及其他相关资料，向税务机关进行纳税申报，并出示以下资料：

表5-2　增值税及附加税费预缴税款表

税款所属时间：　　　年　月　日至　　　　年　月　日

纳税人识别号（统一社会信用代码）：□□□□□□□□□□□□□□□□□□□□

是否适用一般计税方法　是□　否□

纳税人名称：　　　　　　　　　　　　　　　　金额单位：元（列至角分）

项目编号：　　　　　　　　　项目名称：

项目地址：

预征项目和栏次		销售额	扣除金额	预征率	预征税额
		1	2	3	4
建筑服务	1				
销售不动产	2				
出租不动产	3				
	4				
	5				
合计	6				
附加税费					
城市维护建设税 实际预缴税额			教育费附加 实际预缴费额		地方教育附加 实际预缴费额

声明：此表是根据国家税收法律法规及相关规定填写的，本人（单位）对填报内容（及附带资料）的真实性、可靠性、完整性负责。

纳税人（签章）：　　　　　　　　年　月　日

经办人： 经办人身份证号： 代理机构签章： 代理机构统一社会信用代码：	受理人： 受理税务机关（章）： 受理日期：　　年　月　日

（1）与发包方签订的建筑合同复印件（加盖纳税人公章）；

（2）与分包方签订的分包合同复印件（加盖纳税人公章）；

（3）从分包方取得的发票复印件（加盖纳税人公章）。

目前，电子税务局已支持跨区域涉税事项的，可以免于提供上述纸质资料。通过办税服务厅（场所）、电子税务局办理，具体地点和网址可从省（自治区、直辖市和计划单列市）税务局网站"纳税服务"栏目查询。

增值税及附加税费预缴税款表中，"建筑服务"项目中对应的"销售额"和"扣除金额"（即分包额）均为含税金额；"预征率"栏次中，适用一般计税方法的项目为2％，适用简易计税方法的项目为3％。

目前，实行主税附加税合并申报。纳税人申报增值税、城市维护建设税、教育费附加、地方教育附加自动计算申报，纳税人可以一次性完成主税和附加税申报。增值税及附加税费预缴表附列资料（五）（附加税费情况表）见表5-3。

表 5-3 增值税及附加税费预缴表附列资料（五）

（附加税费情况表）

税（费）款所属时间：　　　　年　月　日至　　　　年　月　日

纳税人名称：（公章）　　　　　　　　　　　　金额单位：元（列至角分）

税（费）种	计税（费）依据	税（费）率（％）	本期应纳税（费）额	本期减免税（费）额		增值税小规模纳税人"六税两费"减征政策			本期实际预缴税（费）额
	增值税预缴税额			减免性质代码	减免税（费）额	本期是否适用　□是　□否			
						减征比例（％）	减征额		
	1	2	3＝1×2	4	5	6	7＝（3－5）×6		8＝3－5－7
城市维护建设税									
教育费附加									
地方教育附加									
合计	—	—		—		—			

（二）机构地增值税纳税申报表附列资料

建筑企业在项目所在地按规定预缴的增值税，在向机构地主管税务机关进行当期增值税纳税申报时，应纳税额可以抵减。若当期抵减不完的，结转下期继续抵减。建筑企业在项目已预缴的增值税，在机构地纳税申报时填在增值税及附加税费申报表附列资料（四）（税额抵减情况表）（见表5-4）"建筑服务预征缴纳税款"一栏中，上期未抵减完的、本期抵减以后有额的都在本栏相应列次填写。

表 5-4　增值税及附加税费申报表附列资料（四）

（税额抵减情况表）

税款所属时间：　　　年　月　日至　　　年　月　日

纳税人名称：（公章）　　　　　　　　　　　　　　　　金额单位：元至角分

一、税额抵减情况					
序号	抵减项目	期初余额	本期发生额	本期应抵减税额	本期实际抵减税额	期末余额
		1	2	3＝1＋2	4≤3	5＝3－4
1	增值税税控系统专用设备费及技术维护费					
2	分支机构预征缴纳税款					
3	建筑服务预征缴纳税款					
4	销售不动产预征缴纳税款					
5	出租不动产预征缴纳税款					
二、加计抵减情况						
序号	加计抵减项目	期初余额	本期发生额	本期调减额	本期可抵减额	本期实际抵减额	期末余额
		1	2	3	4＝1＋2－3	5	6＝4－5
6	一般项目加计抵减额计算						
7	即征即退项目加计抵减额计算						
8	合计						

（三）增值税及附加税费预缴会计处理

1. 建筑业一般纳税人预缴科目的设置

建筑企业增值税一般纳税人，应当在"应交税费"科目下设立"预交增值税"明细科目，核算一般计税项目提供建筑服务按现行增值税制度规定预缴的增值税额；还应当在"应交税费"科目下设立"简易计税"明细科目，核算适用简易计税方法项目发生的增值税计提、扣减、预缴、缴纳等业务。

建筑企业一般纳税人适用一般计税方法计税的项目预缴增值税时，借记"应交税费——预交增值税"科目，贷记"银行存款"科目。月末，应将"预交增值税"明细科目余额转入"未交增值税"明细科目，借记"应交税费——未交增值税"科目，贷记"应交税费——预交增值税"科目；适用简易计税方法的项目预缴增值税时，借记"应交税费——简易计税（预缴）"科目，贷记"银行存款"科目，期末无须结转到"未交增值税"科目。

【案例 5-7】　铁蛋建筑公司在外省承揽了一个共有产权房施工总承包项目，该项目适用一般计税方法计税，已经在机构地主管税务机关办理跨地涉税事项备案，属于总机构直营项目。某月，该项目向业主方对铁蛋建筑公司报送的工程产值进行了验工计价，计价金额 1 308 万元，款项未付（按照合同应按照计价金额的 80% 支付进度款）；同日，铁蛋建筑公司向业主方开具了 1 090 万元建筑服务专用发票，支付专业分包款 327 万元并取得相应增值税专用发票 327 万元。假设项目所在地城市维护建设税税率 7%，教育附加费费率 3%，地方教育附加费率 2%，不考虑税收优惠。计算该项目应当预缴的增值税及附加税费，会计如何处理？

分析：上述案例中，业主计价金额 1 308 万元应确认为应收账款，其中价款 1 200 万元，增值税款 108 万元；按合同约定付款比例的应付的进度款为 1 046.4 万元，铁蛋建筑公司开具 1 090 万元发票，增值税纳税义务对应的应交税额为 90 万元，而不是 46.4 万元。因此，案例中的计价金额中的 108 万元税款，其中 90 万元已成为现时义务，剩余 18 万元暂未发生增值税义务，应确认为"待转销项税额"。该项目属于跨省施工的适用一般计税方法计税的项目，应该在项目所在地按照一般计税方法的预缴率预缴增值税及附加税费。

应预缴税额＝［（1 090－327）÷（1＋9%）］×2%＝14（万元）；

应缴纳的城建税及加附加费＝14×（7%＋3%＋2%）＝1.68（万元）

会计处理如下：

（1）取得验工计价单据，并开具建筑服务发票。

借：应收账款——工程进度款　　　　　　　　　　13 080 000

　　贷：合同结算——价款结算　　　　　　　　　　12 000 000

　　　　应交税费——应交增值税（销项税额）　　　　900 000

——待转销项税额		180 000

（2）取得分包发票，并支付分包款。

借：合同履约成本——工程施工（分包费）　　　3 000 000

　　应交税费——应交增值税（进项税额）　　　270 000

　　　贷：应付账款——分包款　　　　　　　　　　3 270 000

借：应付账款——分包款　　　　　　　　　　3 270 000

　　　贷：银行存款　　　　　　　　　　　　　　　3 270 000

（3）预缴增值税及附加税费。

借：应交税费——预交增值税　　　　　　　　140 000

　　　贷：银行存款　　　　　　　　　　　　　　　140 000

借：税金及附加　　　　　　　　　　　　　　16 800

　　　贷：应交税费——应交城市维护建设税　　　　9 800

　　　　　——教育附加费　　　　　　　　　　　4 200

　　　　　——地方教育附加　　　　　　　　　　2 800

借：应交税费——应交城市维护建设税　　　　9 800

　　　——教育附加费　　　　　　　　　　　4 200

　　　——地方教育附加　　　　　　　　　　2 800

　　　贷：银行存款　　　　　　　　　　　　　　　16 800

（4）机构地纳税申报时抵减异地预缴的增值税。

借：应交税费——未交增值税　　　　　　　　140 000

　　　贷：应交税费——预交增值税　　　　　　　　140 000

2. 建筑业小规模纳税人应交税费科目的设置

建筑业小规模纳税人只需在"应交税费"科目下设置"应交增值税"明细科目，不需要设置其他专栏，除非涉及转让金融商品和境外业务，可能需要设置"转让金融商品应交增值税""代扣代交增值税"明细科目。建筑业小规模纳税人购买物资、服务、无形资产或不动产，取得增值税专用发票上注明的增值税应计入相关成本费用或资产，不通过"应交税费——应交增值税"科目核算。小规模纳税人符合免征增值税政策的，对于当期直接减免的增值税，借记"应交税费——应交增值税"科目，贷记损益类相关科目。

第六讲 建筑业的差额扣除分包事项

在工程建设领域，分包是一个常见的现象。其中，专业分包和劳务分包是两种主要的分包形式。专业分包是指将专业性较强的工程内容，如电梯安装、消防设施等，交由专业的分包单位进行施工。而劳务分包则是指将工程施工中的劳务作业，如砌筑、抹灰等，交由劳务分包单位进行施工，劳务分包也称"专业作业"。

本讲将对建筑企业的分包差额扣除与预缴环节的差额抵减事项进行全面解析。

一、适用简易计税方法计税的项目如何进行差额扣除分包

允许建筑企业简易计税项目差额扣除分包后再缴纳增值税，一般计税项目在预缴环节抵减分包后再预缴增值税，减轻了企业的税收负担、减少了资金占用。在财税文件中并没有正式使用"分包差额扣除"和"分包差额抵减"的表述，笔者为了对建筑业简易计税和一般计税两类计税方法对扣除支付的分包更通俗和准确的表述，暂且使用这两个词汇。

（一）适用简易计税方法计税项目的销售额

建筑企业适用简易计税方法计税项目的销售额，根据《营业税改征增值税试点有关事项的规定》第一条第三项第 9 目有"试点纳税人提供建筑服务适用简易计税方法的，以取得的全部价款和价外费用扣除支付的分包款后的余额为销售额"的规定，因此，存在分包的，可以扣除支付的分包款后的余额作为销售额。

上述规定不分一般纳税人和小规模纳税人，只以建筑业适用简易计税方法的项目为准。

（二）适用简易计税方法计税项目的征收率

《营业税改征增值税试点有关事项的规定》第一条第（七）项规定："……5. 一般纳税人跨县（市）提供建筑服务，选择适用简易计税方法计税的，应以取得的全部价款和价外费用扣除支付的分包款后的余额为销售额，按照 3% 的征收率计算应纳税额……6. 试点纳税人中的小规模纳税人（以下称小规模纳税人）跨县（市）提供建筑服务，应以取得的全部价款和价外费用扣除支付的分包款后的余额为销售额，按照 3% 的征收率计算应纳税额

……"建筑业一般纳税人和小规模纳税人，选择适用或适用简易计税方法的项目，可以差额扣除分包款后再按照3%征收率计算缴纳增值税。

（三）适用简易计税方法计税项目的预缴率

适用简易计税方法计税的纳税人应以取得的全部价款和价外费用扣除支付的分包款后的余额，按照3%的预征率在建筑服务发生地预缴税款后，向机构所在地主管税务机关进行纳税申报。适用简易计税方法计税的，应预缴税款的计算公式为

应预缴税款＝（全部价款和价外费用－支付的分包款）÷（1＋3%）×3%

【案例6-1】 铁蛋建筑公司2025年3月在外省承揽了某个房屋建筑施工项目，业主方甲供钢筋，铁蛋公司选择适用简易计税方法计税，合同含税总价为10 300万元（其中价款10 000万元，税款300万元），适用征收率3%。2025年4月正式开工，2025年8月，铁蛋建筑公司向业主方开具建筑服务电子发票专用发票515万元（含税），此前已支付103万元劳务分包款并取得相应金额增值税普通发票。假设铁蛋建筑公司执行《企业会计准则》，当期开具的发票金额即为业主计价的金额。铁蛋建筑公司在项目所在地应预缴的增值税是多少？差额扣除分包如何进行会计处理？

分析：该项目适用简易计税方法，适用的征收率为3%，又为跨省施工项目按规定应在项目所在地预缴增值税，适用的预缴率3%。

应预缴税款＝［（全部价款和价外费用－支付的分包款）÷（1＋3%）］×3%

应预缴税款＝［（515－103）÷（1＋3%）］×3%＝12（万元）

建筑企业跨地级行政区提供建筑服务，征收率与预缴率一致，增值税应纳税额均在项目所在地预缴环节缴纳，在机构所在地需对差额扣除分包事项和预缴税款进行纳税申报。会计处理如下：

①按照业主计价金额开具了建筑服务发票。

借：应收账款——工程款　　　　　　　　　　　　5 150 000
　　贷：合同结算——价款结算　　　　　　　　　　5 000 000
　　　　应交税费——简易计税（计提）　　　　　　 150 000

②取得了劳务分包发票，并支付了分包款。

借：合同履约成本——工程施工（分包款）　　　　1 000 000
　　应交税费——简易计税（扣除）　　　　　　　　 30 000

        贷：应付账款——分包款　　　　　　　　　　 1 030 000

　　借：应付账款——分包款　　　　　　　　1 030 000

　　　　贷：银行存款　　　　　　　　　　　　　　 1 030 000

③计算应纳税额。

　　借：应交税费——简易计税（计提）　　　 150 000

　　　　贷：应交税费——简易计税（扣除）　　　　　 30 000

　　　　　　　　——简易计税（应交）　　　　　　 120 000

④计算预缴增值税。

　　借：应交税费——简易计税（预交）　　　 120 000

　　　　贷：银行存款　　　　　　　　　　　　　　　120 000

⑤结转应纳税额与预缴税款。

　　借：应交税费——简易计税（应交）　　　 120 000

　　　　贷：应交税费——简易计税（预交）　　　　 120 000

（四）取得小规模分包方开具的发票应注意的差额扣除事项

　　建筑企业适用简易计税方法计税的项目可以差额扣除分包款后再计算缴纳增值税，扣除的是含税分包款，影响的是整体计税基数，并不是扣除分包发票上的税额。

　　【案例 6-2】　　铁蛋建筑公司承揽了一项道路施工总承包工程，该项目为甲供项目，铁蛋建筑公司选择适用简易计税方法计税。2025 年 5 月，铁蛋建筑公司向业主方开具了建筑服务发票 515 万元（含税），支付了 206 万元分包款。假设取得分包发票有以下三种情况，计算铁蛋建筑公司该项目应交增值税分别是多少？

　　分析：适用简易计税方法计税的项目，增值税应纳税的计算公式为

　　应纳税额＝（全部价款和价外费用－支付的分包款）÷（1＋3%）×3%

　　（1）取得小规模分包方开具的征收率为 3% 的发票。

　　铁蛋建筑公司取得小规模分包企业开具分包发票 206 万元，其中价款 200 万元，增值税税款 6 万元。铁蛋建筑公司增值税应纳税额为

　　应纳税额＝［（515－206）÷（1＋3%）］×3%＝9（万元）

　　（2）取得小规模分包方开具的征收率为 1% 的发票。

　　铁蛋建筑公司取得小规模分包企业开具分包发票 206 万元，其中价款

203.96 万元，增值税税款 2.04 万元。铁蛋建筑公司增值税应纳税额为

应纳税额＝［（515－206）÷（1＋3%）］×3%＝9（万元）

（3）取得一般纳税人分包方开具的征收率为 9% 的发票。

铁蛋建筑公司取得一般纳税人分包企业开具分包发票 206 万元，其中价款 188.99 万元，增值税税款 17.01 万元。铁蛋建筑公司增值税应纳税额为

应纳税额＝［（515－206）÷（1＋3%）］×3%＝9（万元）

通过上述三组数据比较可知，建筑总包企业适用简易计税方法计税的项目，可以差额扣除支付的分包款后的余额作为销售计算缴纳增值税。在计算应纳税额的公式中"全部价款和价外费用"和"支付的分包款"均为含税金额，只要分包方开具的分包发票含税金额不变，不论税率（征收率）发生何变化，对适用简易计税的建筑总包企业都没有影响。

二、适用一般计税方法计税的项目在预缴环节的分包抵减

前面阐述了适用简易计税方法计税项目在增值税预缴环节或缴纳环节，可以将支付的分包款扣除后缴纳，称之为"分包差额扣除"；一般纳税人的一般计税项目在预缴环节分包抵减事项，称之为"分包差额抵减"。接下来我们将讲解对一般计税方法下预缴环节的分包抵减。

（一）一般计税项目在预缴环节的差额抵减分包款

一般纳税人跨县（市）提供建筑服务，适用一般计税方法计税的，应以取得的全部价款和价外费用为销售额计算应纳税额。纳税人应以取得的全部价款和价外费用扣除支付的分包款后的余额，按照 2% 的预征率在建筑服务发生地预缴税款后，向机构所在地主管税务机关进行纳税申报，建筑业一般纳税人适用一般计税方法的项目，只有在异地施工预缴环节可以把分包基数扣除，若不属于跨地施工项目即不存在预缴增值税事项的，不存在分包抵减事项。

适用一般计税方法计税项目的适用税率为 9%，其应纳税额计算公式为

应纳税额＝当期销项税额－当期进项税额

若为异地施工项目，即建筑企业跨地级行政区提供建筑服务的，按规定应当在项目所在地预缴增值税，应预缴税额的计算公式为

①应预缴税款＝[（全部价款和价外费用－支付的分包款）÷（1＋9％）]×2％

建筑企业一般计税项目预缴的增值税款，在机构所在地主管税务机关进行纳税申报时的抵减公式为

②应纳税额＝销项税额－进项税额－预缴税款

机构所在地和项目地一共缴纳的增值税为③＝①＋②

应纳税额＝预缴税款＋（销项税额－进项税额－预缴税款）

实际缴纳的增值税的计算公式依然是"销项税额－进项税额"，也就是说一般计税项目在异地预缴增值税时，无论是否抵减分包额，都不影响一般计税项目最终缴纳的增值税，影响的是税金的流向。整体缴纳的增值税不变，如果在预缴时抵减了分包增值税，在项目地就少缴纳一些增值税，在机构地就多缴纳一些增值税；反之，也是一样的。

【案例6-3】　铁蛋建筑公司（增值税一般纳税人）于2025年1月在外省承揽了某个道路施工项目，合同含税总价为21 800万元（其中价款20 000万元，税款1 800万元），适用一般计税方法计税，适用增值税税率9％。2025年1月正式开工，2025年5月，铁蛋建筑公司向业主方开具增值税专用发票1 090万元（含税），同时支付了327万元专业分包款并取得分包单位（增值税一般纳税人）开具的增值税专用发票，当期还取得了其他供应商开具的设备租赁、材料销售发票对应的进项税额为30万元。假设铁蛋建筑公司执行《企业会计准则》，当期开具的发票金额即为业主计价的金额，且当期没有其他项目等因素干扰。铁蛋建筑公司2025年5月在项目所在地应预缴的增值税是多少？差额抵减分包事项如何进行会计处理？（忽略附加税费的计算及缴纳事项）

分析：该项目适用一般计税方法，适用的增值税税率为9％，同时该项目为省外施工项目按规定应在项目所在地预缴增值税，适用预缴率为2％。

应纳税额＝销项税额－进项税额＝90－27－30＝33（万元）；

应预缴税款＝[（全部价款和价外费用－支付的分包款）÷（1＋9％）]×2％＝[（1 090－327）÷（1＋9％）]×2％＝14（万元）。

铁蛋建筑公司该项目在机构所在地应缴纳增值税19万元（90－27－30－14），两地缴纳的增值税共计33万元（14＋19）。铁蛋建筑公司在机构所在地需对预缴税款进行纳税申报，预缴环节的差额抵减分包事项，在机构地的纳税申报环节无须体现。会计处理如下：

①按照业主计价金额开具了建筑服务发票。

借：应收账款——工程款 10 900 000

贷：合同结算——价款结算 10 000 000

应交税费——应交增值税（销项税额） 900 000

②取得了专业分包发票，并支付了分包款。

借：合同履约成本——工程施工（分包款） 3 000 000

应交税费——应交增值税（进项税额） 270 000

贷：应付账款——分包款 3 270 000

借：应付账款——分包款 3 270 000

贷：银行存款 3 270 000

③在项目所在地预缴增值税。

借：应交税费——预交增值税 140 000

贷：银行存款 140 000

④结转应纳税额与预缴税款。

借：应交税费——未交增值税 140 000

贷：应交税费——预交增值税 140 000

⑤计算并结转当期应交未交税费。

借：应交税费——应交税费（转出未交增值税） 330 000

贷：应交税费——未交增值税 330 000

⑥次月申报缴纳应交未交的增值税。

借：应交税费——未交增值税 190 000

贷：银行存款 190 000

建筑企业适用一般计税方法计税的项目，取得的全部价款和价外费用扣除支付的分包款后的余额为负数的，可结转下次预缴税款时继续扣除。无论是适用一般计税还是简易计税方法计税的纳税人，都应按照工程项目分别计算应预缴税款，分别预缴。

（二）预缴环节不抵减分包有可能影响城市维护建设税

适用一般计税方法的项目在异地预缴环节是否抵减分包款，有可能影响城市维护建设税。机构地和项目地的城市维护建设税税率未必一致，且城市维护建设税的计税基数是以在该地实际缴纳的增值税为准。

【案例 6-4】 承【案例 6-3】，所有条件不变，铁蛋建筑公司机构地的城市维护建设税税率为 7%，该项目所在地的城市维护建设税税率为 5%。在预缴环节是否差额抵减分包对铁蛋建筑公司整体缴纳城市维护建设税是否有影响？

分析：按照【案例 6-3】铁蛋建筑公司进行差额抵减分包后再预缴增值税，在项目地应预缴增值税 = [（1 090－327）÷（1+9%）]×2% = 14（万元），在项目地应缴纳的城市维护建设税为 0.7 万元（14×5%）；在机构地应缴纳增值税 19 万元（90－27－30－14），在机构所在地应缴的城市维护建设税为 1.33 万元（19×7%），两地缴纳的增值税合计为 33 万元（19＋14），两地缴纳的城市维护建设税合计为 2.03 万元（0.7＋1.33）。

如果铁蛋建筑公司在项目地预缴增值税环节不抵减分包款，直接预缴增值税，则需要预缴的增值税 = [1090÷（1+9%）]×2% = 20（万元），在项目地应缴纳的城市维护建设税为 1 万元（20×5%）；在机构地应缴纳增值税 13 万元（90－27－30－20），在机构所在地应缴的城市维护建设税为 0.91 万元（13×7%）。两地缴纳的增值税合计为 33 万元（20＋13），两地缴纳的城市维护建设税合计为 1.91 万元（1＋0.91）。

通过上述案例计算分析可知，若项目地的城市维护建设税税率比机构地的城市维护建设税税率低，且在预缴环节不进行差额抵减分包款，则建筑企业整体缴纳的城市维护建设税更低一些。

三、差额扣除与差额抵减分包款的有效凭证及注意事项

（一）扣除分包款的有效凭证

差额扣除与差额抵减分包款的有效凭证，主要参照国家税务总局公告 2016 年第 17 号第六条规定："纳税人按照上述规定从取得的全部价款和价外费用中扣除支付的分包款，应当取得符合法律、行政法规和国家税务总局规定的合法有效凭证，否则不得扣除。上述凭证是指：（一）从分包方取得的 2016 年 4 月 30 日前开具的建筑业营业税发票。上述建筑业营业税发票在 2016 年 6 月 30 日前可作为预缴税款的扣除凭证。（二）从分包方取得的 2016 年 5 月 1 日后开具的，备注栏注明建筑服务发生地所在县（市、区）、项目名

称的增值税发票。（三）国家税务总局规定的其他凭证。"

上述关于分包差额扣除、抵减凭证的规定，有三个要点。

第一，在全面"营改增"后部分存量营业税分包发票在营业税时期未全部扣除完的，可以在 2016 年 6 月 30 日前可作为预缴税款的扣除凭证。

第二，自全面"营改增"后取得的建筑服务增值税发票，必须在备注栏上填写工程项目名称、工程项目地址；另外，根据《国家税务总局关于全面推开营业税改征增值税试点有关税收征收管理事项的公告》（国家税务总局公告 2016 年第 23 号）第四条第三项"提供建筑服务，纳税人自行开具或者税务机关代开增值税发票时，应在发票的备注栏注明建筑服务发生地县（市、区）名称及项目名称"的规定，工程项目名称、工程项目地址填写要规范。目前，大部分地区已经实现了数字化电子发票覆盖，部分地区在开具电子发票时在发票的内容栏中已经填写了项目名称和项目地址，备注栏中不再要求填写。

【案例 6-5】　A 矿业工贸有限公司建造生产厂房，取得 B 建筑集团有限公司在 2021 年 5 月 25 日及 2021 年 5 月 26 日开具的 22 张建筑服务发票，发票金额 2 191 742.91 元，税额 197 256.88 元，并计入在建工程。以上发票备注栏未填写服务发生地、项目名称等。税务机关在稽查中发现了该发票问题，认为该批发票属于不合规发票，对应的进项税额不得从销项税额中抵扣，要求 A 矿业工贸有限公司在规定期限内做进项税额转出处理。

第三，在实务中，经常有建筑业人员咨询差额扣除、差额抵减的分包款凭证必须开具的品名为"建筑服务"的发票吗？从上述规定中并没有看出有此要求。此外，建筑企业不论是总包还是分包方，所承揽的建筑安装工程，有可能受其自身的施工生产业务模式影响，混合销售和兼营适用不同的税率或征收率。例如，某个建筑分包单位承揽了钢结构分包工程，所使用的钢结构为自产货物，根据国家税务总局公告 2017 年第 11 号第一条规定："纳税人销售活动板房、机器设备、钢结构件等自产货物的同时提供建筑、安装服务，不属于《营业税改征增值税试点实施办法》（财税〔2016〕36 号文件印发）第四十条规定的混合销售，应分别核算货物和建筑服务的销售额，分别适用不同的税率或者征收率。"根据这个规定，建筑企业在施工过程中使用的材料、设备是自产的，则不能全部按照建筑服务缴纳增值税，使用的自产物资必须按照货物销售的税率缴纳增值税。

另外，《关于国内旅客运输服务进项税抵扣等增值税征管问题的公告》（国家税务总局公告 2019 年第 31 号）第七条关于建筑服务分包款差额扣除的规定："纳税人提供建筑服务，按照规定允许从其取得的全部价款和价外费用中扣除的分包款，是指支付给分包方的全部价款和价外费用。"只要支付的款项属于支付给分包单位的分包款，就可以进行分包差额扣除。

【案例 6-6】　铁蛋建筑公司为钢结构分包公司（增值税一般税人）同时兼营材料加工销售业务，铁蛋建筑公司与某总包单位（一般纳税人）签订了钢结构分包工程，含税总价为 1 090 万元，该项目的总包方适用简易计税方法计税。铁蛋建筑公司的该分包工程所使用的钢结构为自产货物，分别向总包单位开具了两张发票：一张为" * 建筑服务 * 安装费"218 万元（价款 200 万元，增值税款 18 万元，税率 9%）；另一张为" * 金属制品 * 钢结构"872 万元（价款 771.68 万元，增值税款 100.32 万元，税率 13%）。总包单位取得铁蛋建筑公司开具的" * 金属制品 * 钢结构"发票可否用于差额扣除？

分析：根据国家税务总局公告 2017 年第 11 号第一条的规定，上述案例中，铁蛋建筑公司在提供建筑服务的过程中使用了自产货物，不属于混合销售额，应分别核算货物和建筑服务的销售额，适用不同的税率开具发票是正确做法，虽然未能全部开具品名为"建筑服务"的发票，但并不影响这项业务是分包工程的定义。笔者认为，既然属于钢结构分包工程，其总包单位取得铁蛋建筑公司开具的一份分包合同的建筑安装发票和钢结构销售发票均可用于差额扣除。

（二）先差额扣除后取得分包发票的涉税风险

建筑企业选择适用简易计税方法计税的项目，应以取得的全部价款和价外费用扣除支付的分包款后的余额为销售额，按照 3% 的征收率计算应纳税额。不论是跨地级行政区施工的项目，还是本地项目进行差额扣除分包事项都应先取得合法有效的分包扣除凭证。建筑企业部分无须在项目地预缴增值税的简易计税项目，在机构地纳税申报时用工程结算单等单据代替合法有效凭据进行差额扣除。这一行为在主观上存在故意调低计税基数的嫌疑，客观上将造成当期少交增值税的事实，明显违反税收规定。

【案例 6-7】　广西某建筑工程公司自报 2023 年 10 月扣除分包款 13 804 359.49元，税务机关经检查核实应扣除分包款 10 970 873.79元；自报 2023 年 12 月扣除分包款 65 805 851.13 元，经检查核实应扣除分包款

63 557 776.97元；自报2024年1月扣除分包款682 912.67元，经检查核实应扣除分包款466 019.42元。以上三个月多扣除分包款5 298 453.11元，远远大于因在发票金额基础上多计算税额，造成少缴增值税税款158 953.59元。

税务稽查局根据《中华人民共和国税收征收管理法》第六十三条第一款的规定，认定该建筑公司进行虚假的纳税申报行为属于偷税，处以偷税金额158 953.59元百分之五十的罚款，即罚款79 476.80元。

（三）取得施工设备"湿租"发票可否用于差额扣除

在实务中，部分建筑企业将不属于分包合同内规定的分包内容的材料、机械租赁、费用、劳务派遣等作为分包支出扣除，擅自扩大分包扣除范围，将面临税务调整的风险。

《关于明确金融 房地产开发 教育辅助服务等增值税政策的通知》（财税〔2016〕140号）第十六规定："纳税人将建筑施工设备出租给他人使用并配备操作人员的，按照'建筑服务'缴纳增值税。"在实务中，将上述出租施工设备并配备操作人员的租赁行为称为"湿租"，"湿租"按照建筑服务缴纳增值税，是否意味着建筑企业取得设备租赁方开具的"湿租"发票可以作为分包款用于差额扣除？我们看某个地方12366纳税服务平台的答疑。

【税务答疑口径】

留言时间：2021-03-19

问题内容：我公司承接一般计税项目，与A公司签订塔吊租赁合同，合同约定配备操作人员，对方开具商品服务名称为"建筑服务"、税率为9%的专用发票，我公司在异地进行预缴时，该发票是否可以作为分包进行抵扣？

答复时间：2021-03-25

国家税务总局福建省12366纳税服务平台答复：您好，建筑企业租用的建筑施工机械如果出租方配有操作人员，属于提供建筑服务，可以作为分包款项在计算增值税时差额扣除。

上述答疑的观点是建筑企业取得"湿租"发票可以作为分包款用于差额扣除；也有部分观点认为，看合同怎么签订，如果把"湿租"合同签成分包合同，取得"湿租"发票就可以用于差额扣除；如果签订租赁合同，则不能扣除。

笔者认为，差额扣除的前提条件应为"分包"，机械租赁显然不是分包，不论是否签成"分包合同"都不是分包，只是在税目上按照建筑服务缴纳增值税，税收法规并没有改变也没有权限改变这类租赁业务的业务属性。建筑企业适用简易计税方法计税的项目取得"湿租"发票按照分包款用于差额扣除存在一定涉税风险。当然，对于建筑企业适用一般计税方法计税的跨地级行政区施工的项目而言，在预缴环节，若项目地的税务机关认可"湿租"发票可以作为分包款用于差额抵减的，笔者认为无可厚非，因为不影响最终该项目的增值税税负；若属于适用简易计税方法计税的项目则不然。

【案例6-8】 北京铁蛋建筑公司在福建省承揽了某个道路施工总承包项目，适用一般计税方法计税。某月向业主方开具价税合计数为1090万元的建筑服务发票，取得钢蛋机械设备租赁公司开具的塔吊租赁发票（＊建筑服务＊压路机租赁费），发票价税合计数218万元（价款200万元，增值税18万元）。铁蛋建筑公司在预缴环节差额抵减该"湿租"发票对增值税有何影响？

分析：根据国家税务总局福建省12366纳税服务平台的答复可知，取得"湿租"发票在预缴环节可以作为分包款用于差额抵减。假设不考虑该公司其他项目和其他费用进项税额的影响，该公司当期的增值税应纳税额为72万元（90－18），在项目地应预缴税款＝［（1090－218）÷（1＋9％）］×2％＝16（万元），在机构地还应缴纳增值税＝90－18－16＝56（万元），两地合计缴纳增值税72万元；若在预缴环节不抵减该"湿租"发票，在项目地应预缴税款＝［1090÷（1＋9％）］×2％＝20（万元），在机构地还应缴纳增值税＝90－18－20＝52（万元），两地合计缴纳增值税72万元。

通过数据比较，对于一般计税项目而言，在预缴环节是否抵减分包款对整体要缴纳的增值税额并没有影响，只涉及资金分配流向。因此，对于适用一般计税方法计税的跨地施工项目，取得"湿租"发票在预缴环节是否作为分包款用于差额扣除，以项目地主管税务机关口径为准。

【案例6-9】 承【案例6-8】，北京铁蛋建筑公司在福建省承揽了某个道路施工总承包项目，适用简易计税方法计税。某月向业主方开具价税合计数为1030万元的建筑服务发票，取得钢蛋机械设备租赁公司开具的塔吊租赁发票（＊建筑服务＊压路机租赁费），发票价税合计数218万元（价款200万元，增值税18万元）。铁蛋建筑公司在预缴环节差额扣除该"湿租"发票对增值税有何影响？

分析：若在预缴环节差额扣除了该"湿租"发票，铁蛋建筑公司在项目地应预缴税款＝〔（1 030－218）÷（1＋3％）〕×3％＝23.65（万元），简易计税项目的征收率与预缴率一致，在机构地该项目无须再缴纳增值税，即该项目当期一共缴纳了23.65万元增值税；若在预缴环节未差额扣除该"湿租"发票，在项目地应预缴税款＝〔1 030÷（1＋3％）〕×3％＝30（万元），在机构地该项目无须再缴纳增值税，即该项目当期一共缴纳增值税30万元。

通过数据比较，对于简易计税项目而言，在预缴环节是否差额扣除分包款影响了增值税计税基数。因此，笔者认为建筑企业适用简易计税方法计税的项目取得施工设备"湿租"发票时最好不要用于差额扣除，以免引发涉税风险。

四、差额扣除违法分包、转包存在的风险

在建筑行业中，总承包单位将承揽的工程项目进行违法分包或转包的情况较普遍。

（一）劳务分包再分包的涉税风险

《建筑法》第二十九条规定："建筑工程总承包单位可以将承包工程中的部分工程发包给具有相应资质条件的分包单位……施工总承包的，建筑工程主体结构的施工必须由总承包单位自行完成……禁止总承包单位将工程分包给不具备相应资质条件的单位。禁止分包单位将其承包的工程再分包。"

《住房和城乡建设部关于印发〈建筑工程施工发包与承包违法行为认定查处管理办法的通知〉》（建市规〔2019〕1号）（以下简称建市规〔2019〕1号）第十二条规定："存在下列情形之一的，属于违法分包：（一）承包单位将其承包的工程分包给个人的；（二）施工总承包单位或专业承包单位将工程分包给不具备相应资质单位的；（三）施工总承包单位将施工总承包合同范围内工程主体结构的施工分包给其他单位的，钢结构工程除外；（四）专业分包单位将其承包的专业工程中非劳务作业部分再分包的；（五）专业作业承包人将其承包的劳务再分包的；（六）专业作业承包人除计取劳务作业费用外，还计取主要建筑材料款和大中型施工机械设备、主要周转材料费用的。"

违法分包，这种行为不仅违反了《建筑法》，也可能存在一定涉税风险。例如，劳务分包单位再将劳务作业分包给个人并在缴纳增值税时进行差额扣

除，可能导致增值税计税依据错误，从而引发税务机关的调查和处罚。

【案例 6-10】 铁蛋建筑劳务公司（增值税一般纳税人）承揽了某个厂房建设的劳务分包作业，合同总价 309 万元，选择适用简易计税方法计税。承揽该劳务分包工程后，又将该工程中一部分劳务作业分包给了若干个包工头个人，取得了个人去税务机关代开的建筑服务发票 101 万元。铁蛋建筑劳务分包公司在机构地纳税申报时差额扣除了该发票金额。该公司的这种处理是否存在涉税风险？

分析：大部分观点认为该公司违反的是建筑法规，未违反税收法规，可以进行差额扣除。笔者认为该公司明显违反了《建筑法》第二十九条和建市规〔2019〕1 号第十二条中的有关规定。首先，该公司面临着被行政处罚的风险；其次，该公司所承揽的项目属于清包工程，大多选择适用简易计税方法，且属于最底层分包，理论上不存在分包事项了，所以增值税的计税基数无扣除项。最后，虽然取得违法分包的发票不让差额扣除没有税法依据，但是劳务分包若大量再分包并且进行差额扣除，就会导致差额扣除比例过高。该行为可能会被税务部门认定为增值税计税依据错误，面临着税务机关检查调整的风险。笔者认为，劳务分包单位把劳务再分包后取得的建筑服务发票可否按照分包进行差额扣除，应当事先跟主管税务机关沟通，取得明确认可的口径后再进行实务操作，以此降低涉税风险。

（二）违法转包的认定

《建筑法》第二十八条规定："禁止承包单位将其承包的全部建筑工程转包给他人，禁止承包单位将其承包的全部建筑工程肢解以后以分包的名义分别转包给他人。"建市规〔2019〕1 号第八条规定："存在下列情形之一的，应当认定为转包，但有证据证明属于挂靠或者其他违法行为的除外：（一）承包单位将其承包的全部工程转给其他单位（包括母公司承接建筑工程后将所承接工程交由具有独立法人资格的子公司施工的情形）或个人施工的；（二）承包单位将其承包的全部工程肢解以后，以分包的名义分别转给其他单位或个人施工的；（三）施工总承包单位或专业承包单位未派驻项目负责人、技术负责人、质量管理负责人、安全管理负责人等主要管理人员，或派驻的项目负责人、技术负责人、质量管理负责人、安全管理负责人中一人及以上与施工单位没有订立劳动合同且没有建立劳动工资和社会养老保险关系，或派驻的项目负责人未对该工程的施工活动进行组织管理，又不能进行合理解释并提供相应证明的；（四）合同约定由承包单位负责采购的主要建筑材料、构配件及工程设备或租赁的施工机械设备，由其他单位或个人采购、租赁，或施工单位不能提供有关采购、租赁合同及发票等证明，又不能进行合理解释并提供相应证明的；（五）专业作业承包人承包的范围是承包单位承包的全部工程，专业作业承包人计取的是除上缴给承包单位'管理费'之外的全部工程价款的；（六）承包单位通过采取合作、联营、个人承包等形式或名义，直接或变相将其承包的全部工程转给其他单位或个人施工的；（七）专业工程的发包单位不是该工程的施工总承包或专业承包单位的，但建设单位依约作为发包单位的除外；（八）专业作业的发包单位不是该工程承包单位的；（九）施工合同主体之间没有工程款收付关系，或者承包单位收到款项后又将款项转拨给其他单位和个人，又不能进行合理解释并提供材料证明的……"

【案例 6-11】　铁蛋建筑公司（增值税一般纳税人）与某实业公司签订了厂房施工总承包合同，合同总价 1 000 万元；铁蛋建筑公司将其中的劳务作业 300 万元分包给了 A 建筑劳务公司（小规模纳税人）；A 建筑劳务公司按照 5% 的管理费扣除后再与 B 建筑劳务公司（小规模纳税人）签订了 285 万元的劳务分包合同。请问，A 建筑劳务公司计征增值税时，是否可以差额扣除支付给 B 建筑劳务公司 285 万元的分包款？

分析：从建筑法规的角度考虑，毫无疑问上述案例中的 A 建筑劳务公司和 B 建筑劳务公司的行为属于违法转包，将面临着行政处罚的风险。在实务中，有观点认为，在税收法规中，并未明确禁止简易计税项目差额扣除违法分包发票的做法，认为可以扣除。事实上，这么理解也有一定风险，《国家税务总局 住房和城乡建设部 财政部关于进一步做好建筑行业营改增试点工作的意见》（税总发〔2017〕99 号）第二条第四项"……各级住房城乡建设部门和税务部门要进一步加强信息共享，充分利用税收征管数据，对于增值税缴纳单位与建设工程合同承包方不一致的工程项目，重点核查是否存在转包、违法分包、挂靠等行为，一经发现，严肃查处，切实维护建筑市场秩序"的要求，各部门数据信息进一步共享，税收征管除了依据税收法规外，也遵循合乎其他法律法规和公序良俗的要求。

笔者认为，上述案例要充分考虑税源地问题。对于 A 建筑劳务公司而言，该劳务分包项目属于其跨地级行政区施工的项目，且适用简易计税方法计税，即该项目应交的增值税在法定的预缴环节已经在项目地全部缴纳完毕，在预缴环节是否进行差额扣除都不影响机构地对该项业务的税源；若属于 A 建筑劳务公司的本地项目，则需要谨慎对待，因为该项目属于劳务分包工程，增值税的计税基数不应当扣除任何事项（法定上没有分包项），进行违法转包并扣除会导致计税基数异常低于同行业水平，差额扣除比例异常高于同行业水平，存在一定涉税风险。此类项目，建筑企业应当与机构地主管税务机关充分沟通。

第七讲　异地施工项目企业所得税预缴事项

　　建筑企业的施工周期较长，特别是大型建筑企业项目分布的区域较广，需要设立二级甚至三级管理机构负责日常管理。有些只设立项目部，或设立区域指挥部管理多个项目；有些设立了分公司，授权分公司具体实施施工和结算事项。不同的组织架构涉及的企业所得税管理存在一定差异。本讲将针对异地施工项目在不同组织架构下的企业所得税预缴事项进行讲解。

一、异地施工的总部直营项目如何预缴

（一）常见的建筑企业组织架构

建筑企业经常跨省、跨地市提供建筑服务，受地域因素影响总部管理部门很难对工程项目部实施有效监督，因此成立了许多分公司（子公司）、项目指挥部等派出机构分级管理，形成了行业独特的组织架构。建筑企业的组织架构类型主要有四种：公司总部—工程项目部；母公司—子公司—工程项目部；总公司—分公司—工程项目部；集团公司—项目指挥部，子公司—工程项目部。

（二）总部直营项目如何预缴企业所得税

建筑企业直营项目指的是公司总部直接管理的项目，以公司总部的名义进行会计核算和纳税申报的项目。《国家税务总局关于跨地区经营建筑企业所得税征收管理问题的通知》（国税函〔2010〕156号）（以下简称国税函〔2010〕156号）第三条规定："建筑企业总机构直接管理的跨地区设立的项目部，应按项目实际经营收入的0.2％按月或按季由总机构向项目所在地预分企业所得税，并由项目部向所在地主管税务机关预缴。"

建筑企业异地施工的直营项目预缴企业所得税时，只需要对预缴的税款进行会计处理，应交的企业所得税根据每一期的损益汇总到总机构统一计算、纳税申报。建筑企业异地施工的直营项目，按照经营收入的0.2％预缴企业所得税，预缴时借记"应交税费——应交企业所得税"，贷记"银行存款"等科目。

【案例7-1】　铁蛋建筑公司在外省承揽了一项住宅工程总承包合同，该项目适用一般计税方法计税，已在机构地主管税务机关填报了跨区域涉税事项报告表进行异地施工直营项目备案。2025 年 2 月，该项目按照完工进度确认的计价金额向业主方开具了 327 万元建筑服务发票，支付了分包款 109 万元并取得了相应发票。该项目如何缴纳企业所得税？

分析：该项目为跨省施工项目，已经办理跨区域涉税事项报告，当期的经营收入为 300 万元（327÷1.09），依据国税函〔2010〕156 号第三条的规定，在项目所在地按照经营收入的 0.2% 预缴企业所得税，即预缴 6 000 元企业所得税。

笔者提醒，建筑企业总机构汇算清缴时，按照以下公式计算应补（退）税金额：

应补（退）所得税＝总机构汇总计算应纳税额－全年已预缴金额－直营项目异地预缴金额

《国家税务总局关于企业所得税年度汇算清缴有关事项的公告》（国家税务总局公告 2021 年第 34 号）第二条规定："纳税人在纳税年度内预缴企业所得税税款超过汇算清缴应纳税款的，纳税人应及时申请退税，主管税务机关应及时按有关规定办理退税，不再抵缴其下一年度应缴企业所得税税款。"

二、异地施工的总部直营项目被核定征收

在实务中，部分跨省、跨地区施工的直营项目因某些原因被当作企业所得税独立纳税义务人，其中涉及企业所得税处理就稍微棘手一些。在"营改增"之前，市场出现将项目部作为一个分支机构并作为独立纳税义务人的情形。在"营改增"之后，这种该情况逐步减少，目前已不多见。

（一）被作为独立纳税义务人的项目部

国税函〔2010〕156 号第六条规定："跨地区经营的项目部（包括二级以下分支机构管理的项目部）应向项目所在地主管税务机关出具总机构所在地主管税务机关开具的《外出经营活动税收管理证明》，未提供上述证明的，项目部所在地主管税务机关应督促其限期补办；不能提供上述证明的，应作为独立纳税人就地缴纳企业所得税。同时，项目部应向所在地主管税务机关提供总机构出具的证明该项目部属于总机构或二级分支机构管理的证明文件。"

笔者提醒，上述外出经营活动税收管理证明政策已经调整。《国家税务总局关于创新跨区域涉税事项报验管理制度的通知》（税总发〔2017〕103 号）第一条第二项规定："纳税人跨区域经营前不再开具相关证明，改为填报《跨区域涉税事项报告表》。纳税人跨省（自治区、直辖市和计划单列市）临时从事生产经营活动的，不再开具《外出经营活动税收管理证明》，改向机构所在地的国税机关①填报《跨区域涉税事项报告表》（附件 1）。纳税人在省（自治区、直辖市和计划单列市）内跨县（市）临时从事生产经营活动的，是否实施跨区域涉税事项报验管理由各省（自治区、直辖市和计划单列市）税务机关自行确定。"

跨区域涉税事项报告的办理的手续相对简单，大部分地区在电子税务局办理即可。纳税人只需要在电子税务局相关办理模块中录入跨区域涉税事项基本信息、跨区域经营情况、合同名称、合同金额、有效期起止等跨区域涉税事项。

【案例 7-2】 铁蛋建筑公司在其他省承揽了工程项目，在首次开票前未办理跨区域涉税事项报告，直接去项目所在地税务机关按照开票金额的 0.2% 预缴企业所得税，会发生什么情形？

分析：铁蛋建筑公司承揽的该项目为跨省施工项目，按规定应当向机构地主管税务机关填报跨区域涉税事项报告表，而铁蛋建筑公司未办理跨区域涉税事项报告很有可能被项目地税务机关认定为企业所得税独立的纳税义务人，并且被核定征收企业所得税。因此，建议铁蛋建筑公司在承揽工程项目前，务必先办理跨区域涉税事项报告，以免发生不必要的税务风险和损失。

（二）被作为独立纳税义务人的项目部如何处理

被作为独立纳税义务人的项目部企业所得税如何处理呢？《天津市国家税务局 天津市地方税务局关于跨地区经营建筑企业所得税相关征管问题的公告》（天津市国家税务局 天津市地方税务局公告 2017 年第 2 号）② 第三条规定："存在以下情形的税款，在我市总机构汇总计算企业所得税时不予扣除：

---

① 即机构所在地主管税务机关。

② 《国家税务总局天津市税务局关于公布失效废止和修改的税收规范性文件目录的公告》（国家税务总局天津市税务局公告 2018 年第 24 号）对该文第三条做了修改，将该条第三款的内容删除了。本书撰写时直接按照修改后的条款展示。

（一）总机构直接管理的项目部在外地预分企业所得税超过项目实际经营收入0.2%的部分；（二）总机构直接管理的项目部在外地取得完税凭证上没有注明税款是企业所得税性质的。"

上述文件原本有第三项，第三项规定中明确企业所得税为核定征收的建筑企业，在外地施工的项目被核定征收的，在机构地不允许扣除。删除的主要原因是大部分地区已经对公司制企业取消了企业所得税核定征收方式，一律采用查账征收。前面我们已经讲解了，部分总部直营项目有可能因自身原因被项目地税务机关认定为独立纳税义务人，甚至企业所得税将被核定征收，被核定征收的企业所得税该如何处理呢？天津市税务局这个文件已经对天津的建筑企业回答了这个问题。即"总机构直接管理的项目部在外地预分企业所得税超过项目实际经营收入0.2%的部分，在总机构汇总计算企业所得税时不予扣除"。

笔者认为，在实务中部分项目部因自身原因被当作独立的纳税义务人，大概率被要求按照核定的征收率缴纳企业所得税，并不是要求以项目部的名义开具发票、申报纳税。如果属于这种情形，很有可能在机构地汇算清缴时不予扣除，不如直接登记为分支机构，独立核算、独立申报纳税。

三、总公司授权分公司施工模式下如何预缴

建筑业企业在异地施工的工程项目中，经常通过设立分公司进行管理，总公司和分公司之间的授权施工模式是一种常见的组织形式。

（一）建筑企业分公司如何预缴企业所得税

在实务中，大部分建筑企业的组织架构都不止一种模式，普遍是多种模式并存。虽然部分建筑业企业设立的分公司为"独立核算"的，并授权其全面管理工程项目，但分公司在法律地位、税收管理、投标管理、资质管理等方面与建筑企业的总公司有着较大差异。

1. 建筑企业只有直营项目，未设立分公司

如果只有"公司总部——项目部"一种模式的，即只有直营项目未设立分公司的，根据国税函〔2010〕156号第四条第一项"总机构只设跨地区项

目部的，扣除已由项目部预缴的企业所得税后，按照其余额就地缴纳"的规定，建筑企业公司总部计算出应纳税额后，扣除直营项目在项目所在地已预缴的企业所得税后再在机构地预缴。

2. 建筑企业设立了分公司，没有直营项目

建筑企业设立了分支机构，且所有项目部均属于二级或二级以下分支机构直接管理的项目部，总机构没有直营项目的，即只有"总公司——分公司——项目部"一种模式的。根据国税函〔2010〕156号第二条规定："建筑企业所属二级或二级以下分支机构直接管理的项目部（包括与项目部性质相同的工程指挥部、合同段等，下同）不就地预缴企业所得税，其经营收入、职工工资和资产总额应汇总到二级分支机构统一核算，由二级分支机构按照国税发〔2008〕28号①文件规定的办法预缴企业所得税。"汇总纳税下分公司的项目不需要在项目地预缴，而是汇总到二级分支机构统一核算，与二级分支机构再汇总到总机构统一核算。

建筑企业总、分公司的企业所得税的管理，按照国税函〔2010〕156号第四条第二项"总机构只设二级分支机构的，按照国税发〔2008〕28号②文件规定计算总、分支机构应缴纳的税款"的规定，实行"统一计算、分级管理、就地预缴、汇总清算、财政调库"的征收管理办法。后面我们将总分公司汇总纳税管理进行详细讲解。

3. 建筑企业既设立了分公司，也有直营项目

根据国税函〔2010〕156号第四条第三项规定："总机构既有直接管理的跨地区项目部，又有跨地区二级分支机构的，先扣除已由项目部预缴的企业所得税后，再按照国税发〔2008〕28号文件规定计算总、分支机构应缴纳的税款。"即"公司总部—项目部"和"总公司—分公司—项目部"模式并存的情形，总分公司的企业所得税管理，将前述两种模式的企业所得税征收管理办法相结合。

4. 汇总纳税总公司与分公司如何分别预缴

《国家税务总局关于印发〈跨地区经营汇总纳税企业所得税征收管理办法〉的公告》(国家税务总局公告2012年第57号)(以下简称国家税务总局公

---

① ② 国税发〔2008〕28号已经被国税〔2012〕57号文件取代。

告 2012 年第 57 号）第三条规定："汇总纳税企业实行'统一计算、分级管理、就地预缴、汇总清算、财政调库'的企业所得税征收管理办法：（一）统一计算，是指总机构统一计算包括汇总纳税企业所属各个不具有法人资格分支机构在内的全部应纳税所得额、应纳税额。（二）分级管理，是指总机构、分支机构所在地的主管税务机关都有对当地机构进行企业所得税管理的责任，总机构和分支机构应分别接受机构所在地主管税务机关的管理。（三）就地预缴，是指总机构、分支机构应按本办法的规定，分月或分季分别向所在地主管税务机关申报预缴企业所得税。（四）汇总清算，是指在年度终了后，总机构统一计算汇总纳税企业的年度应纳税所得额、应纳所得税额，抵减总机构、分支机构当年已就地分期预缴的企业所得税款后，多退少补。（五）财政调库，是指财政部定期将缴入中央国库的汇总纳税企业所得税待分配收入，按照核定的系数调整至地方国库。"

总机构和具有主体生产经营职能的二级分支机构[①]，就地分摊缴纳企业所得税。就地分摊缴纳企业所得税税款如何计算？根据国家税务总局公告 2012 年第 57 号第十三条的规定，总机构按以下公式计算分摊税款：

总机构分摊税款＝汇总纳税企业当期应纳所得税额×50％

根据国家税务总局公告 2012 年第 57 号第十四条的规定，分支机构按以下公式计算分摊税款：

所有分支机构分摊税款总额＝汇总纳税企业当期应纳所得税额×50％

某分支机构分摊税款＝所有分支机构分摊税款总额×该分支机构分摊比例

总机构应按照上年度分支机构的营业收入、职工薪酬和资产总额三个因素计算各分支机构分摊所得税款的比例；三级及以下分支机构，其营业收入、职工薪酬和资产总额统一计入二级分支机构；三因素的权重依次为 0.35、0.35、0.30。计算公式为

某分支机构分摊比例＝（该分支机构营业收入÷各分支机构营业收入之和）×0.35＋（该分支机构职工薪酬÷各分支机构职工薪酬之和）×0.35＋（该分支机构资产总额÷各分支机构资产总额之和）×0.30

---

① 此处的二级分支机构，是指汇总纳税企业依法设立并领取非法人营业执照（登记证书），且总机构对其财务、业务、人员等直接进行统一核算和管理的分支机构。

【案例 7-3】　北京铁蛋建筑公司注册于 2024 年 12 月 7 日，2025 年 1 月在天津、上海、重庆三地分别注册了分公司，已经在总机构所在地办理了总、分机构备案。北京铁蛋建筑公司在天津、上海等地还有总部直营项目，且均已办理了跨区域涉税事项报告。2025 年，北京铁蛋建筑公司第一季度总机构本级及所有分公司的营业收入 10 000 万元（其中总部直营项目的收入为 1 000 万元），营业成本 9 500 万元，利润总额 500 万元（假设不考虑企业所得税相关税收优惠政策）。2025 年度北京铁蛋建筑公司的三个分公司的三项权重见表 7-1（以下比例暂略实务中真实比例逻辑）。

表 7-1　2025 年度北京铁蛋建筑公司各分支机构三项权重表

金额单位：万元

公司名称	营业收入	职工薪酬	资产总额
天津分公司	10 000	300	8 000
上海分公司	20 000	600	16 000
重庆分公司	20 000	600	16 000
合计	50 000	1 500	40 000

分析：首先，根据所有汇总纳税分公司上一年度三因素及权重计算分配比例；其次，计算公司总部直营项目和汇总纳税分公司应纳税额；再次，应纳税额扣除总部直营项目已经预缴了的企业所得税后，剩余部分在总分机构之间五五分摊；最后，将汇总纳税分公司应该分摊的部分，按照各分公司的分配比例计算分摊的税额。

①根据 2025 年三因素及权重计算三家分公司的分配比例。

天津分公司的分配比例 ＝（10 000÷50 000×0.35）＋（300÷1 500×0.35）＋（8 000÷40 000×0.3）＝0.2

上海分公司的分配比例 ＝（20 000÷50 000×0.35）＋（600÷1 500×0.35）＋（16 000÷40 000×0.3）＝0.4

重庆分公司的分配比例 ＝（20 000÷50 000×0.35）＋（600÷1 500×0.35）＋（16 000÷40 000×0.3）＝0.4

②计算 2025 年第一季度应纳税额。

应纳税额＝500×25%＝125（万元）

③扣除 2025 年第一季度总部直营项目已经预缴的企业所得税。

总部直营项目第一季度的营业收入为 1 000 万元，在项目所在地已预缴

的企业所得税为2万元（1 000×0.2%）

④计算2025年第一季度总公司与各个分公司应分摊的企业所得税。

总公司承担的企业所得税＝（125－2）×50%＝61.5（万元）

三家汇总纳税的分公司承担的企业所得税＝（125－2）×50%＝61.5（万元）

天津分公司应承担的企业所得税＝61.5×0.2＝12.3（万元）

上海分公司应承担的企业所得税＝61.5×0.4＝24.6（万元）

重庆分公司应承担的企业所得税＝61.5×0.4＝24.6（万元）

5. 若分支机构存在查补税款，总分公司如何分配

在实务中，可能会出现某个汇总缴纳企业所得税的建筑企业，其中一家分公司存在查补税款，该查补的税款应如何在总、分公司之间分配缴纳？国家税务总局公告2012年第57号第二十八条第四款规定："二级分支机构应将查补所得税款的50%分摊给总机构缴纳，其中25%就地办理缴库，25%就地全额缴入中央国库；50%分摊给该二级分支机构就地办理缴库。具体的税款缴库程序按照财预〔2012〕40号文件第五条等相关规定执行。"

第二十八条第五款规定："汇总纳税企业缴纳查补所得税款时，总机构应向其所在地主管税务机关报送经二级分支机构所在地主管税务机关受理的汇总纳税企业分支机构所得税分配表和二级分支机构所在地主管税务机关出具的税务检查结论，二级分支机构也应向其所在地主管税务机关报送汇总纳税企业分支机构所得税分配表和税务检查结论。"

因此，查补税款的50%应分配给总机构缴纳，50%分配给参与检查的二级分支机构缴纳，未参与检查的其他二级分支机构不参与分配。

（二）什么情况下分公司不需要预缴企业所得税

1. 汇总纳税的分公司什么情况下不需要预缴企业所得税

根据国家税务总局公告2012年第57号第五条规定："以下二级分支机构不就地分摊缴纳企业所得税：（一）不具有主体生产经营职能，且在当地不缴纳增值税、营业税的产品售后服务、内部研发、仓储等汇总纳税企业内部辅助性的二级分支机构，不就地分摊缴纳企业所得税。（二）上年度认定为小型微利企业的，其二级分支机构不就地分摊缴纳企业所得税。（三）新设立的二级分支机构，设立当年不就地分摊缴纳企业所得税。（四）当年撤销的二级分支机构，自办理注销税务登记之日所属企业所得税预缴期间起，不就地分摊缴纳企业所得税。（五）汇总纳税企业在中国境外设立的不具有法人资格的二级分支机构，不就地分摊缴纳企业所得税。"

注意上述规定"上年度认定为小型微利企业的，其二级分支机构不就地分摊缴纳企业所得税"，其中的"二级分支机构"为汇总纳税企业的分支机构，作为独立纳税义务人分支机构不适用。小型微利企业认定是由总机构主管税务机关负责的，二级分支机构主管税务机关不必审查其认定证明材料。但总机构主管税务机关需出具说明，表明该企业上年度为小型微利企业，其二级分支机构今年不就地分摊缴纳企业所得税。

新设立的二级分支机构，设立当年不就地分摊缴纳企业所得税，企业所得税应由总公司汇总进行申报。

2. 作为企业所得税独立纳税义务人的分公司

以总机构名义进行生产经营的非法人分支机构，若无法提供汇总纳税企业分支机构所得税分配表，也无法提供相关证据证明其二级及以下分支机构身份的，应视同独立纳税人计算并就地缴纳企业所得税。其独立纳税人身份一个年度内不得变更。证明其二级及以下分支机构身份的资料包括非法人营业执照（或登记证书）的复印件、由总机构出具的二级及以下分支机构的有效证明和支持有效证明的相关材料（包括总机构拨款证明、总分机构协议或合同、公司章程、管理制度等）。

在实务中，建筑企业设立的分公司一旦被视同企业所得税独立纳税义务人，分公司所在地主管税务机关要求应交的企业所得税独立计算就地预缴，不适用总分机构汇总纳税分摊原则，则其所属项目部也就应该按规定就地预缴企业所得税。

笔者提醒，无论分公司是否独立核算，分公司都无法单独享受小型微利企业税收优惠政策。

四、异地施工项目预缴企业所得税的"三要素"

异地施工项目，企业所得税的预缴计税基数、时间和空间都需要根据项目的实际情况来确定。在实际操作中，企业需要与税务机关保持密切沟通，以确保预缴工作的顺利进行。同时，也需要注意税收合规性，避免因操作不当而产生不必要的税务风险。

（一）企业所得税预缴基数

异地施工项目企业所得税的预缴计税基数，是以销售额还是企业所得税营业收入为准？根据国税函〔2010〕156号第三条规定，"建筑企业总机构直接管理的跨地区设立的项目部，应按项目实际经营收入的0.2%按月或按季由总机构向项目所在地预分企业所得税，并由项目部向所在地主管税务机关预缴"。

上述规定中的"实际经营收入"，可否扣除其支付给分包单位的分包款后再计算？笔者认为"实际经营收入"为收入概念，非应纳税所得额概念，不扣除分包和其他扣除支付给其他单位的款项。广大建筑企业不能擅自按照增值税差额扣除分包款计税方式计算企业所得税的预缴基数。

因此，建筑企业异地施工项目在预缴环节，计算企业所得税的预缴基数和增值税的预缴基数不一样，增值税在预缴时可以扣除支付的分包款后的余额再计算，而企业所得税的预缴基数没有任何扣除项。跨省施工的总部直营项目企业所得税预缴申报表见表7-2。

表7-2　某地企业所得税预缴申报表

（企业所得税预缴）

纳税人识别号：＿＿＿＿＿＿＿＿　　纳税人名称：＿＿＿＿＿＿＿＿＿

登记注册类型：＿＿＿＿＿＿＿＿　　预缴日期：＿＿＿＿＿＿＿＿

跨区域涉税事项报验管理编号：＿＿＿＿＿＿＿　　项目名称：＿＿＿＿＿＿

项目所在地：＿＿＿＿＿＿＿＿　　预缴税费属性：＿＿＿＿＿＿＿

税（费）款所属期起	税（费）款所属期止	征收项目	征收品目	计税金额或销售收入（不含税）	*税率（征收率）	*实缴税额
月度或季度开始日	月度或季度截止日	企业所得税	应纳税所得额	当期收入，不扣除任何费用	自动填列	自动计算

（二）企业所得税预缴时间

国税函〔2010〕156号第三条明确了跨省施工的总部直营项目企业所得

税的预缴时间，要求按月或季度预分、预缴。在实务中，绝大部分建筑企业默认企业所得税的预缴时间与增值税的预缴时间保持一致，即在预缴增值税时一同预缴企业所得税。

笔者认为，"两税"的纳税义务发生时间不一致，直接决定了预缴时间的差异，即发生企业所得税预缴义务的项目，当时并不一定发生增值税预缴义务；发生增值税预缴义务的项目，当时也并不一定有企业所得税预缴义务。

【案例7-4】 2025年1月1日，铁蛋建筑公司（一般纳税人）与某实业公司签订了某园区办公楼及配套设施施工总承包合同，该项目为铁蛋建筑公司总部直营的跨省施工项目。该项目含税总造价为10 900万元（适用一般计税方法），计划开工日期为2025年3月31日，计划竣工日期为2027年3月31日。该公司已在签订合同当月填报了跨区域涉税事项报告表。2025年2月1日，业主方按照合同金额的10%支付了预付款1 090万元，铁蛋建筑公司向业主方开具了品名为"＊建筑服务服务预收款"的不征税发票。铁蛋建筑公司的增值税预缴义务和企业所得税预缴义务是否存在差异？

分析：首先明确三个要点：第一，该项目为跨省施工的总部直营项目；第二，已经办理跨区域涉税事项报告；第三，该项目尚未开工即收到业主方的预付款并且开了不征税发票。铁蛋建筑公司收到预收款，按照财税〔2017〕58号第三条的规定应当预缴增值税纳税。在企业所得税的预缴义务上，笔者认为该项目尚未开工，没有完工进度，企业所得税纳税义务尚未发生，无须在项目地预缴企业所得税。即便铁蛋建筑公司在收到预收款时开具了应税发票，发生了增值税纳税义务，但该项目的企业所得税纳税义务依然未发生，依然无须预缴企业所得税。因此，在2025年2月该项目需要在项目所在地按照规定预缴增值税，但无须要预缴企业所得税。当然，在实务中项目地的税务机关为了便于征管，也可以将"两税"收入的预缴义务合并管理。

（三）企业所得税预缴空间

在建筑企业的企业所得税的预缴义务上，国税函〔2010〕156号适用于建筑企业跨省设立总部直营项目，而根据该文第八条规定："建筑企业在同一省、自治区、直辖市和计划单列市设立的跨地（市、县）项目部，其企业所得税的征收管理办法，由各省、自治区、直辖市和计划单列市税务局共同制定，并报国家税务总局备案。"

建筑企业增值税的预缴义务在第五讲已经详细阐述，跨地级行政区提供建筑服务的需要在项目地预缴，跨区县施工的不需要预缴，在预缴空间上与企业所得税可能不一致。各地对于建筑企业公司和项目在同一省不同地级市、同一地级市不同区县施工设立的总部直营项目是否需要预缴企业所得税，要求不尽相同。

◤【部分地区税务口径】

1. 福建省内建筑企业跨区县施工需要预缴企业所得税

《国家税务总局福建省税务局〈关于省内跨地区经营建筑企业所得税征收管理有关问题的公告〉》（福建省税务局公告 2018 年第 36 号）第一条规定："省内①跨地区经营建筑企业总机构直接管理的跨地区（跨市、县、区，下同）设立的项目部，应按项目实际经营收入的 0.2％ 按月或按季由总机构向项目所在地预分企业所得税，并由项目部向所在地主管税务机关预缴。"

2. 安徽省内建筑企业跨地级市施工需要预缴企业所得税

《国家税务总局安徽省税务局〈关于省内跨地区经营建筑安装企业所得税征收管理问题的公告〉》（国家税务总局安徽省税务局公告 2020 年第 2 号）规定："……在安徽省内注册成立的建筑安装企业总机构直接管理的项目部（包括与项目部性质相同的工程指挥部、合同段等）、所属二级或二级以下分支机构直接管理的项目部，不就地预缴企业所得税，其营业收入、职工薪酬和资产总额应分别汇总到总机构、二级分支机构统一核算，由总机构、二级分支机构预缴企业所得税。"

3. 青海省内建筑企业跨地级市施工设立直营项目无须预缴企业所得税

《国家税务总局青海省税务局〈关于建筑企业省内跨地区经营企业所得税征收管理问题的公告〉》（国家税务总局青海省税务局公告 2020 年第 10 号）第一条规定："建筑企业总机构在省内跨地区（市、州、县）设立的由总机构直接管理的项目部，其企业所得税由总机构计算缴纳，项目部不就地预分和缴纳企业所得税。"第二条规定："二、建筑企业省内所属二级或二级以下分支机构直接管理的项目部（包括与项目部性质相同的工程指挥部、合同段等）不就地预分和缴纳企业所得税，其经营收入、职工工资和资产总额应汇总到

---

① 不含厦门。

二级分支机构统一核算。"

五、异地施工预缴企业所得税如何填列

国税函〔2010〕156号第五条规定："建筑企业总机构应按照有关规定办理企业所得税年度汇算清缴，各分支机构和项目部不进行汇算清缴。总机构年终汇算清缴后应纳所得税额小于已预缴的税款时，由总机构主管税务机关办理退税或抵扣以后年度的应缴企业所得税。"

(一) 总机构月度 (季度) 预缴申报应注意事项

汇总纳税企业预缴申报时，总机构除报送企业所得税预缴申报表和企业当期财务报表外，还应报送汇总纳税企业分支机构所得税分配表和各分支机构上一年度的年度财务报表 (或年度财务状况和营业收支情况)；分支机构除报送企业所得税预缴申报表 (只填列部分项目) 外，还应报送经总机构所在地主管税务机关受理的汇总纳税企业分支机构所得税分配表。

在一个纳税年度内，各分支机构上一年度的年度财务报表 (或年度财务状况和营业收支情况) 原则上只需要报送一次。

(二) 年度汇算清缴申报时应注意事项

汇总纳税企业应当自年度终了之日起5个月内，由总机构汇总计算企业年度应纳所得税额，扣除总机构和各分支机构已预缴的税款，计算应缴应退税款，按照本办法规定的税款分摊方法计算总机构和分支机构的企业所得税应缴应退税款，分别由总机构和分支机构就地办理税款缴库或退库。

汇总纳税企业在纳税年度内预缴企业所得税税款少于全年应缴企业所得税税款的，应在汇算清缴期内由总、分机构分别结清应缴的企业所得税税款；预缴税款超过应缴税款的，主管税务机关应及时按有关规定分别办理退税，或者经总、分机构同意后分别抵缴其下一年度应缴企业所得税税款。

汇总纳税企业汇算清缴时，总机构除报送企业所得税年度纳税申报表和年度财务报表外，还应报送汇总纳税企业分支机构所得税分配表、各分支机构的年度财务报表和各分支机构参与企业年度纳税调整情况的说明；分支机构除报送企业所得税年度纳税申报表 (只填列部分项目) 外，还应报送经总

机构所在地主管税务机关受理的汇总纳税企业分支机构所得税分配表、分支机构的年度财务报表（或年度财务状况和营业收支情况）和分支机构参与企业年度纳税调整情况的说明。

分支机构参与企业年度纳税调整情况的说明，可参照企业所得税年度纳税申报表附表"纳税调整项目明细表"中列明的项目进行说明，涉及需由总机构统一计算调整的项目不进行说明。

（三）异地项目已预缴的税额在机构预缴申报和汇算清缴时如何填报

异地施工项目预缴的企业所得税在预缴和汇算清缴时如何填报？同时，还要注意机构地进行预缴申报时自动带出的异地预缴数据出现错误时应该如何处理？

1. 总部直营项目在项目地已预缴的企业所得税在季度预报时的填报

实行查账征收的居民企业，其建筑企业总机构存在直接管理的跨地区设立的项目部，按规定向项目所在地主管税务机关预缴项目实际经营收入的0.2％所得税额。在月度（季度）预缴时，在《中华人民共和国企业所得税月（季）度预缴纳税申报表（A类）》（A200000）第15行"特定业务预缴（征）所得税额"填报，该行次填报建筑企业总机构直接管理的跨地区设立的项目部，按照税收规定已经向项目所在地主管税务机关预缴企业所得税的本年累计金额。该表第14行"本年实际已缴纳所得税额"填报纳税人按照税收规定已在此前月（季）度申报预缴企业所得税的本年累计金额。建筑企业总机构直接管理的跨地区设立的项目部，按照税收规定已经向项目所在地主管税务机关预缴企业所得税的金额不填本行，而是填入本表第15行。

2. 总部直营项目在项目地已预缴的企业所得税汇算清缴时的填报

汇算清缴时，在表A109000跨地区经营汇总纳税企业年度分摊企业所得税明细表第6行"总机构直接管理建筑项目部已预分所得税额"，填报建筑企业总机构按照规定在预缴纳税申报时，向其总机构直接管理的项目部所在地按照项目收入的0.2％预分的所得税额。

在《中华人民共和国企业所得税年度纳税申报表（A类）》（A100000）第32行"本年累计实际已缴纳的所得税额"填报纳税人按照税收规定本纳税年度已在月（季）度累计预缴的所得税额，包括按照税收规定的特定业务已预缴（征）的所得税额，建筑企业总机构直接管理的跨地区设立的项目部按规定向项目所在地主管税务机关预缴的所得税额。

3. 机构地进行预缴申报时自动带出的异地预缴数据出现错误时如何处理

建筑工程异地预缴了企业所得税，季度申报企业所得税时，第15行"特定业务预缴（征）所得税额自动生成的数据与实际预缴的不符，且无法手动修改，如何处理？从2021年第1季度开始，建筑企业总机构纳税人到异地经营预缴企业所得税的，其在企业所得税季度预缴申报时，申报表的"特定业务预缴（征）所得税额"栏将自动带出从经营地获取的本期已预缴税款数据，如该数据与纳税人实际在经营地缴纳数据不符，纳税人应联系经营地主管税务机关核实处理。

第八讲　提供建筑服务的同时销售自产货物的涉税问题

在提供建筑服务的同时销售自产货物在建筑业中十分常见，对于增值税的处理上要注意混合销售和兼营的问题。除此之外，计价和计税上也出现不同步的情形，计价和计税之间的矛盾又应该如何调节？本讲将针对上述问题展开全面解析。

一、兼营与混合销售

在实务中，建筑企业在提供建筑服务时可能存在使用自产建材的情形。例如，在项目现场自拌混凝土、按照设计规格预先制成钢构件或者混凝土构件，用于建工程主体等情况都属于在提供建筑服务的过程中销售自产货物。提供建筑服务的同时使用了自产货物，在增值税上是适用货物销售还是建筑服务项目呢？

（一）兼营的认定

要想搞清楚上述问题，我们首先要弄清楚兼营和混合销售的基本区别。《营业税改征增值税试点有关事项的规定》第一条"兼营"的规定："试点纳税人销售货物、加工修理修配劳务、服务、无形资产或者不动产适用不同税率或者征收率的，应当分别核算适用不同税率或者征收率的销售额，未分别核算销售额的，按照以下方法适用税率或者征收率：1. 兼有不同税率的销售货物、加工修理修配劳务、服务、无形资产或者不动产，从高适用税率。2. 兼有不同征收率的销售货物、加工修理修配劳务、服务、无形资产或者不动产，从高适用征收率。3. 兼有不同税率和征收率的销售货物、加工修理修配劳务、服务、无形资产或者不动产，从高适用税率。"

《中华人民共和国增值税法》第十二条规定："纳税人发生两项以上应税交易涉及不同税率、征收率的，应当分别核算适用不同税率、征收率的销售额；未分别核算的，从高适用税率。"第十三条规定："纳税人发生一项应税交易涉及两个以上税率、征收率的，按照应税交易的主要业务适用税率、征收率。"

根据上述规定我们可知，兼营是指的一个纳税人的经营业务既有货物销售，又服务销售，销售服务和货物适用不同的增值税税率，未分别核算的从高计税。

【案例 8-1】 铁蛋建筑公司（增值税一般纳税人）主营业务为建筑施工，同时还有材料销售、图纸设计、造价咨询等业务。2025 年 3 月，该公司承揽了某个房屋建筑施工总承包项目，业主甲供部分材料，含税总造价为 10 000 万元。同时，当月该公司向其他建筑单位为销售了一批木方 1 000 万元，设计部门承揽一个园林设计业务总价 200 万元。铁蛋建筑公司当月应如何计算增值税应纳税额？

分析：铁蛋建筑公司的业务属于典型的兼营，既有服务销售又有货物销售，应当按照不同业务、不同增值税税率（征收率）分别计税。案例中甲供材料可以选择适用简易计税方法计税，扣除支付的分包款（若有）后的余额按照 3% 征收率缴纳增值税，当然应结合投标组价时的具体情况判断；销售木方应按照货物销售税率 13% 计算缴纳增值税（进项税额可以抵扣）；园林设计业务的销售属于现代服务，应当按照设计服务税率 6% 计算缴纳增值税（进项税额可以抵扣）。上述业务若未分别核算、分别计税，则从高计税。

（二）混合销售额

前面已经阐述了兼营的概念，接下来我们看看混合销售额的概念。

一项销售行为如果既涉及货物又涉及服务，为混合销售。从事货物的生产、批发或者零售的单位和个体工商户的混合销售行为，按照销售货物缴纳增值税；其他单位和个体工商户的混合销售行为，按照销售服务缴纳增值税。

上述从事货物的生产、批发或者零售的单位和个体工商户，包括以从事货物的生产、批发或者零售为主，并兼营销售服务的单位和个体工商户在内。

根据前述规定，混合销售是指纳税人提供的某项销售业务中同时涉及服务和货物的以主业为准，若主业是生产、销售、批发货物的，就按照销售货物的增值税税率缴纳增值税，若主业是销售服务的，就按照销售服务的增值税税率缴纳增值税。

【案例 8-2】 2025 年 4 月，铁蛋建筑公司（增值税一般纳税人）承揽了某地重点中学工程总承包工程，该合同含税总造价 20 000 万元。该工程的施工范围包含行政办公大楼、教学大楼、宿舍楼等主体施工及精装修，装修部分包含了电梯、空调等设备的安装。铁蛋建筑公司在提供建筑服务的过程中，包括电梯、中央空调等在内的所有物资为外购。该学校要求铁蛋建筑公司在开具发票时分别按照 13% 的设备销售和 9% 的建筑服务开具发票。

分析：上述案例中，铁蛋建筑公司在施工过程中所需材料和安装的设备均为外购物资，不存在自产物资，虽然在这一份合同中既包含了建筑服务又包含了设备、材料，但铁蛋建筑公司的主业为建筑服务，属于典型的混合销售。因此，该合同无须区分建筑安装和设备销售金额，按照混合销售向业主开具"建筑服务"发票即可。建筑企业在签订此类合同时应注意价税分离，特别是针对发包方没有抵扣需求的情况，更应明确增值税税率，减少结算时因税费产生的争议。

二、销售自产货物并同时提供建筑服务

前面我们已经阐述了兼营与混合销售的概念，建筑企业销售自产货物并同时提供建筑服务是否属于混合销售，并按照"建筑服务"的适用税率缴纳增值税呢？

（一）"销售自产货物＋建筑安装"模式

如果销售自产货物并同时提供建筑服务的不属于混合销售，不能全部按照建筑服务缴纳增值税。同时，根据国家税务总局公告 2017 年第 11 号第一条"纳税人销售活动板房、机器设备、钢结构件等自产货物的同时提供建筑、安装服务，不属于《营业税改征增值税试点实施办法》（财税〔2016〕36 号文件印发）第四十条规定的混合销售，应分别核算货物和建筑服务的销售额，分别适用不同的税率或者征收率"的规定，更是明确了建筑企业在提供建筑服务的过程中使用了自产货物的，应当分别按照销售额货物和销售服务分别核算，按照不同税率计税。

【案例 8-3】 铁蛋钢结构工程有限公司为增值税一般纳税人，是一家钢结构加工、制作、安装、施工企业。2025 年 4 月，铁蛋钢结构公司与某建筑总包企业签订了一份钢结构分包合同，其中钢结构为其自产的钢结构件。双方签订的专业分包合同中注明了价款 1 000 万元（含税）。铁蛋钢结构工程有限公司应如何计算缴纳增值税？

分析：上述案例属于"自产货物＋建筑安装"模式，国家税务总局公告 2017 年第 11 号第一条规定这种情形不属于混合销售，应分别核算货物和建

筑服务的销售额，分别适用不同的税率或者征收率。因此，上述案例硬件将合同金额分别列明钢结构销售额金额和安装金额，分别适用货物销售 13％和建筑服务 9％的税率计算缴纳增值税；若未分开核算，有可能会被主管税务机关要求从高计税，或由主管税务机关分别核定其销售额，分别计税。无论哪种情况对建筑企业都不利，最好自行拆分合同金额或签订补充协议明确不同业务的合同金额分别计税，以免引来不必要的涉税风险。

（二）错误适用低税率的风险

建筑企业经营过程中，由于各种原因，有时企业可能会错误地适用较低的税率或征收率。这种错误不仅可能导致税务问题，还可能给企业带来一系列的风险。

【案例 8-4】 承【案例 8-3】，其他条件不变，双方签订的专业分包合同中注明了钢结构不含税销售价款 800 万元，不含税安装价款 200 万元，铁蛋钢结构公司分别按照货物销售 13％和清包工劳务简易计税方法 3％计算缴纳增值税，请问是否存在涉税风险？

分析：根据国家税务总局公告 2017 年第 11 号第一条规定，上述案例属于在提供建筑服务的过程中销售了自产货物，应分别核算货物和建筑服务的销售额，分别适用不同的税率或者征收率。因此，分别约定货物销售和建筑安装销售额是符合文件精神的，但是建筑安装部分自行约定适用简易计税方法计税不符合规定。国家税务总局公告 2017 年第 11 号并未允许"销售自产货物＋建筑安装"模式中的安装服务可以选择适用简易计税方法计税。

三、销售自产、外购设备并安装的涉税问题

在实务中，部分建筑安装企业在承揽的工程项目中使用了自产的机器设备，这类"销售自产设备＋建筑安装服务"模式，不属于混合销售，应分别核算货物销售和建筑安装服务的销售额。

若是外购的机器设备并提供安装，则需要根据企业的主业属于销售货物还是销售服务的纳税人，判断适用哪一种增值税税率。理论上按照混合销售计税，特定情况下可以分别核算计税，安装部分可以选择适用简易计税方法计税。

（一）销售自产的设备并安装

《国家税务总局关于明确中外合作办学等若干增值税征管问题的公告》（国家税务总局公告 2018 年第 42 号）（以下简称国家税务总局公告 2018 年第 42 号）第六条第一款规定："一般纳税人销售自产机器设备的同时提供安装服务，应分别核算机器设备和安装服务的销售额，安装服务可以按照甲供工程选择适用简易计税方法计税。"

首先，一项销售行为如果既涉及货物又涉及服务定为混合销售；其次，对已经按照规定分别核算设备销售额与安装销售额分别计税的，对安装部分给予优惠，允许按照"甲供工程"选择适用简易计税方法计税。注意，只要属于销售自产的机器设备并提供安装服务的，必须分别核算设备销售和安装的销售额。当然，安装服务也可以选择适用一般计税方法计税，由纳税人自行选择。

【案例 8-5】 铁蛋电梯公司为增值税一般纳税人，生产的电梯主要以住宅电梯、别墅电梯为主。2024 年 10 月，该公司购进原材料取得各类增值税专用发票，发票上注明价款 1 000 万元、税额 130 万元；当月与某地产公司签订了一份住宅电梯销售合同，电梯含税总价 1 695 万元、安装费含税价格 103 万元，该批电梯均为自产。假定不考虑其他因素，铁蛋电梯公司该月应缴纳的增值税是多少。

分析：铁蛋电梯公司销售自产的电梯并负责安装，属于纳税人"销售自产货物＋建筑安装"模式，必须分别核算机器设备的销售额和安装服务的销售额，且分别计算增值税。安装服务销售额可以选择简易计税方法计税，也可以选择适用一般计税方法。假设铁蛋电梯公司安装服务部分选择适用简易计税方法，2024 年 10 月应缴纳的增值税＝［1 695÷（1＋13％）］×13％＋［103÷（1＋3％）］×3％－130＝68（万元）。

（二）销售外购的设备并安装

一般纳税人销售外购机器设备的同时提供安装服务，如果已经按照兼营的有关规定，分别核算机器设备和安装服务的销售额，安装服务可以按照甲供工程选择适用简易计税方法计税。

上述情形又分两种情况：一是纳税人未分别核算机器设备和安装服务的销售额，应按照混合销售的有关规定，确定其适用税目和税率；二是纳税人已按照兼营的有关规定，分别核算机器设备和安装服务的销售额，同样可以将此机器设备视为"甲供"机器设备，将纳税人提供的安装服务视为甲供工程提供的安装服务，选择适用简易计税方法计税。

【案例 8-6】 铁蛋电梯工程有限公司为增值税一般纳税人，具有建筑机电类专业承包资质，主营乘客电梯、载货电梯、杂物电梯、自动扶梯、自动人行道的安装和维修。2025 年 1 月，该公司与某妇幼保健医院签订了一份电梯安装合同，合同总价 48.4 万元（以上价格包含税费、楼板开洞与整体结构加固、钢结构焊接井道安装、电梯设备及安装、运输、检验费），合同约定的电梯型号为 GEB1600/1.5。合同约定的付款条件：电梯安装调试完成，在通过当地负责特种设备安全监督管理的部门验收合格后，甲方按照合同要求向乙方支付全款，乙方收到合同规定的款额后，甲、乙双方办理电梯移交手续。在此之前，甲方不得擅自使用电梯。铁蛋电梯公司如何缴纳增值税？

分析：笔者认为，上述案例并不属于国家税务总局公告 2018 年第 42 号第六条规定的，一般纳税人销售外购机器设备并提供安装，要分别核算、分别计税。铁蛋电梯工程有限公司属于建筑安装企业，这份合同属于一项销售行为如果既涉及货物又涉及服务，应为混合销售按照其主业"建筑服务"缴纳增值税，全部开具 9%"建筑服务"发票。在实务中，如果业主方要求上述合同按照货物销售全部开具 13% 的发票，可否按此要求开具呢？在投标组价环节双方一定要明确沟通，按照货物销售招标并约定相关事项，在签订合同时注意价税分离、约定税率。

【案例 8-7】 钢蛋电梯销售公司（增值税一般纳税人），主营电梯销售与安装。于 2025 年 2 月通过公开招标中标某地街道办事处电梯采购项目。双方签订的电梯销售与安装合同关于电梯型号、数量及价格约定见表 8-1。

表 8-1　电梯型号、数量及价格表

金额单位：元

群控组名	梯名	型号	技术规格		台量	设备单价	设备小计
无机房客梯	L1	GeN2-V	速度	1.0 米/秒	1	100 000	100 000
			载重	630 公斤			
			层/站/门	2 层/2 站/2 门			
			提升高度	8.0 米			
电梯总价（人民币大写）：⊗壹拾万元整					1		100 000

同时，约定钢蛋电梯销售公司在本合同签订完一个月内将甲方所购电梯运送至指定地点，并委托钢蛋电梯销售公司对该电梯设备进行安装，安装期限为 2025 年 4 月 1 日至 2025 年 4 月 30 日。收费价格见表 8-2。

表 8-2 设备型号、数量及安装费价格表

金额单位：元

群控组名	梯名	型号	技术规格		台量	安装费	安装费合计
无机房客梯安装	L1	GeN2-V	速度	1.0 米/秒	1	20 000	20 000
			载重	630 公斤			
			层/站/门	2 层/2 站/2 门			
			提升高度	8.0 米			
安装总价（人民币大写）：⊗贰万元整					1	20 000	20 000

双方约定，上述电梯销售价格和安装费已经包含增值税。

钢蛋电梯销售公司应当如何缴纳增值税？

分析：上述案例中的钢蛋电梯销售公司属于从事货物的生产、批发或者零售的一般纳税人，如果没有特定政策，上述案例属于一项销售行为既涉及货物又涉及服务的混合销售行为，电梯销售额和安装销售额应该按照销售货物税率 13% 计算缴纳增值税。但是，根据国家税务总局公告 2018 年第 42 号第六条第二款规定，钢蛋电梯销售公司已经按照兼营的有关规定，分别核算机器设备和安装服务的销售额，安装服务可以按照甲供工程选择适用简易计税方法计税。因此，钢蛋电梯销售公司电梯销售额按照 13% 计税，安装费销售可以按照简易计税方法的征收率 3% 计税，也可以按照一般计税方法的税率 9% 计税。

（三）机器设备的维护保养

根据国家税务总局公告 2018 年第 42 号第六条第三款规定："纳税人对安装运行后的机器设备提供的维护保养服务，按照'其他现代服务'缴纳增值税。"

【案例 8-8】 铁蛋设备公司（增值税一般纳税人）于 2025 年 2 月承接了某个办公大楼电梯维护保养业务，服务期限 2 年零 10 个月，合同总价 136 000 元，合同价格为含税价，所有税费均由铁蛋设备公司自行承担。合同约定服务内容：确保办公大楼内两台电梯的正常运行，配合该大楼业主实施年检，保证采购方所有电梯通过检查并取得相关合格证书；每月对每台电梯进行两次检查保养，保养符合行业安全运行标准要求；保养完毕后，将保养清单交付采购方有关部门签字认可；保养任务的完成与否，以保养清单事项内容为准；承接主体自行提供保养所需的清洁材料由保养单位提供；电梯发生故障时，承接主体必须在 30 分钟内赶到现场解决问题。铁蛋设备公司在提供维保服务的过程中需要维修、更换核心配件，则相关费用不在合同服务范围内，双方应另外签订协议。

铁蛋设备公司应当如何缴纳增值税？合同服务价格清单见表 8-3。

表 8-3　合同服务价格清单

维保单位：铁蛋设备公司　　　　　　　　　　　　　　　　　　金额单位：元

年度	服务名称	月单价	台数	服务月数	服务费
2025 年度		400		10	40 000
2026 年度	电梯维保服务	400	10	12	48 000
2027 年度		400		12	48 000
合计			10	34	136 000

分析：上述案例的服务内容仅包含电梯维保服务，按照国家税务总局公告 2018 年第 42 号第六条第三款的规定，铁蛋设备公司应按照其他现代服务缴纳增值税。同时，上述案例中铁蛋设备公司与业主方签订的合同未价税分离、未约定税率，结算时恐引争议。

【案例 8-9】　铁蛋设备公司（增值税一般纳税人）于 2025 年 1 月 1 日承揽某企业办公大楼高压配电房设备维护保养服务，合同总价为 20 万元，合同约定的服务期限一年。合同约定乙方负责全套设备的维护保养工作，保障高压配电房设备的正常满足生产使用。本项目维护过程所需的维护设备、工器具，维修过程产生的备品、备件由乙方自行提供。铁蛋设备公司可否按照"其他现代服务"缴纳增值税？

分析：根据国家税务总局公告 2018 年第 42 号第六条第三款规定的机器设备维护保养服务，指的是对安装完成并运行的机器设备进行日常清洁、润滑等保养服务，才可按其他现代服务适用 6% 的税率计税。上述案例合同约定的服务范围已经超越了维护保养的范畴，包含维修事项且由乙方承担维修配件、备件费用，应当属于修理修配适用的增值税税率为 13%。上述案例，若将其中维护保养约定修改为"乙方在维护过程所需的维护设备、工器具，由乙方自行解决；若需要维修，维修过程产生的备品、备件由甲方提供，维修费用另算（不包含在本合同服务范围内）"，则应当属于机器设备维护保养服务，可按照"其他现代服务"缴纳增值税。

四、自产自销部分建材的特定税收优惠

在实务中，部分行业再生资源符合相关政策的可以享受增值税即征即退。再生资源，是指在社会生产和生活消费过程中产生的，已经失去原有全部或部分使用价值，经过回收、加工处理，能够使其重新获得使用价值的各种废弃物。其中，加工处理仅限于清洗、挑选、破碎、切割、拆解、打包等改变再生资源密度、湿度、长度、粗细、软硬等物理性状的简单加工。

（一）利用废旧沥青再生沥青或可享受增值税即征即退优惠

《财政部 税务总局关于完善资源综合利用增值税政策的公告》（财政部 税务总局公告2021年第40号）（以下简称财政部 税务总局公告2021年第40号）第三条规定："增值税一般纳税人销售自产的资源综合利用产品和提供资源综合利用劳务（以下称销售综合利用产品和劳务），可享受增值税即征即退政策。……"

财政部 税务总局公告2021年第40号第三条第一项规定："综合利用的资源名称、综合利用产品和劳务名称、技术标准和相关条件、退税比例等按照本公告所附《资源综合利用产品和劳务增值税优惠目录（2022年版）》（以下称《目录》）的相关规定执行。"上述《目录》清单中，包含综合利用的资源名称、综合利用产品和劳务名称、技术标准和相关条件、退税比例等。《目录》列示了增值税即征即退政策的退税比例，按不同项目对应关系，设置了100%、90%、70%、50%、30%五档。

部分以道路施工为主业的建筑企业，可能存在兼营业务。例如，生产沥青混凝土。若建筑企业在道路施工过程中使用了自产的沥青混凝土，除了要注意前述"销售自产货物＋建筑安装"模式的涉税问题外，还应关注再生沥青的税收优惠政策。部分自产的沥青混凝土的原料为废旧沥青的，即利用废旧沥青混凝土再生沥青混凝土的，若符合相关技术标准和条件规定，可以享受增值税即征即退50%的优惠政策。上述的"相关技术标准和条件"，主要

包括两项：第一，再生沥青混凝土产品原料 30％以上来自废旧沥青混凝土；再生沥青混凝土产品符合《再生沥青混凝土》(GB/T 25033—2010) 规定的技术要求。

（二）享受资源综合利用项目增值税即征即退的条件

根据财政部 税务总局公告 2021 年第 40 号第三条第二项对享受资源综合利用增值税即征即退的条件已经做了明确规定包括取得发票要求、建立再生资源收购台账要求、环保红线要求、纳税信用等级要求、税收违法限制等条件，必须同时满足相关条件才可申请享受。

【案例 8-10】 铁蛋路面施工公司以道路施工为主业，同时兼营沥青混凝土的生产与销售。铁蛋公司部分混凝土的生产原料为废旧沥青。假设铁蛋公司所生产的沥青混凝土符合财政部 税务总局公告 2021 年第 40 号的相关规定，可以享受增值税即征即退的政策。铁蛋公司取得增值税即征即退金额 10 万元，会计处理如下。

借：银行存款 100 000

 贷：其他收益——即征即退 100 000

笔者提醒，上述一般纳税人的相关业务增值税即征即退，以及小规模纳税人满足相关条件的免征增值税优惠属于财政补助，但取得增值税的留抵退税款不属于财政补助，不能按照上述分录进行会计处理。符合条件的企业在取得增值税留抵退税款时，应借记"银行存款"科目，贷记"应交税费——应交增值税（进项税额转出）"科目。

（三）利用废旧沥青再生沥青可以选择适用简易计税

财政部 税务总局公告 2021 年第 40 号第一条规定："从事再生资源回收的增值税一般纳税人销售其收购的再生资源，可以选择适用简易计税方法依照 3％征收率计算缴纳增值税，或适用一般计税方法计算缴纳增值税……"

1. 销售再生资源选择适用简易计税方法应符合的条件

注意，并不是所有再生资源业务都可以选择适用简易计税方法计税，有一定限制。根据财政部 税务总局公告 2021 年第 40 号第一条第二项规定："纳税人选择适用简易计税方法，应符合下列条件之一：1. 从事危险废物收集的纳税人，应符合国家危险废物经营许可证管理办法的要求，取得危险废物经营许可证。2. 从事报废机动车回收的纳税人，应符合国家商务主管部门出台的报废机动车回收管理办法要求，取得报废机动车回收拆解企业资质认定证书。3. 除危险废物、报废机动车外，其他再生资源回收纳税人应符合国家商务主管部门出台的再生资源回收管理办法要求，进行市场主体登记，并在商务部门完成再生资源回收经营者备案。"

2. 选择简易计税与一般计税方法的考量

从事再生资源回收的增值税一般纳税人企业销售其收购的再生资源，符合条件的既可以选择适用简易计税方也可以选择适用一般计税方法计税计算缴纳增值税。

【案例 8-11】 铁蛋路面分包工程公司（增值税一般纳税人）主营道路施工，兼营沥青混凝土生产销售，包含利用废旧沥青生产再生沥青混凝土。某月，对外销售了 500 万元废旧沥青生产再生沥青混凝土，并开具了增值税专用发票，当月取得符合抵扣条件的增值税进项税额为 40 万元。假设再生沥青符合增值税即征即退优惠政策的要求，铁蛋公司当月应缴纳的增值税如何计算？

分析：若该公司选择一般计税方法计税，则

当月增值税应纳税额＝500×13％－40＝25（万元）

若选择简易计税方法计税，则

当月的增值税应纳税额＝500×3％＝15（万元）

其进项税额为 40 万元不予抵扣。

从上述案例分析可知，该公司在从事再生资源业务之前应该充分测算能够取得的废料购进对应的进项税额，若能够取得的废料购进进项税额较大，可以选择适用一般计税；若能够取得的废料购进进项税额较小，则应选择适用简易计税方法。

第九讲　园林绿化施工与植物养护服务的涉税问题

园林绿化施工与植物养护服务是现代城市建设中不可或缺的一环，它不仅关系到城市的美观程度，更影响着城市的生态环境和居民的生活品质。本讲我们将对园林绿化施工涉税、植物养护涉税处理、农产品抵扣凭证管理、农产品抵扣的纳税申报详细解析。

一、园林绿化施工服务

园林，是指利用工程学和艺术学的方法，在特定的区域内，利用改变地貌（或进一步筑山、叠石、理水）种植花草树木，建造建筑，布置园路，创造出一片美丽的休闲场所。花园包括了庭园、宅园、小游园、花园、公园、植物园、动物园、森林公园、自然保护区等。园林绿化工程指的是建造风景园林绿地的工程，具体内容有：园林建筑工程、土方工程、园林筑山工程、园林理水工程、园林铺地工程、绿化工程、花卉种植工程等。

（一）园林工程及分部工程

2017 年 4 月 13 日，《住房城乡建设部办公厅关于做好取消城市园林绿化企业资质核准行政许可事项相关工作的通知》（建办城〔2017〕27 号），正式取消园林绿化企业资质核准，各级住房城乡建设（园林绿化）主管部门不得以任何方式，强制要求将城市园林绿化企业资质或市政公用工程施工总承包等资质作为承包园林绿化工程施工业务的条件。在实务中，从事园林绿化工程施工业务的企业一般拥有市政公用工程施工总承包资质。市政公用工程，一般包括给水工程、排水工程、燃气工程、热力工程、道路工程、桥梁工程、城市隧道工程（含城市规划区内的穿山过江隧道、地铁隧道、地下交通工程、地下过街通道）、公共交通工程、轨道交通工程、环境卫生工程、照明工程、绿化工程。

园林绿化施工属于园林工程中的一个分部工程。《园林绿化工程工程量计算标准》（GB/T 50858—2024）规定园林工程分为三个分部工程：绿化工程，园路、园桥工程，园林景观工程。每个分部工程又分为若干个子分部工程，每个子分部工程又分为若干个分项工程，每个分项工程有一个项目编码，园林工程分部分项划分见表 9-1。

表 9-1　园林工程分部分项划分表

分部工程	子分部工程	分项工程
绿化工程	绿地整理	砍伐乔木、植被清理、栽植土回填、栽植土换填、整理绿化用地、绿地起坡造型、栽植设施顶面找平层、栽植设施顶面防水阻根层、栽植设施顶面排水层、栽植设施顶面过滤层、栽植设施立面基层处理、立体造型种植（绿雕）骨架、绿地排水层、边坡绿化挂网、钢索、土壤改良
	移植花木	移植乔木、移植单株灌木、移植成片灌木、移植绿篱、移植散生竹、移植丛生竹、移植棕榈类、移植花卉、地被植物、移植单株水生植物、移植单丛水生植物、移植片植水生植物
	栽植花木	栽植乔木、栽植单株灌木、片植灌木、栽植绿篱、栽植散生竹、栽植丛生竹、栽植棕榈类、栽植攀缘植物、栽植花卉（地被植物）、栽植单株水生植物、栽植单丛水生植物、片植水生植物、设施立面绿化种植、立体造型（绿雕）种植、铺种草皮、播植草（灌木）籽、植草砖（格）孔内植草、植生格（板）种植、柔性生态袋种植、植生毯种植、箱（钵）栽植、槽栽植
	绿地灌溉系统	绿地灌溉管线安装、绿地灌溉配件安装、绿地灌溉调节控制器安装、雨水回收系统
园路、园桥工程	园路、园桥工程	园路垫层、园路找平层、园路面层、地面垫层、地面找平层、硬质地面面层、橡塑地面面层、木（竹、塑木）地面面层、植草砖（格）地面、踏（蹬）道、路牙、排水沟、树池围牙、树池盖板箅子、树池覆盖、桥基础、石桥墩（石桥台）、拱券石、石券脸、金刚墙、石桥面、石桥面檐板、汀步（步石、飞石）、木制步桥、栈道
	驳岸、护岸（坡）	石（卵石）砌驳岸、原木桩驳岸、满（散）铺砂卵石护岸、点（散）布大卵石、混凝土框格护岸（坡）
园林景观工程	堆塑假山	堆筑土山丘、堆砌石假山、塑假山、石笋、点风景石、池（盆景）置石、山坡石（卵石）台阶
	原木、竹构件	原木（带树皮）柱、梁、檩、椽；原木（带树皮）墙；树枝吊挂楣子；竹（复合型竹柱）、梁、檩、椽；竹编墙；竹吊挂楣子
	亭廊屋面	草屋面、竹屋面、树皮屋面、瓦屋面、预制混凝土穹顶、彩色压型钢板（夹芯板）攒尖亭屋面板、彩色压型钢板（夹芯板）穹顶、玻璃屋面、木（防腐木）屋面、膜结构屋面
	花架	现浇混凝土花架柱、梁；预制混凝土花架柱、梁；金属花架柱、梁；木花架柱、梁；竹花架柱、梁
	园林桌椅	预制钢筋混凝土飞来椅；水磨石飞来椅；木（竹）制飞来椅；成品桌（凳、椅）安装；桌（凳、椅）制安；塑树根桌（凳）；塑树节椅

分部工程	子分部工程	分项工程
园林景观工程	喷泉安装	喷泉（雾森管道）、喷泉（雾森电缆）、水下艺术装饰灯具、电气控制柜、喷泉（雾森设备）
	杂项	石灯、石球、塑仿石音箱、塑树皮、塑竹、栏杆（栏板）、围栏、标志牌、景墙、砌石挡墙、宾格挡墙、景窗、花饰、博古架、花盆（坛、箱）、摆花、花池、垃圾箱、砖石砌小摆设、其他景观小摆设、水池柔性池底

本节我们只针对园林绿化施工业务展开，其他园林工程作业暂不展开论述。

（二）园林绿化施工服务的财税处理

1. 园林绿化施工适用的税目与税率

园林绿化工程，是指新建、改建、扩建公园绿地、防区域绿地，城市生态和景观影护绿地、广场用地、附属绿地，以及对城市生态和景观影响较大建设项目的配套绿化，主要包括园林绿化植物栽植、地形整理园林设施设备安装及园林建筑、花坛、园路、水系、喷泉、假山、雕塑、绿地广场、驳岸、园林景观桥梁等。绿化工程，是指树木、花卉、草坪、地被植物等的种植工程。

园林绿化施工属于增值税应税范围中的"其他建筑服务"。其他建筑服务是指工程服务、安装服务、修缮服务、装饰服务之外的各种工程作业服务，如钻井（打井）、拆除建筑物或者构筑物、平整土地、园林绿化、疏浚（不包括航道疏浚）、建筑物平移、搭脚手架、爆破、矿山穿孔、表面附着物（包括岩层、土层、沙层等）剥离、清理等工程作业。

建筑企业提供园林绿化施工服务适用的增值税税率为 9%，简易征收率为 3%。若为增值税小规模纳税人适用简易计税方法计税；若为增值税一般纳税人适用一般计税方法计税，但以清包工方式、甲供材工程、老项目提供的建筑服务，可以选择适用简易计税方法计税。

2. 园林绿化施工项目的会计处理

在会计处理上，园林绿化施工业务与其他建筑工程项目的处理并无差异，在收入、成本的确认与工程计价等方面使用的会计科目均一致。

【案例 9-1】　铁蛋园林工程公司为增值税一般纳税人。2024 年 2 月，该公司与某实业公司签订了一份跨省施工的数字产业园园区绿化施工合同，合同工期为 2025 年 1 月 1 日至 2026 年 2 月 28 日。该项目合同总金额 1 090 万元，适用一般计税方法计税。2025 年 1 月，该公司从当地郊区某农民专业合作社购进了一批其自产的苗木和草皮全部价款 100 万元，款项已支付并取得对方开具的免税增值税普通发票；全部苗木和草皮已在当月种植完毕；铁蛋园林公司将该园区绿化施工的专业作业分包给了某钢蛋劳务分包公司，当月发生专业作业分包费 154.5 万元，双方已办理月度工作量结算，按照合同约定付款比例向其支付了 103 万元分包款，取得其开具的征收率为 3% 的品名为"建筑服务"等额发票；当月发生机械租赁费 79.1 万元，款项尚未支付。但已取得设备租赁商开具的经营租赁增值税专用发票 79.1 万元（其中价款 70 万元，增值税额 9.1 万元）。当月完成的产值已报送业主方，业主计价金额为 348.8 万元（价款 320 万元，销项税额 28.8 万元），发票已按计价金额开具，但款项尚未收到。

　　假设铁蛋园林公司执行《企业会计准则》，该项目预计总收入为 1 000 万元，预计总成本为 800 万元；当月测算的累计履约进度为 40%。假设公司和项目所在地的附加税费费率一致，城市维护建设税税率为 5%、教育附加费 3%、地方教育附加 2%。假设该项目当月首次确认合同收入与合同成本，不考虑其他因素，铁蛋园林公司针对上述经济业务应如何进行财税处理？

　　分析：①当月应确认合同收入 = 1 000×40% − 0 = 400（万元）；

　　②当月应结转合同成本 = 800×40% − 0 = 320（万元）；

　　③当月应交增值税额 = 28.8 − 100×9% − 3 − 9.1 = 7.7（万元）；

　　④当月在项目地应预交税额 =（348.8 − 103）÷（1 + 9）×2% = 4.51（万元）；

　　⑤当月在机构地应纳税额 = 7.7 − 4.51 = 3.19（万元）。

（1）购进合作社自产自销苗木、草皮。

借：原材料——苗木、草皮　　　　　　　　　　　　1 000 000

　　贷：银行存款　　　　　　　　　　　　　　　　　　1 000 000

（2）计算可抵扣的自产自销免税苗木、草皮的进项税额。

借：应交税费——应交增值税（进项税额）　　　　　　90 000

　　贷：原材料——苗木、草皮　　　　　　　　　　　　　90 000

（3）领用、种植苗木、草皮。

借：合同履约成本——工程施工——材料费　　　　　910 000

　　贷：原材料——苗木、草皮　　　　　　　　　　　　　910 000

（4）发生劳务分包成本及支付分包进度款。

借：合同履约成本——工程施工——材料费　　　　1 500 000

　　应交税费——应交增值税（进项税额）　　　　　30 000

　　其他应付款——待取得进项税额①　　　　　　　15 000

　　贷：银行存款　　　　　　　　　　　　　　　　1 030 000

　　　　应付账款　　　　　　　　　　　　　　　　　515 000

（5）发生机械租赁费。

借：合同履约成本——工程施工——机械费　　　　　700 000

　　应交税费——应交增值税（进项税额）　　　　　91 000

　　贷：应付账款　　　　　　　　　　　　　　　　　791 000

（6）在项目地预缴增值税。

借：应交税费——预交增值税　　　　　　　　　　　45 100

　　贷：银行存款　　　　　　　　　　　　　　　　　45 100

（7）确认合同收入、结转合同成本。

借：主营业务成本　　　　　　　　　　　　　　　3 200 000

　　贷：合同履约成本——工程施工——人工费　　　1 500 000

　　　　　　　　——工程施工——材料费　　　　1 000 000

　　　　　　　　——工程施工——机械费　　　　　700 000

借：合同结算——收入结转　　　　　　　　　　　4 000 000

　　贷：主营业务收入　　　　　　　　　　　　　　4 000 000

（8）业主进行工程计价。

借：应收账款——进度款　　　　　　　　　　　　3 488 000

　　贷：合同结算——价款结算　　　　　　　　　　3 200 000

　　　　应交税费——应交增值税（销项税额）　　　　288 000

---

① 该会计处理不是财政部官方要求，为笔者个人观点。对于已发生成本但尚未取得发票的业务，按照不含税的暂估金额计入成本费用等科目，对税费部分也应当进行核算，债务金额才能更加精准。

（9）计算当期增值税应纳税额。

借：应交税费——应交增值税（转出未交增值税）　77 000

　　贷：应交税费——未交增值税　　　　　　　　　　　77 000

借：应交税费——未交增值税　　　　　　　　　45 100

　　贷：应交税费——预交增值税　　　　　　　　　　45 100

（10）次月申报缴纳当期应交未交的增值税。

借：应交税费——未交增值税　　　　　　　　　31 900

　　贷：银行存款　　　　　　　　　　　　　　　　　31 900

二、植物养护服务适用增值税税目与税率

绿化养护，是指对绿地内植物采取的整形修剪、松土除草、灌溉与排水、施肥、有害生物防治、改植与补植、绿地防护（如防台风、防寒）等技术措施。例如，草坪和绿篱修剪；给绿植施肥、喷药灭虫、清除杂草等。

在增值税征收管理上，植物养护与园林绿化施工不同，对已经种植完毕的植物进行养护管理不属于其他建筑服务。根据国家税务总局公告 2017 年第 11 号第五条规定，纳税人提供植物养护服务，按照"其他生活服务"缴纳增值税。因此，植物养护中可能还包括各类因素造成树木刮倒、绿篱草坪损坏，不需复种复植的修复处理。若需要复种、复植的，特别是复种（植）面积较大、数量较多的，在税收上不应直接认定为植物养护，恐涉及农林产品销售或园林绿化施工服务。复种、复植的面积如果特别大或数量比较多的，建议咨询公司所在地的主管税务机关。

【案例 9-2】　2024 年 10 月，铁蛋园林绿化工程公司（增值税一般纳税人）与某地大学签订了一份校园绿化养护服务合同，养护期限自 2025 年 1 月 1 日至 2025 年 12 月 31 日，合同总金额 550 413.54 元。合同约定绿化养护管理范围：院内所有绿化园林植物的管理、养护，院内林地管理，绿化垃圾外运，花棚的管理和维护，室内外盆花培育、摆设、撤回、管理等工作（具体养护树木、花卉及绿化面积在合同附表中单独列示），负责提供学校重大活动装饰用花和办公场所用花。

分析：上述案例只约定了总价款，合同金额未进行价税分离，未约定增值税税率和税款，在结算时恐惹争议。通过合同约定的绿化养护内容可知，

大部分属于植物养护服务，应按照"其他生活服务"缴纳增值税向该项目业主方开具税率为6%的"＊生活服务＊植物养护"发票。但是合同又约定了铁蛋园林公司"负责提供学校重大活动装饰用花和办公场所用花"，笔者认为应当属于销售花卉，属于享受农林产品了，应当适用的税率应该为9%，开具"＊花卉＊装饰用花"、"＊花卉＊花卉"等发票，不适用国家税务总局公告2017年第11号规定的植物养护范围。

【案例9-3】 2024年10月，铁蛋电力安装公司（增值税一般纳税人）与该市国网电力公司（增值税一般纳税人）签了一份行道树修剪的技术服务合同，主要负责修建道路两侧遮挡住电缆电线的树枝。铁蛋电力安装公司又将该业务转包给了该地市政公司（增值税一般纳税人）。铁蛋电力安装公司向该国网电力公司开具了税率为6%的"＊现代服务＊技术服务"发票，市政公司向铁蛋电力安装公司开具了税率为6%的"＊生活服务＊植物修剪"发票。上述对行道树修剪业务属于"生活服务"还是"现代服务"？

分析：在实务中，部分观点认为上述案例中对行道树枝的修剪业务应当属于国家税务总局公告2017年第11号规定的"植物养护服务"，铁蛋电力安装公司向该市国网电力公司开具的发票与该地市政公司向其开具的发票品名及税率应一致，即税率为6%的"其他生活服务"发票。

笔者认为，根据上述案例描述对行道树枝提供修剪服务的目的并不是养护植物，而是出于电线电缆线路的安全需求考虑。因此，不应认定为"其他生活服务"，而应该认定为"现代服务"。当然，无论认定为"其他生活服务"还是"现代服务"，上述业务对应的增值税税率均为6%（小规模纳税人适用征收率3%）。笔者建议，企业发生上述业务时，以公司所在地的主管税务机关的指导意见为准。

三、工程项目使用自产植物的涉税事项

部分园林绿化企业提供施工服务的同时兼营苗木种植销售业务，可能存在施工过程中使用自产的农林产品的情况。建筑企业在施工过程中使用自产的农林产品，不能按照混合销售全部开具税率为9%的"建筑服务"发票，应当按照销售农产品和建筑安装分别纳税，当然如果销售自产农产品放弃享受免征增值税优惠政策，销售自产的农林产品适用的增值税税率也是9%。

若在一份施工合同中分别载明自产的农产品金额及建筑安装金额，适用自产农产品免税和9％建筑服务税率，恐引计价与计税争议。

【案例9-4】 2025年3月，铁蛋建工集团公司（增值税一般纳税人）拟投标该地城投公司（增值税一般纳税人）的一个湿地公园施工总承包工程，工期为两年。该工程的总投资预计20 000万元；其中建筑施工占比16 000万元，树木、苗木、花卉占比约3 000万元，包含1年期的植物养护（养护期为竣工验收合格后一年）。假设铁蛋建工集团有一个苗圃，该项目所需全部农林产品均可自己供应。

上述合同如何签订最合适？在无法主导合同签订方式时，是否有其他方式优化业务？

分析：上述案例，笔者在讲授线下课程时有些建筑企业财务人员咨询是否可以拆分为两份合同，即签订农林产品销售合同和清包工劳务合同，其理由是这类方式对建筑企业最有利。这种做法在实务中很难落地，原因是建筑企业在整个业务链条拆分合同难度较大。业主不可能为了施工方的税收筹划而进行两次招标或者办理两个合同审批签订流程，除非建筑企业能让利。

上述园林工程施工项目的含税总价已经确定，即20 000万元（2亿元），若铁蛋建工集团中标，则涉及绿化施工、销售自产农产品、植物养护三个业务，应分别适用不同税率。若未分别列示不同业务的合同金额，则全部适用"建筑服务"税率9％，对铁蛋建工集团理论上确实不利，直接影响增值税税负，间接影响企业会计利润。既然不能拆分合同，那就考虑谈判在一份合同中分别列明不同业务的金额。第一，销售自产农产品销售适用的税率为9％，同时按照可以享受免征增值税的优惠，且业主方作为一般纳税人取得铁蛋建工集团开具的农产品销售发票（免税）可以按照9％扣除率计算抵扣进项税额。第二，该项目合同总价中包含了一年期的植物养护服务，若单独签订合同或单独列示合同金额，可以按照国家税务总局公告2017年第11号第五条规定，按照"其他生活服务"缴纳增值税，适用税率为6％。因此，铁蛋建工集团若拟投标该项目，应与该项目甲方充分沟通合同金额分别列示，以免产生计价与计税的矛盾。若铁蛋建工集团自产自销农产品部分无法从总金额中拆分出来，至少植物养护的金额应当单独列示。无法与甲方沟通分别列明不同业务金额以达到计价与计税一致的，可以考虑是否可以利用一定空间的不平衡报价对税差损失进行弥补。

此外，笔者建议建筑施工企业主体公司的业务不宜过度多元化。例如，农林产品的种植与销售完全可以剥离到子公司进行操作，既能满足建筑企业承揽此类项目时计税与计价的一致性，不容易出现税费利空的情形，也能确保自产自销农产品业务享受免征增值税的优惠。

四、农林产品的增值税抵扣管理与纳税申报

在实务中，园林绿化施工项目一般会涉及采购农林产品。例如，城市道路隔离带绿化、住宅小区绿化、山体边坡绿化、矿山复绿等施工作业均需要采购苗木、草皮等农林产品。农林产品增值税抵扣与纳税申报涉及多个环节，建筑企业园林绿化施工项目需充分了解相关政策，按照规定抵扣进项税额和进行纳税申报。

（一）农产品进项税额抵扣政策与采购比价

1. 农产品的界定

农业生产者销售的自产农业产品，是指直接从事植物的种植、收割和动物的饲养、捕捞的单位和个人销售的注释所列的自产农业产品；对上述单位和个人销售的外购的农业产品，以及单位和个人外购农业产品生产、加工后销售的仍然属于注释所列的农业产品，不属于免税的范围，应当按照规定税率征收增值税。

农业产品是指种植业、养殖业、林业、牧业、水产业生产的各种植物、动物的初级产品。植物类包括人工种植和天然生长的各种植物的初级产品。植物类包括"其他植物"，所谓的"其他植物"是指除上述列举植物以外的其他各种人工种植和野生的植物，如树苗、花卉、植物种子、植物叶子、草、麦秸、豆类、薯类、藻类植物等。

2. 如何判断销售方是否属于自产自销农产品

建筑企业取得免税农产品销售发票时，财务管理部门很难直接判断销售方是否属于自产的农产品、是否可以享受免税政策。除了根据销售方名称及营业执照上的经营范围以外，无法在短时间内通过其他途径判定发票上标明的农产品是否属于其自产。笔者建议，建筑企业在与农产者签订买卖合同时，

应该在合同中作如下约定:"销售方销售给购买方的苗木、草皮等农林产品只有属于销售方自产的,才可以向购买方开具免税发票;如属于销售方外购再销售的农林产品,销售方必须按照规定税率向购买方开具相应发票,如开票有误,给购买方造成的损失由销售方承担。"

数字化电子发票时代,购买方开具农产品收购发票和销售方开具自产农产品销售发票,必须向其主管税务机关申请对应性质:电票平台开具农产品收购、自产农产品销售发票,需要先向主管税务机关申请认定对应的企业性质;开票时,选择特定业务标签,此时开具的发票才标记为农产品发票。若没有选择特定业务标签,直接开具农产品类商品和服务税收分类编码的发票,不会标记为农产品发票。

税务机关的上述管理措施,对免税农产品销售发票的受票方而言无疑是一个利好举措。虽然受票方无须再消耗精力去辨别销售方是否属于自产自销农产品,但是依然需要在合同中对销售方滥开免税发票行为及影响做约定。

3. 取得不同税率(征收率)农产品发票如何抵扣

《财政部 税务总局关于简并增值税税率有关政策的通知》(财税〔2017〕37号)第二条规定,"纳税人购进农产品,按下列规定抵扣进项税额:(一)除本条第(二)项规定外,纳税人购进农产品,取得一般纳税人开具的增值税专用发票或海关进口增值税专用缴款书的,以增值税专用发票或海关进口增值税专用缴款书上注明的增值税额为进项税额;从按照简易计税方法依照3%征收率计算缴纳增值税的小规模纳税人取得增值税专用发票的,以增值税专用发票上注明的金额和11%①的扣除率计算进项税额;取得(开具)农产品销售发票②或收购发票的,以农产品销售发票或收购发票上注明的农产品买价和11%的扣除率计算进项税额。……"

根据上述文件关于农产品进项税额的抵扣规定,可以总结建筑企业取得农林产品抵扣进项税额的五个规律。

---

① 在撰写书稿时引用的文件均展示原文内容,涉及税率变化的以脚注内容为准。《财政部 税务总局 海关总署关于深化增值税改革有关政策的公告》(财政部 税务总局 海关总署公告2019年第39号)第二条规定:"纳税人购进农产品,原适用10%扣除率的,扣除率调整为9%。纳税人购进用于生产或者委托加工13%税率货物的农产品,按照10%的扣除率计算进项税额。"

② 《财政部 税务总局关于简并增值税税率有关政策的通知》(财税〔2017〕37号)第二条第六项规定:"《中华人民共和国增值税暂行条例》第八条第二款第三项和本通知所称销售发票,是指农业生产者销售自产农产品适用免征增值税政策而开具的普通发票。"

（1）如果取得应税的增值税普通发票即票面税率栏显示税率（9%）或征收率（3%、1%）的普通发票，一律不得抵扣。

（2）如果取得应税的增值税专用发票，需要区分票面税率、征收率进行抵扣。如果取得票面税率为9%的增值税专用发票，直接按照票面税额勾选确认抵扣；如果取得票面税率为3%的增值税专用发票，按照票面注明的不含税金额和9%的扣除率计算抵扣。

（3）如果取得自产自销农产者开具的免税普票，或购买方向其开具的免税收购发票，则按照票面买价和9%的扣除率计算抵扣。注意计算抵扣时，无须再将票面买价进行价税分离，因为票面买价本身就是不含税的金额。这类免税农产品增值税普通发票在税率上一般显示为"免税"，在税额栏上显示的是"＊＊＊"。

（4）取得批发零售环节等非自产自销农产品的免税普票，一律不得计算抵扣。

（5）取得海关进口专用缴款书，则按缴款书注明税额直接抵扣。

取得小规模纳税人开具的1%农产品销售增值税专用发票如何抵扣？2020年，小规模纳税人适用3%征收率的业务可以选择适用减税政策按1%缴纳增值税时，企业取得1%的农产品专用发票的进项税额抵扣政策各地税务机关的答疑口径不一，直到2021年国家税务总局答疑口径出来后，各地基本都按税务总局的口径执行。纳税人从小规模纳税人处购进农产品，取得1%增值税专用发票的，不可按9%计算抵扣进项税，只有取得3%增值税专用发票才可以按9%计算抵扣。

【国家税务总局答疑口径】

问题内容：我公司是一家餐饮企业，属于一般纳税人。本月取得了小规模纳税人开具的税率为1%农产品专用发票，能否按9%计算抵扣进项税额？

留言时间：2021年8月30日

答复时间：2021年8月31日

答复单位：国家税务总局网站

答复内容：《财政部 国家税务总局关于简并增值税税率有关政策的通知》（财税〔2017〕37号）第二条、《财政部 税务总局关于调整增值税税率的通知》（财税〔2018〕32号）第二条、《财政部 税务总局 海关总署关于深化增值税改革有关政策的公告》（财政部 税务总局 海关总署公告2019年第39号）

第二条规定，纳税人购进农产品，从依照 3% 征收率计算缴纳增值税的小规模纳税人取得增值税专用发票的，以增值税专用发票上注明的金额和 9% 的扣除率计算进项税额；纳税人购进农产品用于生产或者委托加工 13% 税率货物的，按照 10% 的扣除率计算进项税额。

因此，你公司购进农产品，如销售农产品的小规模纳税人选择放弃享受减征增值税政策，开具 3% 征收率的增值税专用发票，你公司取得了小规模纳税人开具的 3% 征收率的增值税专用发票，即可按上述规定计算抵扣进项税额。

【湖南省税务局答疑口径】

问题内容：一般纳税人从事农产品销售业务，从小规模企业取得 1% 的农产品大米的增值税专用发票可以抵扣 9% 的进项税额吗？如何计算？

答复机构：税务总局湖南省税务局

答复时间：2021 年 7 月 20 日

答复内容：开具 1% 增值税专用发票不能按照 9% 来计算抵扣。

4. 购进农产品的采购比价

根据前述不同类别的农产品发票抵扣差异，建筑企业在选择农产品供应商的过程中应当进行充分比价。比价的总体原则应该是比较综合采购成本，而不是单纯地比较增值税税负。

【案例 9-5】 铁蛋园林绿化工程公司为增值税一般纳税人。2025 年 4 月，该公司承揽了某个矿山复绿工程，需要采购草皮和苗木。假设要支付 1 090 万元，选择不同类型的供应商、不同类别的苗木发票，可以抵扣的进项税额存在差异，以下哪一种情形对铁蛋园林绿化公司最有利？

第一类供应商为一般纳税人，属于非农产品自产者，开具增值税专用发票；

第二类供应商为一般纳税人，属于非农产品自产者，开具增值税普通发票；

第三类供应商为农产品自产者，按自产自销农产品开具免税普通发票；

第四类供应商为小规模纳税人，属于非农产品自产者，开具增值税专用发票；

第五类供应商为小规模纳税人，属于非农产品自产者，开具增值税普通发票。

分析：从上述第一类供应商购进苗木、草皮取得增值税专用发票，即取得 1 090 万元增值税专用发票，其中价款 1 000 万元，增值税额 90 万元，可以抵扣的进项税额为 90 万元；该业务合同成本为 1 000 万元。

从第二类供应商购进苗木、草皮取得税率为 9％的增值税普通发票，即取得 1 090 万元增值税普通发票，不得抵扣；该业务合同成本为 1 090 万元。

从第三类供应商购进苗木、草皮取得增值税免税普通发票，可以抵扣的进项税额为 98.1 万元（1 090×9％）；该业务合同成本为 991.9 万元。

从第四类供应商购进苗木、草皮取得增值税专用发票；可以抵扣的进项税额为 95.24 万元 [（1 090÷1.03）×9％]；该业务合同成本为 994.76 万元。

从第五类供应商购进苗木、草皮取得征收率 3％的增值税普通发票，即取得 1 090 万元增值税普通发票，不得抵扣；该业务合同成本 1 090 万元。

通过上述数据展示可知，从第二类和第五类供应商并取得带税率的普票，进项税额不得抵扣，且合同成本上升，对增值税和企业所得税均产生利空影响。从可以抵扣增值税的角度分析，对第一类、第三类、第四类供应商进行比较，选择第三类供应商，取得自产自销免税普票可以抵扣的进项税额 98.1 万元，为最优；从会计利润最大化的角度比较，选择第三类供应商的合同成本为 991.9 万元，为最低。综上所述，在不考虑其他因素的前提下，对增值税税负和会计利润最优进行比较，选择第三类供应商对铁蛋园林公司最有利。

（二）农产品抵扣申报管理

随着数字化的电子发票逐步覆盖，企业取得农产品发票抵扣进项税额的方式发生了一定变化。农产品收购发票、从一般纳税人处取得的 9％农产品专用发票、海关缴款书抵扣和申报方式与之前一样，无须特殊处理。

1. 待处理农产品发票

建筑企业取得两类农产品发票需要在电子发票服务平台"税务数字账户""发票勾选确认"的"待处理农产品发票"中处理，即征收率为 3％的增值税专用发票和税控系统开具的农产品销售发票。

（1）从小规模处购进征收率为 3％的农产品增值税专用发票。

由于 3％征收率的农产品专票在计算可抵扣税额时，需根据生产经营范围和会计核算情况，执行不同的抵扣政策，因此需在"待处理农产品发票"中进行确认，后续需在抵扣勾选时还需要进行确认。若属于"从小规模处购

进的 3%农产品专票",选择"按票面金额和基础扣除率计算方抵扣"将出现弹窗提示:

【温馨提示】"纳税人属于以下三种情形的,可按票面金额和 9% 扣除率计算抵扣进项税额:一、生产或提供低税率的货物服务;二、生产高税率的货物;三、既生产高税率的货物又生产或提供其他货物服务且分别核算。如纳税人既生产高税率的货物又提供其他货物服务且未分别核算,只能按票面注明的税额抵扣进项税额"。

(2)取得从税控系统开具自产农产品销售发票。

由于税控开具的农产品销售发票无系统标签,且允许"混开",因此电子发票服务平台系统无法判断发票中的"自产农产品部分金额",需要购买方自行确认。系统以该"金额×9%"计算可抵扣税额后带入"抵扣勾选"界面,后续须在"抵扣勾选"界面进一步进行勾选确认操作。

2. 代开农产品录入

建筑企业取得个人或单位在税务机关代开的农产品发票需要进行相关信息录入。需要录入代开农产品发票信息的原因是税务机关代开的农产品销售发票无商品编码,电子发票服务平台系统无法识别是否为农产品发票,无法自动进入"抵扣类勾选"模块。建筑企业需通过"代开农产品发票录入"功能进行采集,录入自产农产品票面金额和有效抵扣税额提交后,再进入电子发票服务平台"税务数字账户"的"抵扣勾选"界面进行勾选抵扣。建筑企业应录入的信息包括代开发票①的号码、有效抵扣税额、农产品部分票面金额、农产品部分票面税额。

3. 进行抵扣勾选处理

建筑企业进入电子发票服务平台的"税务数字账户",在"发票勾选确认"模块中进行"抵扣类勾选"操作。这部分操作,主要是对销售方开具9%专用发票、海关进口专用缴款书、电子发票服务平台开具的数字化的农产品销售发票(电子)、农产品收购发票,以及在"待处理农产品发票"模块已处理的发票、已采集的代开农产品发票,进行勾选抵扣。在数字化电子发票背景下,农产品发票的进项税额抵扣管理总结如图 9-1 所示。

---

① 指税务机关代开发票,下同。

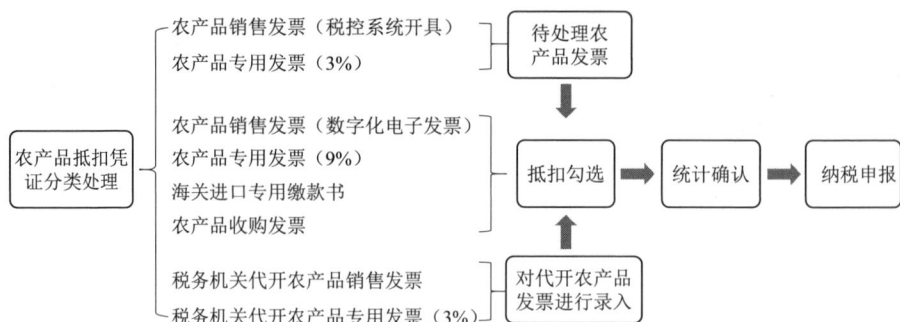

图 9-1　农产品抵扣凭证的分类处理

4. 农产品加计扣除勾选

《财政部　税务总局　海关总署关于深化增值税改革有关政策的公告》(财政部　税务总局　海关总署公告 2019 年第 39 号)(以下简称财政部　税务总局　海关总署公告 2019 年第 39 号) 第二条规定: "纳税人购进农产品, 原适用 10% 扣除率的, 扣除率调整为 9%。纳税人购进用于生产或者委托加工 13% 税率货物的农产品, 按照 10% 的扣除率计算进项税额。"

在实务中, 企业购进用于生产或者委托加工 13% 税率货物的农产品, 在购入时按 9% 计算可以抵扣的进项税额, 在生产领用当期按 1% 计算加计扣除的进项税额。注意, 纳税人购进农产品既用于生产销售或委托受托加工 13% 税率货物又用于生产销售其他货物服务的, 分别核算用于生产销售或委托受托加工 13% 税率货物和其他货物服务的农产品进项税额。对于农产品深加工企业, 在实际生产领用时, 可加计扣除 1%。

企业在电子发票服务平台操作中, 农产品类的发票或海关缴款书完成抵扣勾选后, 根据需要进行农产品加计扣除勾选。在完成发票抵扣勾选、农产品加计扣除勾选后, 可通过 "统计确认" 进行发票用途确认操作。纳税人如需将本期已勾选增值税扣税凭证用于申报抵扣, 必须进行用途确认操作。

建筑企业一般无须操作这一步, 因为大部分建筑企业取得农产品的主要用途是直接消耗于工程项目, 基本不存在连续生产加工成其他货物再销售的情形, 兼营相关加工制造业务的除外。

5. 农产品进项税额的抵扣如何申报

(1) 按照票面税额直接抵扣的发票。

纳税人取得税率为 9% 的农产品增值税专票, 在增值税及附加税费申报表附列资料（二）第 2 栏中填写，第 1 至 3 栏中涉及的增值税专用发票均不包含从小规模纳税人处购进农产品时取得的专用发票，但购进农产品未分别核算用于生产销售 13％税率货物和其他货物服务的农产品进项税额情况除外。取得小规模企业开具的征收率为 1％的农产品大增值税专用发票也在本栏填写。

（2）海关进口增值税专用缴款书。

取得海关进口增值税专用缴款书，在增值税及附加税费申报表附列资料（二）第 5 栏中填写。按规定执行海关进口增值税专用缴款书先比对后抵扣的，纳税人需依据税务机关告知的稽核比对结果通知书及明细清单注明的稽核相符的海关进口增值税专用缴款书填写本栏。

（3）计算抵扣的农产品发票。

取得农产品销售发票或收购发票，直接填写增值税及附加税费申报表附列资料（二）第 6 栏；从小规模纳税人处购进农产品时取得征收率为 3％的增值税专用发票按 9％扣除率计算抵扣的也填列在本栏，购进农产品未分别核算用于生产销售 13％税率货物和其他货物服务的农产品进项税额情况除外。第 6 栏中的"税额"栏"农产品收购发票或者销售发票上注明的农产品买价×9％＋增值税专用发票上注明的金额×9％"。

（4）加计扣除农产品进项税额。

按照财政部 税务总局 海关总署公告 2019 年第 39 号第二条规定可以加计抵扣的农产品进项税额，在增值税及附加税费申报表附列资料（二）第 8a栏"加计扣除农产品进项税额"中填写。第 8a 栏填写纳税人将购进的农产品用于生产销售或委托受托加工 13％税率货物时加计扣除的农产品进项税额。该栏不填写"份数""金额"。

第十讲　EPC 项目的财税处理

　　EPC（engineering procurement construction，EPC）项目，即工程设计、采购和施工总承包项目，是一种具有高度集成性和复杂性的工程项目。在 EPC 项目中，各阶段相互关联，各个环节紧密相连。EPC 项目的财税处理是一个复杂而重要的工作，涵盖了从项目启动到完成的整个生命周期中的多个关键环节，这些环节涉及合同管理、资金管理、成本控制、涉税管理等多个方面内容。本讲我们将针对 EPC 项目的增值税应税行为认定解析及纳税申报、会计处理展开讨论。

一、施工总承包与工程总承包

施工总承包模式与工程总承包模式相比，简单说差在设计环节。施工总承包企业向设计、采购、施工等环节延伸，实现总承包一体化是一种趋势，有利于发挥工程总承包企业的技术和管理优势。

(一) 施工总承包模式

施工总承包，是指一个工程项目中，建设单位将全部或部分工程项目的施工任务，通过招标或其他方式，委托给具有相应资质的施工总承包企业，由施工总承包企业对整个工程项目的施工过程进行全面负责。施工总承包企业可以将部分施工任务再分包给其他分包单位，但分包单位的施工质量和进度必须受到施工总承包企业的监督和管理。

(二) 工程总承包模式

工程总承包，是指从事工程总承包的企业按照与建设单位签订的合同，对工程项目的设计、采购、施工等实行全过程的承包，并对工程的质量、安全、工期和造价等全面负责的承包方式。工程总承包一般采用设计—采购—施工总承包或者设计—施工总承包模式。建设单位也可以根据项目特点和实际需要，按照风险合理分担原则和承包工作内容采用其他工程总承包模式。

1. EPC 及其设计范围的变形模式

EPC，是指承包方受业主委托，按照合同约定对工程建设项目的设计、采购、施工等实行全过程或若干阶段的总承包（如图 10-1 所示），并对其所承包工程的质量、安全、费用和进度进行负责。工程总承包是国际通行的建设项目组织实施方式。EPC 模式属于工程总承包模式的一种。

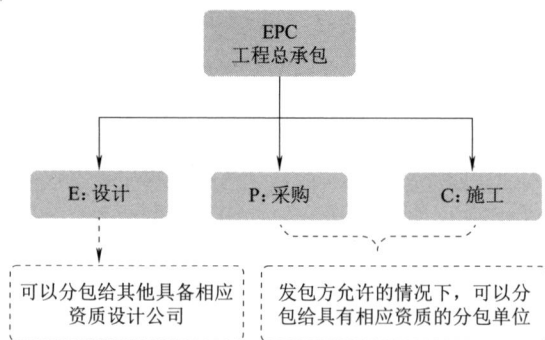

图 10-1　EPC 模式

在国际上，工程总承包在石油、化工、电力等行业通常被称为"EPC"模式；在一些房屋建筑、道路、桥梁等基础设施项目被称为"设计—建造"模式，有时候又通称"交钥匙"模式。工程总承包除了 EPC 模式外，还有"设计—采购承包（EP）"；"设计—采购—施工管理（EPCm）"；"设计—采购—施工监理（EPCs）"；"设计—采购—施工咨询（EPCa）"。

在实务中，按设计范围不同 EPC 总承包模式存在一些变形，可以概括为两类：全部设计的 EPC 承包模式和部分设计的 EPC 承包模式。

全部设计的 EPC 承包模式，是指业主只是提出对未来工程的功能性要求，EPC 总承包商要完成全部的设计、采购、施工和试运行等各项工作。部分设计的 EPC 承包模式下，业主不但提出对未来工程的功能性具体要求，而且作出一定深度的设计，然后再由 EPC 总承包商要完成剩余的工作。部分设计模式下，还衍生出业主雇佣其他设计单位完成前期设计工作，要求 EPC 总承包商继续雇用前期设计单位完成剩余的设计工作。

2. EPC 工程总承包模式的特点

对于业主方而言，工程合同价格一般采用固定总包价格，有利于控制总体工程造价。由于 EPC 总承包商承担了项目实施阶段的管理工作，减轻了业主方在项目管理方面的负担和投入。对于承包方而言，EPC 总承包商提前介入工程前期工作，并且可以将采购纳入设计过程，有利于工期的缩短。EPC 工程总承包模式也存在缺点，总承包模式还没有形成固定的运作方式，在实践中有各类变形，导致业主方与 EPC 总承包商就某些职责划分方面出现异议。

3. EPC 工程总承包模式可以将设计和分部分项工程分包给其他单位

工程总承包企业可以在其资质证书许可的工程项目范围内自行实施设计和施工，也可以根据合同约定或者经建设单位同意，直接将工程项目的设计或者施工业务择优分包给具有相应资质的企业。

仅具有设计资质的企业承接工程总承包项目时，应当将工程总承包项目中的施工业务依法分包给具有相应施工资质的企业。仅具有施工资质的企业承接工程总承包项目时，应当将工程总承包项目中的设计业务依法分包给具有相应设计资质的企业。

(三) EPC 项目的衍生模式

1. F＋EPC 模式和 EPC－F 模式

F＋EPC（finance＋engineering procurement construction），也就是（融资＋设计＋采购＋施工总承包）模式（如图 10-2 所示），是在 EPC 模式基础上衍生出"融资"功能，通常是指公共设施项目的项目业主通过招标等方式选定承包商，由该承包商直接或间接筹措项目所需建设资金，以及承揽 EPC 工程总承包相关工作，待项目建设完成后移交给项目业主，在项目合作期内由项目业主按合同约定标准向合作方支付费用的融资建设模式。从某种意义上讲，"F＋EPC"模式也是"PPP＋EPC"模式中的一种。F＋EPC 模式如图 10-2所示。

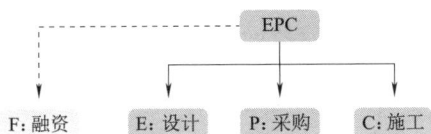

图 10-2　F＋EPC 模式

F＋EPC 模式中融资部分可能相对独立，不一定是垫资或者延期付款性质，这类合同需要结合具体约定情形分析涉税处理。

【案例 10-1】　某个工程总承包项目的发包人在招标文件中对项目性质作出如下约定：本项目为融资、设计、采购、施工总承包模式，包括但不限于本工程融资。方案设计、初步设计、施工图设计、工程施工。包工包料、包工期、包质量、包安全、包环保、包文明施工、包交付及竣工验收合格和缺陷责任期内的保修、移交、备案等相关资料的办理等工程总承包项目的全部工作；中标人为融资主体，自行承担融资增信担保责任，招标人不承担任何融资增信担保责任。中标人负责提供融资资金并承担资金筹资成本。融资额度为 10 000 万元；资金收益率 5.9%（年化）；融资资金形式为货币资金，不接受银行保函、保险单和担保等其他形式。中标人须在中标结果公告结束后 3 日内按招标人要求将融资资金 10 000 万元汇入招标人指定账户，否则招标人视为中标人放弃其中标资格。

前述约定的融资事项对应的利息受益者属于该中标单位（施工方）的延期付款利息，还是其他收入？

分析：显然，上述案例的发包人要求的融资行为不属于延期付款性质与垫资施工也有区别。从招标文件的约定内容上看，发包人是在向中标人借钱，并在施工过程中可能用这笔钱向施工方（中标人）支付进度款。若此，显然发包人所欠资金并不是工程款，而是前期借贷的资金。因此，笔者认为上述案例的融资利息不属于延期付款利息，即不属于建筑服务价外费用，而属于中标单位（施工方）的其他业务收入。

在实务中，与 F＋EPC 模式类似的还有 EPC＋F 模式，但笔者认为 EPC＋F 模式的"融资"成分实质就是延期付款，应该"融资"行为取得的利息应该归为价外费用。EPC＋F 模式如图 10-3 所示。

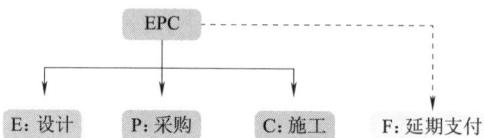

图 10-3　EPC＋F 模式

【案例 10-2】　某地机场项目配套工程设计、采购、施工总承包项目，该项目工程建设其他费、勘察设计费、预备费等约为 12.59 亿元，征迁费用、前期费用、建设单位管理费、建设期利息等不纳入 EPC 投资。业主方明确配套工程建设模式为延付 EPC 模式（即 EPC＋F 模式），配套工程建设期 4 年，延付期 8 年，一年支付一次。延付资金比例最低为 EPC 投资的 70%，延付利率最高为 5 年期贷款基准利率上浮 40%（建设期延付资金利率参照延付利率执行）。

分析：在上述案例中，尽管对外招标流程遵循了常规的工程总承包招标程序，但业主方通过设定延付期限的策略，巧妙地实现了由中标方承担建设资金筹集的任务。在此过程中，建设期延付资金的利率实质上等同于业主方对承包商所占用资金的补偿成本。

需要特别注意，若属于政府发包项目，F＋EPC 模式可能存在要求承包方垫资的嫌疑。《关于进一步规范地方政府举债融资行为的通知》（财预〔2017〕50 号）第四条明确要求，地方政府举债一律采取在国务院批准的限额内发行地方政府债券方式，除此以外地方政府及其所属部门不得以任何方式举借债务。2019 年实施的《政府投资条例》第二十二条第二款："政府投资项目不得由施工单位垫资建设。"《财政部对十三届全国人大四次会议第9528 号建议的答复》（财金函〔2021〕40 号）指出"部分地方开始采用"授权—建设—运营"（ABO）、"融资＋工程总承包"（F＋EPC）等尚无制度规范的模式实施项目，存在一定地方政府隐性债务风险隐患。"

2. EPC＋O 模式

EPC＋O 是传统 EPC 的另一种衍生模式，是指总承包方按照合同约定对工程建设项目的设计、采购、施工及后期运营等实行全过程承包（如图 10-4 所示）。其中，EPC 是设计牵头的设计施工总包，O（operate）是指招商运营服务。

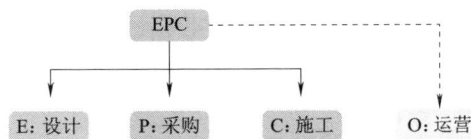

图 10-4　EPC＋O 模式

2016 年，财政部发布的《关于开展 2016 年中央财政支持地下综合管廊试点工作的通知》（财办建〔2016〕21 号）中首次提出要"积极采取设计采购施工运营总承包（EPC＋O）等模式，实现地下综合管廊项目建设运营全生命周期高效管理"。广东省东莞市人民政府发布的《关于深化改革 全力推进城市更新提升城市品质的意见》（东府〔2018〕102 号）中提出"鼓励活化更新和生态修复。探索通过 EPC＋运营权招标或公开遴选方式，引入产业园区综合运营服务企业和重点创新载体单位实施旧工业区、成片出租屋活化更新，提升镇村工业园区软硬件条件和运营效率"。

在 EPC＋O 模式下，总承包商除了要去承担传统意义上的设计、采购、施工任务以外，还要去包揽项目所有的运营管理任务。这类模式，多见于地方产业园区的建造、产业培育、产业孵化项目，作为一个整体工程，园区投资建设与运营管理一起，形成了 EPC 完整的工作链。

【案例 10-3】 2024 年 8 月，铁蛋建筑公司与某地农业农村局签订了一份有机废弃物资源化利用中心厕所粪污处理利用项目（设计、施工、运营）合同。工程承包范围包含施工图设计、施工、运营的全部工作内容。项目总用地面积 8 128.72 平方米，预计项目建成后日处理厕所粪污 300 吨。计划开工日期：2024 年 9 月 1 日，计划竣工日期：2026 年 1 月 31 日。签约合同价为人民币 1 317.22 万元，合同约定最终以评审中心评审价和经承包人认可的审定价格为准；若经审定的设计发生变更，则因设计变更引起的工程量的增减，双方据实结算。

分析：上述案例中的"设计—施工—运营"项目，即采用 EPC＋O 模式进行。在此模式下，承包商与运营商合二为一，总承包商不仅需对整个项目的成本、工期和质量承担全面责任，还需对项目的后期运营负责。这种机制确保了总承包商在项目实施过程中，无法随意调整设计方案以追求更高的利润。此外，由于总承包商对后期运营负有直接责任，因此会更加用心地关注项目细节，以确保运营效果达到最佳。

本节我们只针对 EPC 的常规模式涉及的财税管理展开讨论，其他变形模式、衍生模式在财税处理上并没有太多特殊的地方，暂不展开。

二、EPC 项目属于混合销售还是兼营

EPC 项目到底属于混合销售还是兼营？我们分别从财政部、国家税务总局层面的文件和部分地区省级税务机关的文件或答疑口径进行分析。

（一）兼营与混合销售

1. 兼营业务如何缴纳增值税

兼营业务缴纳增值税规定如下：

（1）兼有不同税率的销售货物、加工修理修配劳务、服务、无形资产或者不动产，从高适用税率。

（2）兼有不同征收率的销售货物、加工修理修配劳务、服务、无形资产或者不动产，从高适用征收率。

（3）兼有不同税率和征收率的销售货物、加工修理修配劳务、服务、无形资产或者不动产，从高适用税率。

2. 混合销售如何缴纳增值税

《营业税改征增值税试点有关事项的规定》第二条第三项"混合销售"规定："一项销售行为如果既涉及货物又涉及服务，为混合销售。从事货物的生产、批发或者零售的单位和个体工商户的混合销售行为，按照销售货物缴纳增值税；其他单位和个体工商户的混合销售行为，按照销售服务缴纳增值税。上述从事货物的生产、批发或者零售的单位和个体工商户，包括以从事货物的生产、批发或者零售为主，并兼营销售服务的单位和个体工商户在内。"

笔者认为，根据上述财政部和税务总局文件的规定判断，EPC项目其实混合销售的成分大一些。因为就发承包的义务关系而言，EPC项目就是一项服务涉及两个合同履约义务（设计和施工）。《中华人民共和国增值税法》第十三条规定："纳税人发生一项应税交易涉及两个以上税率、征收率的，按照应税交易的主要业务适用税率、征收率。"因此，由一个承包单位独立承包的EPC工程（非联合体承包）全部按照"建筑服务"缴纳增值税更妥当。

（二）部分地区税务机关对EPC项目的认定

在实操层面上，不同地区对EPC项目增值税纳税行为的认定上存在差异。

1. 部分地区要求按混合销售纳税

江西省税务局在《关于全面推开营改增试点政策问题解答（八）》第一条中解答："EPC是指公司受业主委托，对一个工程项目负责进行'设计、采购、施工'，与通常所说的工程总承包含义相似。纳税人与业主签订工程总承包合同，从业主取得的全部收入按提供建筑服务缴纳增值税"。江西省税务局认为EPC项目属于混合销售，持同样观点的还有深圳、四川等地税务局。

【**案例10-4**】　铁蛋建筑公司（增值税一般纳税人）与某地水务公司签订了某河段生态治理及南海湿地修复保护工程总承包（EPC）项目合同，施工范围包含该河段生态治理工程、湿地修复保护工程、水资源循环利用工程。工程总承包内容涵盖勘察、设计、设备材料采购、施工。合同金额为

291 037 979.80元。合同总价最终以审价机构结算报告为准，审价结果与签订的合同总价差异值为±10％以内。

分析：上述案例虽然在合同中约定了工程总承包的内容涵盖勘察、设计、设备材料采购、施工，但未具体划分不同合同义务对价，即在合同金额上并未按照不同的作业内容进行拆分，应按照混合销售全部开具建筑服务发票，按照9％缴纳增值税。

2. 部分地区要求按兼营纳税

福建省税务局在2018年9月12366咨询热点难点问题集第16问"一般纳税人采取EPC模式（合同内容包含设计，施工及机械采购）提供建筑服务，应如何缴纳增值税"中回复："……一般纳税人应根据具体项目分别核算缴纳增值税。其设计服务适用税率为6％；工程服务适用税率为10％[①]，征收率为3％；销售货物适用税率为16％[②]；未分别核算的从高适用税率"。福建省税务局认为EPC项目应当按照兼营缴纳增值税，持同样观点的还有湖北、河南、浙江等地税务局。

笔者认为，对建筑企业的核心影响并不是主管税务机关认定EPC项目属于混合销售还是兼营，关键在于业主方在计价的过程中是按照兼营原则还是混合销售原则计价。若业主方按照混合销售计价，即全部按照9％的税率计价，而建筑企业的主管税务机关又认定EPC项目属于兼营应分别按照6％、9％、13％缴纳增值税，计价与计税的差异将对建筑企业不利。发承包双方签订的EPC合同，对于施工方而言属于一个合同项下两个合同义务，即设计与施工，若EPC项目的合同主体均为单个法人，即一个甲方一个乙方（不含联合体施工的情形），将施工方"包工包料施工"拆成"施工＋物资销售"并不合理。在财税处理上，EPC项目与包工包料施工项目的差异只多了一个设计，笔者认为按照"设计＋施工"进行拆分更合理，即设计费部分开具6％的设计服务，施工费部分开具9％的建筑服务。

【案例10-5】 铁蛋城建集团（增值税一般纳税人）同时具备施工总承包甲级资质和设计甲级资质，铁蛋城建集团于2025年1月1日与某市签订了2025—2026年道路合杆整治工程总承包合同，承包范围包括：原有杆件、杆上废弃设施、箱体、基础、管线、手井等设施拆除；新建综合杆、综合电源

[①②] 10％现为9％；16％现为13％。

箱、综合设备箱及配套管线；新建道路照明设施；原有照明设施割接、街坊灯割接、路灯架空线入地；原有杆件上各类监控设施、交通信号灯、标志标牌、路名牌等设施搬迁、割接；保留杆件及配套箱体的涂装；车行道、人行道开挖及临时修复等。计划开始工作日期：2025 年 2 月 1 日；计划竣工日期：2026 年 06 月 30 日。签约合同价（含税）为 83 660 963 元，其中设计费（含税）1 525 300 元，适用税率 6%，税金 86 337.74 元；建筑安装工程费（含税）82 135 663 元，适用税率 9%，税金为 6 781 843.73 元。

分析：上述合同在签约价格中已经把 EPC 合同按照"设计＋施工"来进行拆分，这种签订方法就是应按兼营纳税。合同义务中设计费按照设计服务（6%）缴纳增值税，施工费按照建筑服务（9%）缴纳增值税。

三、跨省施工的 EPC 项目应注意的增值税预缴事项

（一）EPC 项目跨地及行政区施工的增值税预缴政策

在实务中，若不考虑 EPC 项目的混合销售与兼营之争，跨地级行政区施工的增值税预缴政策并没有特殊之处。

纳税人跨地级行政区提供建筑服务，应向建筑服务发生地主管税务机关预缴税款，向机构所在地主管税务机关申报纳税。

一般纳税人跨地级行政区提供建筑服务，适用一般计税方法计税的，以取得的全部价款和价外费用扣除支付的分包款后的余额，按照 2% 的预征率计算应预缴税款；一般纳税人跨地级行政区提供建筑服务，选择适用简易计税方法计税的，以取得的全部价款和价外费用扣除支付的分包款后的余额，按照 3% 的征收率计算应预缴税款。

【案例 10-6】 2025 年 2 月 1 日，铁蛋建筑公司与 A 省某地城市管理综合行政执法局签订了中心城区市政道路修复工程设计、施工总承包（EPC）合同。该项目为跨省施工项目，适用一般计税方法计税，工期为 2025 年 3 月 1 日至 2025 年 10 月 1 日。合同价格约定如下：签约合同价（含税）为 31 140 248.5 元。2025 年 5 月 15 日，业主拟按合同约定向铁蛋建筑公司支付 1 121.95 万元工程款，铁蛋公司开具了相应金额发票，该项目在当期应如何预缴增值税？假设该项目万完全由铁蛋建筑公司自行完成，不存在分包事项。

分析：铁蛋建筑公司所在地主管税务机关对 EPC 项目的应税认定如果与项目所在地一致，则按照常规跨地施工项目预缴增值税。假设上述案例中两地税务机关均认定 EPC 项目属于混合销售，按照建筑服务缴纳增值税。上述案例铁蛋建筑公司应预缴增值税＝1 121.95÷（1＋9％）×2％＝20.59（万元）。

（二）两地对 EPC 项目的应税认定不一致时如何预缴增值税

在实务中，若建筑企业的主管税务机关和项目地的税务机关对 EPC 项目的应税认定不一致呢？如建筑企业主管税务机关认为属于兼营，项目所在地税务机关认为属于混合销售，应当如何预缴呢？

【案例 10-7】 承接【案例 10-6】，合同价格约定如下：签约合同价（含税）为 31 140 248.5 元，其中：设计费（含税）319 500 元，建筑安装工程费（含税）30 820 748.5 元。2025 年 5 月 15 日，业主拟按合同约定向铁蛋建筑公司支付 31.95 元设计费和 1 090 万元建筑安装费，铁蛋建筑公司开具了相应金额发票，其他条件不变，该项目在当期应如何预缴增值税？

分析：上述案例中，机构地税务机关认定 EPC 项目为兼营，若不作出任何特定处理，直接按照收款或开票总金额在项目地预缴增值税，将导致税源分配不公平的结果。认定为兼营，合同签约价款中的设计服务费不属于建筑服务对价款，即不属于国家税务总局公告 2016 年第 17 号和国家税务总局公告 2017 年第 11 号第三条规定的应在项目地预缴增值税的情形。笔者认为，铁蛋建筑公司在机构地办理跨区域涉税事项报告表时，应与机构地主管税务机关充分沟通，争取在该表中填写的"合同金额"为上述合同价中的"建筑安装工程费"的金额。上述案例在项目地应预缴增值税＝1 090÷（1＋9％）×2％＝20（万元）。

在实务中，除了增值税预缴政策受兼营与混合销售的认定影响外，企业所得税的预缴政策也受到一定影响。关于 EPC 项目两地政策不一致时，建筑企业在填报跨区域涉税事项报告表和预缴税费前，均应充分沟通后再进行操作，以免引起不必要的税企之争。

四、EPC 项目的会计核算

EPC 项目的会计核算涉及项目的各个阶段，包括设计、采购、施工、调试等。EPC 项目的合同成本核算与合同收入的确认，均应遵循相关会计准则与法规。

（一）按照混合销售认定的 EPC 项目如何确认收入、费用

在会计核算上，如果税务机关认定 EPC 工程为混合销售，与其他施工项目的并无差异。执行《企业会计准则》的建筑企业，按照《企业会计准则第 14 号——收入》的规定，在资产负债表日，建造合同结果能够可靠估计的，应当根据合同履约进度确认合同收入和合同费用。投入法下合同履约进度及合同收入、合同费用的计算公式为

合同履约进度＝累计实际发生的合同成本÷预计总成本×100％

当期应确认的合同收入＝合同预计总收入×履约进度－累计已确认的收入

当期应确认的合同费用＝合同预计总成本×履约进度－累计已确认的成本

若建造合同结果不能可靠估计时，不得使用履约进度确认合同收入和合同费用。若已经发生的合同成本能够收回的，在会计处理上合同收入根据能够收回的实际合同成本予以确认，合同成本在其发生的当期结转为合同费用。若合同成本不可能收回的，不确认合同收入，合同成本在发生时立即确认为合同费用。

【案例 10-8】　铁蛋建筑公司（增值税一般纳税人）2024 年 2 月 1 日与某市工业和信息化局签订了一份工业发展馆建设 EPC 工程总承包合同，2024 年 3 月 1 日正式开工。该项目承包范围包含该发展馆的设计、采购、施工。签约含税合同总价为 3 270 万元，未区分设计费与采购、施工费，铁蛋建筑公司主管税务机关认定 EPC 项目属于混合销售。该项目适用一般计税方法计税，执行《企业会计准则》。假设建造合同结果能够可靠估计，采用投入法测算履约进度，合同预计总收入 3 000 万元，合同预计总成本为 2 800 万元。2024 年 10 月至 12 月，铁蛋建筑公司部分经济业务和会计处理如下（暂略增值税纳税申报、个人所得税和社会保险费代扣代缴等事项）。

（1）2024 年 10 月 28 日，铁蛋建筑公司向某材料设备商支付 904 万元设备款，取得了相应增值税专用发票（发票金额 800 万元，增值税额 104 万元）。

借：合同履约成本——工程施工——材料费　　　　　8 000 000

应交税费——应交增值税（进项税额）　　　　　　1 040 000

　　　贷：银行存款　　　　　　　　　　　　　　　　　　　9 040 000

（2）2024年10月至2024年12月期间，该项目一共发生设计人员、项目管理人员工资薪酬40万元（暂略个人所得税、社会保险费等因素）。

　　借：合同履约成本——工程施工　　　　　　　　　400 000

　　　贷：应付职工薪酬　　　　　　　　　　　　　　　　　400 000

（3）2024年12月31日，铁蛋建筑公司当期确认合同收入和合同成本。假设当期为首次确认合同收入，履约进度＝（840÷2 800）×100％＝30％；当期应确认收入＝3 000×30％＝900（万元）；当期应确认合同成本＝2 800×30％＝840（万元）。

　　借：主营业务成本　　　　　　　　　　　　　　　8 400 000

　　　贷：合同履约成本——工程施工（结转）　　　　　　8 400 000

　　借：合同结算——收入结转　　　　　　　　　　　9 000 000

　　　贷：主营业务收入　　　　　　　　　　　　　　　　9 000 000

（4）2024年12月7日，业主对该项目进行工程计价，含税计价金额为872万元。2024年12月31日，铁蛋建筑公司收到业主支付的进度款654万元，并开具了一张相应金额的建筑服务发票。

　　借：应收账款——进度款　　　　　　　　　　　　8 720 000

　　　贷：合同结算——价款结算　　　　　　　　　　　　8 000 000

　　　　　应交税费——待转销项税额　　　　　　　　　　720 000

　　借：银行存款　　　　　　　　　　　　　　　　　6 540 000

　　　贷：应收账款　　　　　　　　　　　　　　　　　　6 540 000

　　借：应交税费——待转销项税额　　　　　　　　　540 000

　　　贷：应交税费——应交增值税（销项税额）　　　　　540 000

上述案例，只展示部分工程业务的会计核算，增值税结转、利润结转、企业所得税的核算暂略。

（二）按照兼营认定的EPC项目如何确认收入、费用

如果税务机关将EPC工程认定为兼营，建筑企业也可以将EPC内容拆分成两个或三个单项履约义务来确认收入，即设计、采购、施工义务相互独立，每一项服务的结果对其他服务内容不产生影响。

【案例 10-9】 铁蛋建筑公司（增值税一般纳税人）2024 年 12 月 1 日与本市人民法院签订了一份法院融媒体中心建设施工合同（EPC），含税合同总价为 3 376 万元，其中设计费 106 万元（价款 100 万元，增值税 6 万元）；施工费 3 270 万元（价款 3 000 万元，增值税 270 万元），该项目适用一般计税方法计税。假设建造合同结果能够可靠估计，预计总收入为 3 000 万元，预计总成本为 2 800 万元；铁蛋建筑公司主管税务机关认定 EPC 项目属于兼营。

2025 年 1 月 10 日开始施工，截至 2025 年 3 月 31 日，该工程采用投入法测算的履约进度约为 30%。根据 2025 年 1 月至 3 月发生以下经济业务。

（1）2025 年 1 月 1 日，业主方按照合同约定在开工前支付了 53 万元预付款。该预收款为设计费预收款，铁蛋建筑公司未开具应税发票，只开具了盖有财务专用章的自制收据。

（2）2025 年 1 月至 3 月，铁蛋建筑公司累计向部分材料设备商支付 678 万元物资采购与租赁款（其中不含税金额 600 万元，增值税 78 万元），向劳务分包方支付了工程款 206 万元（其中不含税金额 200 万元，增值税 6 万元），收到了两张增值税专用发票。同时发生人员工资、业务招待费等 40 万元（暂略社会保险费、个人所得税的影响）。

（3）2025 年 4 月 15 日，业主对第一阶段工程量进行验工计价，计价金额 1 087 万元。铁蛋建筑公司开具了两张发票，其中设计服务费 106 万元，建筑服务 981 万元。按照合同约定设计费应当 100% 支付，剩余施工部分的进度款按照计价金额的 80%。业主方扣除前期预付款后，剩余款项在 2025 年 4 月 30 日支付完毕。

根据经济业务进行会计处理。

①2025 年 1 月 1 日，铁蛋建筑公司收到预收款并预缴增值税。

该项目收到预收款应预缴增值税＝50×2%＝1（万元）

借：银行存款　　　　　　　　　　　　　　　　530 000

　　贷：合同负债——预收款（设计费）　　　　　　500 000

　　　　其他应付款——待确认销项税额　　　　　　 30 000

借：应交税费——预缴增值税　　　　　　　　　 10 000

　　贷：银行存款　　　　　　　　　　　　　　　　 10 000

②2025 年 3 月，支付材料款、劳务分包款等费用。

借：合同履约成本——工程施工——材料费　　6 000 000

——工程施工——人工费	2 000 000
管理费用——工资、业务招待费等	400 000
应交税费——应交增值税（进项税额）	840 000
贷：银行存款	9 240 000

③2025 年 3 月 31 日，按照履约进度结转合同成本、确认合同收入。

由于按照合同约定设计费应 100%确认收入，施工收入应按照履约进度 30%确认，当期应确认收入 1 000 万元（100＋3 000×30%）；当期应确认成本 840 万元（2 800×30%）。

借：主营业务成本	8 400 000
贷：合同履约成本——工程施工（结转科目）	8 400 000
借：合同结算——收入结转	10 000 000
贷：主营业务收入——设计费	1 000 000
——施工费	9 000 000

④2025 年 4 月 15 日，业主计价 1 087 万元，其中 981 万元为施工费，106 万元为设计费。开具了应税发票，增值税纳税义务随即发生。

借：应收账款——设计款	530 000
合同负债——预收款	500 000
其他应付款——待确认销项税额	30 000
贷：合同结算——价款结算	1 000 000
应交税费——应交增值税（销项税额）	60 000
借：应收账款——施工进度款	9 810 000
贷：合同结算——价款结算	9 000 000
应交税费——应交增值税（销项税额）	810 000

⑤2025 年 4 月 30 日，收取进度款。

按照合同约定应收进度款 890.8 万元（106＋981×80%），前期已经预收 53 万元，本次收到进度款 837.8 万元（890.8－53）。

借：银行存款	8 378 000
贷：应收账款——设计款	530 000
——施工进度款	7 848 000

⑥2025 年 4 月 1 日，结转 3 月增值税应纳税额。

铁蛋建筑公司 3 月销项税额为 87 万元（81＋6），进项税额为 84 万元

（78＋6），预缴增值税1万元，还应申报缴纳的增值税为2万元（87－84－1）。

借：应交税费——应交增值税（转出未交增值税）　　30 000

　　贷：应交税费——未交增值税　　　　　　　　　　　　30 000

借：应交税费——未交增值税　　　　　　　　　　10 000

　　贷：应交税费——预交增值税　　　　　　　　　　　　10 000

⑦次月申报缴纳2025年3月增值税，暂时忽略附加税费等其他税费。

借：应交税费——未交增值税　　　　　　　　　　20 000

　　贷：银行存款　　　　　　　　　　　　　　　　　　20 000

第十一讲　建筑企业的采购比价问题

　　建筑企业在购进各类服务和货物时，可以由买卖双方直接讨价还价实现交易，也可以通过公开招标的方式进行物资和服务采购，还可以在选定两家以上供应商的基础上，由供应商公开报价，最后选择综合最优的供应商。本讲我们详细讲解建筑企业在采购比价时应考虑的各类因素。

一、采购比价的四项因素

建筑企业在采购比价过程中，比价的总体原则应该是比较综合采购成本，而不是单纯地比较增值税税负。在这个总体原则下，除了报价信息以外，还要注意供应商能否正常提供合法有效的发票。如果供应商不能提供合法有效的票据，即便在比价环节报价占优势，建筑企业所支付的费用未来无法在企业所得税税前扣除，将会造成额外的损失。

（一）纳税人身份

购买方的纳税人身份决定了采购比价的基本原则。如果购买方属于小规模纳税人，其采购成本为含税价格，取得销售方开具的增值税专用发票无法抵扣进项税额。所以，小规模纳税人在采购比计价时，在其他条件大致相等的情况下，主要考虑含税价报价最低的供应商。如果购买方属于一般纳税人，则不能单纯比较哪家供应商的含税价报价最低了，要充分考虑供应商提供的发票类型及其适用的税率或征收率。一般纳税人的采购成本，取得供应商开具增值税专用发票的，以不含税价为准，即采购成本＝含税价÷（1＋适用税率）。当然，部分一般纳税人符合相关条件的，可以选择适用简易计税方法计税，则采购比价的原则应参考小规模纳税人。

【案例 11-1】 铁蛋建筑公司（增值税一般纳税人）需要采购一批电脑用于公司管理部门办公使用。假设有两家电脑销售商报价，其中 A 供应商（增值税小规模纳税人）的含税报价为 103 万元（其中价款 100 万元，增值税 3 万元），开具征收率为 3% 的增值税专用发票；B 供应商（增值税一般纳税人）含税报价为 113 万元（其中价款为 100 万元，增值税 13 万元），开具税率为 13% 的增值税专用发票。铁蛋建筑公司选择 B 供应商更合适，因为在销项税额不变的情况下，选择B供应商能多抵扣10万元增值税；若铁蛋建筑公司为小规模纳税人，在其他条件不变的情况下，应当选择A供应商，含税价最低，其采购成本最低。

（二）计税方式

前面我们已经阐述了购买方纳税人身份对采购比价原则的影响，其中提到一般纳税人选择适用的简易计税方法情形下的比价原则与小规模纳税人一致。因此，在考虑购买方纳税人身份的同时，对一般纳税人适用不同计税方法的工程项目的采购比价要分别考量。

【案例11-2】 铁蛋建筑公司（增值税一般纳税人），其某个甲供工程选择适用简易计税方法计税。该项目需要采购一批砂石料，进行了公开招标并进行采购比价。现有三家供应商前来投标：A供应商为项目所在地自然人，报价97万元，但该供应商表示无法提供发票；B供应商为个体工商户（小规模纳税人），含税报价103万元，表示能够开具征收率为3%的增值税专用发票；C供应商为普通建材公司（增值税一般纳税人），含税报价113万元，表示能够开具税率为13%的增值税专用发票。假设付款比例、付款周期等其他相关条件一致，铁蛋建筑公司选择上述哪家供应商最合适？

分析：首先分析购买方的身份，属于一般纳税人的简易计税项目，不考虑其他因素其采购比价的基础原则以含税价最低为基础原则。因此，选择B供应商最合适。A供应商虽然总价最低，但是无法提供发票，考虑企业所得税税前扣除等因素，对铁蛋建筑公司来说综合采购成本却是最高的。C供应商含税总价为113万元，该项目选择适用简易计税方法计税，无法抵扣进项税额，113万元全部计入合同成本中，相比较而言，不如选择第二家供应商，能够实现利润最大化。

（三）现金周期

付款周期是企业采购过程中一个重要的因素，它对采购成本和供应商选择产生了一定的影响。

【案例11-3】 铁蛋建筑公司（增值税一般纳税人）需要采购一台打印机供投标部门使用。假设有两家电脑销售商报价，其中A供应商（增值税小规模纳税人）的含税报价为5.15万元（其中价款5万元，增值税0.15万元），开具征收率为 3％的增值税专用发票；B 供应商（增值税一般纳税人）含税报价为 5.65 万元（其中价款为 5 万元，增值税 5.65 万元），开具税率为 13％的增值税专用发票。B 供应商不允许赊欠，不许在供货当天支付全额款项；A 供应商允许试用 3 个月，3 个月后满意再付款。假设铁蛋建筑公司当月会计收入和销售额一致，均为 100 万元，销项税额 9 万元；其他成本 70 万元，对应进项税额 6 万元。假设附加税费率 12％（城市维护建设税 7％、教育附加费 3％、地方教育附加 2％）。上述业务应如何选择供应商？

分析：若选择 A 供应商，铁蛋建筑公司当月营业利润为 25 万元（100－70－5），应交增值税为 2.85 万元（9－6－0.15），应交附加税费为 0.34 万元（2.85×12％），不考虑小微企业和其他优惠因素，该公司应缴企业所得税为 6.17 万元 ［（25－0.34）×25％］，净利润为 18.49 万元（25－0.34－6.17）。若选择 B 供应商，铁蛋建筑公司当月营业利润为 25 万元（100－70－5），应交增值税为 2.35 万元（9－6－0.65），应交附加税费为 0.28 万元（2.35×12％）。不考虑其他优惠因素，该公司应交企业所得税为 6.18 万元 ［（25－0.28）×25％］，净利润为 18.54 万元（25－0.28－6.18）。两者净利润相差 0.05 万元，即 500 元的微弱差距。从理论数据上分析，选择 B 供应商对铁蛋建筑公司更有利。但是 A 供应商允许试用 3 个月，3 个月后满意再付款。相当于 A 供应商给了铁蛋建筑公司 3 个月的现金周期，可能 5.15 万元 3 个月的资金成本比 500 元小，但是所有物资和服务采购均考虑现金周期影响时，对于现金紧缩的建筑企业而言，以利润空前缓冲资金压力不失为一项良策。

因此，赊欠周期也是建筑企业选择供应商时的重要考虑因素。

（四）客户因素

选择供应商还要考虑客户因素。建筑企业在寻求合适的供应商时，除了关注自身纳税人身份、计税方式和供应商的报价、材料（服务）质量等因素外，还应该充分考虑甲方推荐的供应商。

甲方推荐的供应商，大部分是与甲方或者其合作方已经合作过的企业，从一定程度上可以减少建筑企业考察和筛选供应商的时间和精力，提高采购效率。另外，这部分供应商可能与甲方关系更密切，对回收工程进度款可能有一定帮助，即便没有帮助也可以考虑签订债权转让协议，将债权回收风险与债务支付义务对冲。

除上四项因素外，建筑企业选择供应商时还应综合比较企业性质、信誉度、材料质量等因素。

二、不同纳税人身份的供应商如何选择

近年来，财政部和国家税务总局出台了一系列对小规模纳税人的增值税免征、减征优惠政策，特别是在 2022 年 4 月 1 日至 2022 年 12 月 31 日期间，针对符合条件的小规模纳税人的减免税优惠力度较大。自 2023 年 1 月 1 日起，对小规模的税收优惠政策又作出进一步优化调整。

（一）供应商为不同纳税人身份的采购比价

增值税是价外税，无论选择什么纳税人身份的供应商，只要不含税价一致，增值税本身不影响企业的营业利润，但是如果涉及进项税额抵扣是否充分等因素，选择增值税小规模纳税人供应商还是一般纳税人供应商就会对建筑企业的资金成本产生影响，进而影响建筑企业的净利润。因小规模供应商享受增值税减免税政策不断变化，建筑企业需要对采购比价策略进行相应调整。

【案例 11-4】 铁蛋建筑公司为增值税一般纳税人。2025 年 1 月，某个适用一般计税方法计税的道路施工项目需要采购一批砂石料，需要进行采购比价。A 供应商为小规模个体户，含税报价 100 万元，开具征收率为 1% 的增值税普通发票；B 供应商为个体户（增值税小规模纳税人），含税报价 101 万元，可开具征收率为 1% 的增值税专用发票；C 供应商为普通建材公司（增值税小规模纳税人），含税报价 103 万元，表示能够开具征收率为 3% 的增值税专用发票；D 供应商为普通建材公司（增值税一般纳税人），含税报价 113 万元，表示能够开具税率为 13% 的增值税专用发票。假设付款比例、付款周期等其他相关条件一致，铁蛋建筑公司选择上述哪家供应商最合适？

分析：上述案例中购买方为增值税一般纳税人，项目适用一般计税方法计税，不能简单按照含税价最低选择供应商，在其他条件大致一致的情况下，应当选择采购成本和可抵扣进项税额最优的供应商。选择 A 供应商虽然含税价最低，但是取得的是 1% 的普通发票无法抵扣进项税额，在增值税上产生利空影响，采购成本为 100 万元；选择 B 供应商，采购成本与选择 A 供应商一样均为 100 万元，但是可以抵扣的增值税为 1 万元，相较于选择 A 供应商

更优；选择 C 供应商，采购成本也为 100 万元，但可以抵扣的进项税额为 3 万元，较 A、B 两家供应商更优；同理比较可知，选择 D 供应商对铁蛋建筑公司最合适。表面上看，选择 A、B 供应商支付的款项最少，很容易被资金流迷惑，但仔细分析就会知道并非如此。铁蛋建筑公司在收入（销售额）不变、销项税额不变的情况下，选择 D 供应商，与选择 A、B、C 三家供应商采购成本一致，对毛利没有影响，但选择 D 供应商对铁蛋建筑公司而言其增值税税负最低，附加税费就会降低，利润总额就最大。

（二）小规模纳税人供应商减税背景下结算价调整争议

部分小规模纳税人横跨 2022 年和 2023 年两个纳税年度的业务，可能需要分别适用不同的优惠政策，若在合同中未明确约定相关事项的，购销双方在结算时可能会产生一定的争议。

《财政部 税务总局关于对增值税小规模纳税人免征增值税的公告》（财政部 税务总局公告 2022 年第 15 号）（以下简称财政部 税务总局公告 2022 年第 15 号）规定："……自 2022 年 4 月 1 日至 2022 年 12 月 31 日，增值税小规模纳税人适用 3% 征收率的应税销售收入，免征增值税……"《国家税务总局关于小规模纳税人免征增值税等征收管理事项的公告》（国家税务总局公告 2022 年第 6 号）（以下简称国家税务总局公告 2022 年第 6 号）第一条规定："增值税小规模纳税人适用 3% 征收率应税销售收入免征增值税的，应按规定开具免税普通发票。纳税人选择放弃免税并开具增值税专用发票的，应开具征收率为 3% 的增值税专用发票。"

【案例 11-5】 2022 年 10 月 18 日，铁蛋建筑公司（增值税一般纳税人）与钢蛋建材经销中心（小规模个体户）签订了一份 PVC 管材采购合同，用于某一般计税项目。该合同的供应业务发生在 2022 年 11 月 1 日至 2023 年 6 月 30 日之间。合同价款约定：本合同暂定总价 1 000 000 元，人民币大写：壹佰万元整；暂定不含税总价 1 000 000 元；增值税税额 0 元（钢蛋建材经销中心按规定享受免征增值税政策）。若遇国家税收法规变化税率需要调整，本合同约定不含税综合单价金额不变，税率按国家政策调整后执行。2023 年 6 月 30 日供货完毕，此后，双方在办理结算手续时含税结算价应该如何确定？

分析：上述案例中，双方在合同价款中明确约定的总价其实是不含税价，约定钢蛋建材经销中心按照规定享受免征增值税优惠政策，在特定期间内开具"免税"免税发票，且约定了税率变化需要按照变化后的税率重新计算含税价款。因此，上述业务的结算额应当分段计算：2022 年 11 月 1 日至 2022 年 12 月 31 日期间发生的业务适用财政部 税务总局公告 2022 年第 15 号和国家税务总局公告 2022 年第 6 号的规定，开具"免税"发票。在 2023 年 1 月 1 日至 2023 年 6 月 30 日期间供应的货物，应当按照财政部 税务总局公告 2023 年第 1 号、财政部 税务总局公告 2023 年第 19 号的有关规定开具发票，自 2023 年 1 月 1 日至 2027 年 12 月 31 日，增值税小规模纳税人适用 3％征收率的应税销售收入，减按 1％征收率征收增值税。因此，在 2023 年 1 月至 2023 年 6 月期间发生的业务，双方的结算金额应依据钢蛋建材经销中心是否享受增值税减、免税政策，以及开具何种发票而确定。例如，在 2023 年 1 月 1 日以后开具的发票为征收率 1％的增值税专用发票，则此部分结算额应当按照合同约定的原不含税单价及供应量计算出不含税价格，并以此不含税价和 1％征收率计算增值税额，再得出含税结算价。若上述案例并未约定合同总价为不含增值税的价格，且未约定税率变化如何调价，在减免税政策进行调整的背景下，双方的结算价恐引争议。

三、采购比价临界点

前述内容主要是针对不含税价一致时，如何选择不同纳税人身份的供应商，或者开具不同类型发票的供应商。当不含税价不一致时如何选择？需要依照综合采购成本最低选择，即根据报价平衡点进行比较。

（一）一般纳税人供应商与小规模供应商的比价临界点

在确保物资供应质量一致，且都能开具合法有效发票的前提下，基于"综合采购成本"最低、利润最大化为前提选择供应商。

【案例 11-6】 2025 年 1 月，铁蛋建筑公司（增值税一般纳税人）的会计收入和增值税销售额均为 200 万元，销项税额为 18 万元，附加税费率 12％（城市维护建设税 7％、教育附加费 3％、地方教育附加 2％）。其某个适用一般计税方法计税的项目需要采购某项目材料，A 供应商（增值税一般纳税人）不含税报价为 100 万元，增值税 13 万元。如果铁蛋建筑公司选择 B 供应商（增值税小规模纳税人），其含税报价为多少时，与选择 A 供应商的效果一致？暂不考虑其他成本和其他税收优惠事项。

分析：按照上述数据，使用净利润算法比较。A供应商报价下，应交税费及净利润分析如下。

应交纳的增值税＝18－13＝5（万元）

应交附加税费＝5×12％＝0.6（万元）

利润总额＝200－100－0.6＝99.4（万元）

假设B供应商含税报价金额为x，且开具征收率为3％的增值税专用发票，不含税价格即为$x÷（1＋3％）$，可以抵扣的进项税额即为$[x÷（1＋3％）]×3％$；当铁蛋建筑公司选择A供应商和B供应商的净利润一致时，B供应商含税报价的临界点推导如下（数据保留到小数点后两位）。

$[2\,000\,000－x÷（1＋3％）]－\{180\,000－[x÷（1＋3％）]×3％\}×12％＝994\,000$（元）

$x＝1\,017\,595.34$（元）

B供应商的含税报价临界点＝1 017 595.34÷1 130 000＝90.05％

通过上述推导可知，假设一般纳税人供应商和小规模纳税人供应商都提供相应的增值税专用发票（税率13％和征收率3％），铁蛋建筑公司通过净利润比较，小规模纳税人供应商含税报价的临界点为一般纳税人供应商的90.05％。当小规模纳税人的含税报价为一般纳税人供应商含税报价的90.05％时，选择二者中任何一方对铁蛋建筑公司的利润影响都一样；如果高于90.05％则选择一般纳税人供应商；低于90.05％时选择小规模供应商。

（二）小规模供应商享受减税政策下的比价临界点

自2023年1月1日至2027年12月31日，增值税小规模纳税人适用3％征收率的应税销售收入，减按1％征收率征收增值税。因此，部分纳税人身份为小规模纳税人的供应商按照规定享受减税政策，开具征收率为1％的增值税专用发票，这对建筑企业采购比价的临界点管理将产生一定影响。

【案例11-7】　承【案例11-6】，假设B供应商享受小规模纳税人增值税减免税政策，开具1％的增值税专用发票，其他条件不变，临界点是否发生变化？

分析：B供应商含税报价金额为x，不含税价格为$x÷（1＋1％）$，可以抵扣的进项税额即为$[x÷（1＋1％）]×1％$，B供应商含税报价的临界点推导如下：

$$[2\ 000\ 000-x\div(1+1\%)]-\{180\ 000-[x\div(1+1\%)]\times1\%\}\times$$
$$12\%=994\ 000\ （元）$$

$$x=995\ 438.53\ （元）$$

B供应商享受小规模纳税人减税政策开具1‰增值税专用发票，含税报价临界点为 88.08‰（995 438.53÷1 130 000）。

如果小规模供应商只开具1‰的增值税普通发票呢？临界点又将继续下浮。临界点计算如下：

$$(2\ 000\ 000-x)-180\ 000\times12\%=994\ 000\ （元）$$

$$x=984\ 400\ （元）$$

B供应商享受小规模纳税人减税政策开具1‰增值税普通发票，含税报价临界点为 87.12‰（984 400÷1 130 000）。

根据以上的思路，其他服务内容的供应商，增值税税率为9‰、6‰，征收率为5‰、3‰的采购比价同样可以采用以上推导计算出报价临界点。若考虑付款周期等因素，上述关于采购比价临界点的论述就只供理论参考，实践中需要根据每个企业经营特点等情况选择供应商。例如部分属于"中小企业"[①] 的供应商在款项支付周期上受部分法律法规保护，购买方不得强制限制。《保障中小企业款项支付条例》(中华人民共和国国务院令第802号) 第九条第一款规定："机关、事业单位从中小企业采购货物、工程、服务，应当自货物、工程、服务交付之日起30日内支付款项；合同另有约定的，付款期限最长不得超过60日。"

政府投资项目所需资金应当按照国家有关规定确保落实到位，不得由施工单位垫资建设。因此，建筑企业在采购比价时，除了考虑自身因素和供应商条件，还需要注意其他相关法律法规的限制性规定。

---

① 《保障中小企业款项支付条例》(中华人民共和国国务院令802号) 第三条第一款规定："本条例所称中小企业，是指在中华人民共和国境内依法设立，依据国务院批准的中小企业划分标准确定的中型企业、小型企业和微型企业；所称大型企业，是指中小企业以外的企业。"

第十二讲　合同履约过程中供应商注销带来的影响

　　合同履约过程中，供应商注销或被吊销执照所带来的影响是多方面的，必然导致合同履行难度增加，很可能会造成风险和成本上升。建筑企业选择分包服务、主要材料供应商时务必谨慎，应从合同条款的设计着手，确保债务管理与发票管理并重，加强对分供商的分类管理和风险防控。本讲将对合同履约过程中分供商注销带来的涉税影响进行解析。

一、公司的注销与吊销

公司注销和公司吊销的区别表现为定义不同、性质不同，以及流程不同。公司注销是以企业申请为前提，是企业的主动行为，注销是企业合法退出市场的唯一途径。公司吊销则是一种严厉的行政处罚，不以企业申请为前提，直接由国家登记机关采取强制手段剥夺公司的营业资格。

（一）公司税务注销程序与民事责任

公司注销，是指当一个公司宣告破产，被其他公司收购、规定的营业期限届满不续、或公司内部解散等情形时，公司需要到登记机关申请注销，终止公司法人资格的过程。注销是一项自主退出市场的行为。

1. 公司注销的原因及股东的债务责任

公司注销有内部和外部两方面的原因：内部原因如公司经营不善，市场不好等；外部原因如被吊销、撤销等。具体如下：股东或股东会作出公司解散决议；公司依法宣告破产；公司章程规定营业期限届满且不续；公司章程或法律规定的解散事由出现；公司因合并、分立解散；公司被依法强制解散；公司吊销或撤销后转注销。

《公司法》第二百四十条规定："公司在存续期间未产生债务，或者已清偿全部债务的，经全体股东承诺，可以按照规定通过简易程序注销公司登记。通过简易程序注销公司登记，应当通过国家企业信用信息公示系统予以公告，公告期限不少于二十日。公告期限届满后，未有异议的，公司可以在二十日内向公司登记机关申请注销公司登记。公司通过简易程序注销公司登记，股东对本条第一款规定的内容承诺不实的，应当对注销登记前的债务承担连带责任。"

在简易注销过程中，全体股东通过公示转化为向不特定债权人作出的承诺，具备对公承诺的性质。从清算程序的立法初衷来看，该举措旨在保护债权人的合法权益，要求公司在注销法人资格之前清偿未了结的债务。尽管该制度在一定程度上简化了注销登记手续，但并未因此减轻股东因违法注销所应承担的民事责任，反而对全体股东提出了更高的自律与他律要求。

2. 税务注销登记

公司解散应当在依法清算完毕后，申请办理注销登记。笔者仅就税务注销登记作简要介绍。

税务注销登记是指纳税人由于法定的原因终止纳税义务时，向原税务机关申请办理的取消税务登记的手续。办理注销税务登记后，该当事人不再接受原税务机关管理。《企业注销指引（2021年修订）》的相关规定，税务注销流程分为普通注销流程和简易注销流程。

（1）普通注销流程。

《企业注销指引（2021年修订）》的规定，普通注销流程适用于各类企业。企业在完成清算后，需要分别注销税务登记、企业登记、社会保险登记，涉及海关报关等相关业务的公司，还需要办理海关报关单位备案注销等事宜。

（2）简易注销流程。《企业注销指引（2021年修订）》的规定，未发生债权债务或已将债权债务清偿完结的市场主体（上市股份有限公司除外）可以申请简易注销流程。市场主体在申请简易注销登记时，不应存在未结清清偿费用、职工工资、社会保险费用、法定补偿金、应缴纳税款（滞纳金、罚款）等债权债务。

企业有下列情形之一的，不适用简易注销程序：

①涉及国家规定实施准入特别管理措施的外商投资企业，被列入企业经营异常名录或严重违法失信企业名单的；

②存在股权（投资权益）被冻结、出质或动产抵押等情形；

③有正在被立案调查或采取行政强制、司法协助、被予以行政处罚等情形的；

④企业所属的非法人分支机构未办理注销登记的；

⑤曾被终止简易注销程序的；

⑥法律、行政法规或者国务院决定规定在注销登记前须经批准的；

⑦不适用企业简易注销登记的其他情形。

企业存在"被列入企业经营异常名录""存在股权（投资权益）被冻结、出质或动产抵押等情形""企业所属的非法人分支机构未办注销登记的"等不适用简易注销登记程序的，无须撤销简易注销公示，待异常状态消失后可再次依程序公示申请简易注销登记。对于承诺书文字、形式填写不规范的，市场监管部门在市场主体补正后予以受理其简易注销申请，无须重新公示。

符合市场监管部门简易注销条件，未办理过涉税事宜；或办理过涉税事宜但未领用发票（含代开发票）、无欠税（滞纳金）及罚款且没有其他未办结涉税事项的纳税人，免予到税务部门办理清税证明，可直接向市场监管部门申请简易注销。

（二）被吊销营业执照涉及的民事责任

吊销是指吊销营业执照，是市场监督管理局根据国家工商行政法规对违法的企业法人作出的一种行政处罚。

企业法人被吊销营业执照后至其清算程序结束被市场监督管理部门注销前，实体上仍应以自己的财产对外承担民事责任；被吊销营业执照的企业法人自行筹集注册资金，挂靠于上级主管部门或开办单位（上级主管部门或开办单位未实际投入自有资金）的，只要其自有资金与注册资金相符，筹集的注册资金符合法律规定，并具备企业法人设立的其他条件的，应认定其具备法人资格，以其财产独立对外承担民事责任。

上级主管部门或开办单位参加诉讼的，如其不存在投资不足或非法转移资产逃避债务等情形，上级主管部门或开办单位则作为企业清算人参加诉讼，应当承担清算责任；如其存在投资不足或非法转移资产逃避债务等违法情形，开办企业上级主管单位应当对投资不足或企业设立后抽逃资金的行为承担责任。责任方式有注册资金的全部清偿责任，有自有资金与注册资金差额范围内的赔偿责任，也有对善意债权人损失的连带赔偿责任。

前面我们已经分别阐述了公司注销与被吊销的区别，本节主要针对分供商主动注销公司给建筑企业带来的影响。

二、供应商注销对购买方的影响

在履约过程中，供应商注销公司给建筑企业带来的影响是多方面的，最主要的影响是增值税抵扣和企业所得税前列支扣除。

（一）正在履约的供应商为什么要注销

供应商注销公司如果有合理理由的大致不会在履约未完成时办理注销手续，反之，票还未开完，款项还未支付就注销的，大概率存在不合法或不合理的情形。

1. 供应商注销的内外部因素

部分供应商是因为市场竞争环境发生了重大变化，可能面临着业务调整、战略转移等问题，不打算再发展相关业务而选择注销。这一类注销，在完成发票开具和债权债务清理后再办理注销手续的，属于合理合法退出市场。

部分供应商可能因为自身经营不善、资金链断裂等原因无法继续履行合同而选择注销公司。例如，部分供应商因税收政策调整或者自身规模变化无法继续享受小规模、小微企业的税收政策而选择注销公司。这一类注销，很有可能企图以注销来逃避应承担的民事责任，有可能给购买方造成一定经济损失。

2. 注销公司并不能直接豁免行政处罚

注销公司是一种法律程序，其主要目的是终止公司的法人资格和消除公司的法律地位。在注销过程中，公司需要依法办理一系列手续，包括清算资产、偿还债务、办理税务注销等。在办理税务注销时如果通过虚假承诺完成了注销，在事后被发现存在涉税违法问题依然可能受到处罚。同时还可以对公司负责人和相关责任人进行行政处罚。在这种情况下，注销公司并不能为公司和个人减轻法律责任。

【案例 12-1】　某船舶管理公司被他人在信访部门和 12345 投诉取得相关培训收入未开具发票，税务机关遂对该公司进行相应检查。税务机关经检查发现该公司已于 2023 年 7 月 6 日注销市场主体登记，注销前隐瞒了 2023 年 3 月 13 日取得的船员培训费收入 13 800 元，未如实纳税申报。经查询自然人股东程某在该公司认缴出资比例为 70%，作为该公司法定代表人（控股股东），在填报企业注销登记申请书办理市场主体注销时签名确认无未结清税款，涉嫌虚假申报，骗取市场主体注销登记。税务机关要求程某在规定时间内前往该公司主管税务机关，对未申报收入进行纳税申报并报送纳税资料，逾期不申报，将按《中华人民共和国税收征收管理法》相关规定采取强制措施。

（二）供应商注销时，票据已开，款项未付

在正常情况下，作为销售方的材料供应商在注销公司之前，应告知购买方建筑企业，并将其已供应完毕但尚未开具发票的金额，全部予以开具。如此一来，购买方无论是将此类金额列入成本费用并在企业所得税前予以扣除，还是用于增值税进项税额抵扣，均符合法律法规的规定。在供应商注销后，建筑企业仍可按照合同约定的银行账户进行支付，或按照销售方委托的收款方进行支付。

【案例 12-2】 钢蛋贸易集团公司旗下三家子公司分别经营设备销售与租赁（A 公司）、智能家居生态产品定制（B 公司）、建材销售等业务（C 公司）。2024 年 10 月，C 公司已经向铁蛋建筑公司供应了 700 万元 PVC 管件，按合同约定应收 420 万元货款。由于钢蛋贸易集团进行发展战略调整，决定放弃建材销售业务。因此，按照供应金额开具了 700 万元发票，仅收到了 420 万元货款。2025 年 2 月，钢蛋贸易集团注销了其中主营建材销售的 C 公司。C 公司要求铁蛋建筑公司将剩余款支付给钢蛋贸易集团公司，铁蛋建筑公司可否按此要求操作？

分析：这种情形，作为购买方已经取得了相应发票，对增值税的抵扣和企业所得税的扣除并无影响，主要防止债务纠纷问题。《中华人民共和国民法典》第五百四十五条规定："债权人可以将债权的全部或者部分转让给第三人，但是有下列情形之一的除外：（一）根据债权性质不得转让；（二）按照当事人约定不得转让；（三）依照法律规定不得转让。……"第五百四十六条规定："债权人转让债权，未通知债务人的，该转让对债务人不发生效力。债权转让的通知不得撤销，但是经受让人同意的除外。"

因此，铁蛋建筑公司应在 C 公司注销前与之签订债权转让协议，明确 C 公司把债权转让给了其母公司钢蛋贸易集团公司；或由 C 公司在注销之前向铁蛋建筑公司发送债权转让通知，明确把债权转让给钢蛋贸易集团公司。

（三）供应商注销时，款项已付，票据未开

供应商在注销前若未完成开具票据的工作，可能导致建筑企业无法抵扣相应的进项税额，增加税收负担。使合作关系带来负面影响，甚至引发法律纠纷。

【案例 12-3】 2024 年 6 月，钢蛋贸易公司与铁蛋建筑公司签订了 PVC

管件销售合同，截至 2024 年 12 月已经向铁蛋建筑公司供应了 600 万元 PVC 管件，铁蛋建筑公司已按合同约定支付了 500 万元货款，但钢蛋贸易公司只开具了 400 万元发票。由于钢蛋贸易公司出现重大经营问题，该公司股东注销公司后已联系不上。铁蛋建筑公司有些方法补救税费损失？

分析：铁蛋建筑公司采购该批材料若是用于一般计税方法计税的项目，则增值税无法抵扣；企业所得税若符合相关条件的可以扣除。《国家税务总局关于发布〈企业所得税税前扣除凭证管理办法〉的公告》（国家税务总局公告 2018 年第 28 号）（以下简称国家税务总局公告 2018 年第 28 号）第十四条规定："企业在补开、换开发票、其他外部凭证过程中，因对方注销、撤销、依法被吊销营业执照、被税务机关认定为非正常户等特殊原因无法补开、换开发票、其他外部凭证的，可凭以下资料证实支出真实性后，其支出允许税前扣除：（一）无法补开、换开发票、其他外部凭证原因的证明资料（包括工商注销、机构撤销、列入非正常经营户、破产公告等证明资料）；（二）相关业务活动的合同或者协议；（三）采用非现金方式支付的付款凭证；（四）货物运输的证明资料；（五）货物入库、出库内部凭证；（六）企业会计核算记录以及其他资料。前款第一项至第三项为必备资料。"

如果销售方因注销、吊销等原因无法开具应税发票，符合上述条件的，购买方可以凭相关必备和辅助材料在企业所得税税前扣除；但是，由于销售方已经注销，无法提供增值税专用发票，作为购买方无法抵扣进项税额，应与供应商谈判按照不含税金额进行结算。

【案例 12-4】 A 机电设备有限公司（简称 A 公司）机构所在地税务稽查部门，根据外地税务局稽查局发来的已证实虚开通知单，得知 A 公司取得了 B 建材有限公司（简称 B 公司）开具的 10 份增值税电子普通发票。该批货物发票开具的货物品名为：＊非金属矿物制品＊水泥、＊黑色金属冶炼压延品＊钢筋、＊非金属矿物制品＊石子，发票金额 951 456.32 元，税额 28 543.68 元，价税合计 980 000 元，上述发票 A 公司已全部进行企业所得税前列支。后经查，此次业务的实际供货方为自然人姜某，A 公司与 B 公司之间无真实的业务往来，存在票、货、款不一致情况。你单位与 B 公司没有真实业务往来的前提下，利用 B 公司虚开的增值税发票进行编造虚假计税依据并进行税前列支成本。经核实，A 公司因实际供货人姜某因病去世，无法补换开发票，根据国家税务总局公告 2018 年第 28 号第十二条、第十四条之规定，因你单位提供了姜某的居民死亡医学证明（推断）书、非现金方式支付的付款凭证、工程协议书证明，其支出允许税前扣除。

最后，A 公司所在地税务稽查机关认定 A 公司与 B 公司没有真实业务往来的前提下，违规取得其开具的 10 份增值税电子普通发票在企业所得税前列支的行为属于编造虚假计税依据。根据《中华人民共和国税收征收管理法》第六十四条的规定，对 A 公司编造虚假计税依据的行为处罚款 10 000 元。

（四）供应商注销时，票据未开，款项未付

供应商在履约过程中，尚有款项未支付，还有发票没开具的情况下注销公司，有三个问题必须搞清楚。第一个问题是已供货尚未支付的款项是否还需要支付，第二个问题是剩余合同未履约的义务，是否可以转让给第三方履行；第三个问题是未取得供应商开具的发票，增值税和企业所得税是否可以扣除。

【案例 12-5】 钢蛋材料公司（增值税小规模纳税人）设立于 2025 年 1 月，主要经营各类管材的经销业务。2024 年 1 月至 2024 年 12 月已经向铁蛋建筑公司供应了 700 万元货物，按合同约定应收 600 万元货款。由于铁蛋建筑公司资金紧张，仅支付了 450 万元。因此钢蛋材料公司开具了 450 万元发票。铁蛋建筑公司要求按照合同约定付款比例先开具发票，剩余款项在 2025 年 2 月支付。钢蛋材料公司的股东为了避免公司成为一般纳税人，直接注销了公司。铁蛋建筑公司应注意哪些问题？

分析：首先，剩余款项是否还需要支付？在实务中，经常出现材料设备供应商向建筑企业供应完相关物资后，只收取了部分款项、开具了部分发票，双方未履约完毕即把公司注销了。这一情况导致了建筑企业无法取得完整的企业所得税前扣除凭证以及增值税抵扣凭证。如果作为销售方的材料设备商，在未开完发票、未通知购买方的情况下，注销了企业，导致无法开具剩余发票，作为购买方的建筑企业可否拒付剩余款项？《中华人民共和国民法典》第五百五十七条规定："有下列情形之一的，债权债务终止：（一）债务已经履行；（二）债务相互抵销；（三）债务人依法将标的物提存；（四）债权人免除债务；（五）债权债务同归于一人；（六）法律规定或者当事人约定终止的其他情形。（七）合同解除的，该合同的权利义务关系终止。"

其次，未履行完的合同义务供应商可否转嫁给其他第三方？供应商可以将尚未履行的供应义务转让给其他第三方，即由其他第三方向建筑企业供应

相应物资并开具发票，但是不能将其已经供完部分尚未开具发票的义务转让给其他第三方。供应商注销后如果以其他公司的名义向购买方开具相关发票，购买方凭此列入成本并支付款项，有可能涉嫌虚开增值税发票。

最后，未取得供应商开具的发票，"两税"是否可以扣除？由于供应商已经注销，无法提供增值税专用发票，作为购买方无法抵扣进项税额；由于款项也未支付，不符合国家税务总局公告2018年第28号第十四条的规定，企业所得税也无法列支扣除。

三、如何防范供应商注销带来的损失

建筑企业如何防范供应商在合同尚在履约阶段注销公司给自身带来的损失呢？建筑企业在选择供应商时，除了要进行采购比价外，对供应商存在的潜在风险应按照不同类别进行风险管控。

(一) 谨慎选择供应商、分类进行风险管理

一般提供建筑服务的专业分包商、劳务分包商不会轻易在履约过程中注销，因为涉及建筑资质和工程业绩的积累，但有可能会发生股权重大变更。建筑企业应重点加强对设备租赁商和材料供应商的管理，特别是自身无固定资产从事设备转租的供应商和商贸型个体工商户。选择材料和设备供应商时可以参考以下几个指标：注册年限、实缴资金占注册资金的比例、资质证书、纳税人身份。

首先，关注供应商的注册年限。注册年限较长的且持续经营的供应商，一般比刚注册的公司稳定性更强一些。

其次，关注供应商实缴资金。实缴资金占注册资金的比例越大，从某种程度上代表履约能力更强。特别是关注注册资金特别大，但实缴金额为零的供应商，需要重点防范其出现结构性危机。

再次，关注供应商的资质证书。部分行业、部分企业需要资质证书，且取得资质证书需要相关业绩的，不会轻易注销。

最后，要注意纳税人身份，小规模纳税人成为一般纳税人后增值税税负可能会发生变化，有些供应商为了避免这类不确定的变化，可能会在履约过程中注销公司。

上述几个因素仅供参考。

（二）合同中涉及付款和发票的涉税条款设计

如果已经确定了供应商，在签订经济合同时应当通过付款、发票等条款防范供应商随意注销。将供应商在履约过程注销公司的行为约定为违约行为，因违约行为产生的税费损失和其他经济损失由违约方赔偿。例如以下案例中的合同条款。

【案例 12-6】 铁蛋建筑公司（以下称为甲方）与钢蛋材料公司（以下称为乙方）在签订材料采购合同时约定：在合同履约过程中乙方不得随意注销公司，确需注销公司的应当将已经提供的服务（已经销售的货物）全额开具增值税专用发票（或者普通发票），而后再注销。若乙方未告知甲方即注销公司，导致甲方无法抵扣增值税、无法扣除企业所得税的，乙方应当赔偿甲方全部损失。该损失甲方可以在支付尾款时预先扣除。

四、在以后年度取得票据的追溯扣除限制

已发生的成本，除因供应商注销而无法取得发票的情形外，还有可能由于双方司法纠纷或其他因素而未及时取得发票。建筑企业已确认的合同成本若未在规定时限内取得发票，应在汇算清缴时进行调整。若在以后年度取得应税票据的，扣除政策应遵循国家税务总局公告 2018 年第 28 号的规定。

国家税务总局公告 2018 年第 28 号第十五条规定："汇算清缴期结束后，税务机关发现企业应当取得而未取得发票、其他外部凭证或者取得不合规发票、不合规其他外部凭证并且告知企业的，企业应当自被告知之日起 60 日内补开、换开符合规定的发票、其他外部凭证……"第十七条规定："除发生本办法第十五条规定的情形外，企业以前年度应当取得而未取得发票、其他外部凭证，且相应支出在该年度没有税前扣除的，在以后年度取得符合规定的发票、其他外部凭证或者按照本办法第十四条的规定提供可以证实其支出真实性的相关资料，相应支出可以追补至该支出发生年度税前扣除，但追补年限不得超过五年。"

【案例 12-7】 某建筑企业在以前年度取得的一批增值税专用发票被税务机关认定为虚开发票，除进项税额不能抵扣外，被要求限期补开、换开符合

规定的发票，或提供其他法定资料证明业务真实性，否则不允许在企业所得税前列支扣除。下面为税务事项通知书。

国家税务总局＊＊市税务局第四稽查局

税务事项通知书

＊＊税四稽通〔20＊＊〕＊＊号

＊＊＊建筑有限公司：（纳税人识别号：＊＊＊）

事由：依法提供有关资料及证明材料。

依据：《中华人民共和国税收征收管理法》第五十四条第三项、第五十六条，《国家税务总局关于发布〈企业所得税税前扣除凭证管理办法〉的公告》（国家税务总局公告2018年第28号）第十四条、第十五条和第十六条的规定。

通知内容：你公司取得的A有限公司开具的增值税专用发票231份（发票代码：＊＊＊＊，发票号码＊＊＊＊＊＊－＊＊＊＊＊＊，发票金额合计：9 945 975.65元，税额合计：1 591 356.35元，开票日期为：2019年1月25日），已被证实为虚开。请你公司自收到本通知之日起60日内补开、换开符合规定的发票。你公司（单位）在补开、换开发票、其他外部凭证过程中，因对方注销、撤销、依法被吊销营业执照、被税务机关认定为非正常户等特殊原因无法补开、换开发票的，请提供以下资料证实支出的真实性：

（一）无法补开、换开发票、其他外部凭证原因的证明资料（包括工商注销、机构撤销、列入非正常经营户、破产公告等证明资料）；

（二）相关业务活动的合同或者协议；

（三）采用非现金方式支付的付款凭证；

（四）货物运输的证明资料；

（五）货物入库、出库内部凭证；

（六）企业会计核算记录以及其他资料。

上述第（一）项至第（三）项为必备资料。

如你公司不能按要求提供上述资料，请在期限内向我局书面说明情况，否则我局将依法从严处理。

联系人：＊＊　　＊＊

联系电话：＊＊＊＊＊＊＊＊

地址：＊＊＊＊

税务机关（签章）（略）

20＊＊年＊＊月＊＊日

第十三讲　以房抵债的财税处理

以房抵债是现实生活中常见的一种债务清偿方式，其实质为以物抵债，亦称代物清偿。此方式涉及债务人在面临金钱债务难以偿还的情况下，于原债权债务到期前或到期后与债权人达成协议，以自身拥有的房屋折抵所欠债务。以房抵债的主要特征为双方当事人协商一致，以债务人转移房屋所有权的方式履行原合同约定的金钱给付义务。本讲将对以房抵偿工程款的财税处理进行详细解析。

一、债务重组的财税处理

以地产施工为主业的建筑企业受经济周期对市场需求的影响，可能不得不接受业主以房抵偿工程款的请求。以房抵偿工程款实际上就是债务重组的一种方式。

（一）债务重组的原因及方式

债务重组，是指在不改变交易对手方的情况下，经债权人和债务人协定或法院裁定，就清偿债务的时间、金额或方式等重新达成协议的交易。债务重组一般包括债务人以资产清偿债务、债务人将债务转为权益工具，或采用调整债务本金、改变债务利息、变更还款期限等方式修改债权和债务的其他条款，形成重组债权和重组债务。

1. 以资产清偿债务

债务人转让其资产给债权人以清偿债务的债务重组方式。债务人通常用于偿债的资产主要有：现金、存货、金融资产、固定资产、无形资产等。以现金清偿债务，通常是指以低于债务的账面价值的现金清偿债务，如果以等量的现金偿还所欠债务，则不属于债务重组。

2. 债务转为资本

债务人将债务转为资本，同时债权人将债权转为股权的债务重组方式，从而成为债务人的股东，共同分担企业风险。但债务人根据转换协议，将应付可转换公司债券转为资本的，则属于正常情况下的债务资本，不能作为债务重组处理。

3. 修改其他债务条件

减少债务本金、降低利率、免去应付未付的利息等。债权人同意免除部分债务，以减轻债务人的负担。双方签订债务减免协议，明确减免金额、还款期限等事项。减免一部分债务，债务人可以降低负债水平，提高资产负债率，从而增强偿债能力。除此之外，还包括将债务人的高利率债务转换为低利率债务，降低债务负担；通过出售、抵押或租赁等方式，调整企业资产结构，提高资产变现能力。

建筑企业还可以采用以上三种方式组合的形式进行债务重组形式。

（二）债务重组的会计处理

债务重组采用以资产清偿债务方式，或者采用将债务转为权益工具方式且导致债权人将债权转为对联营企业或合营企业的权益性投资的，债权人初始确认受让的非金融资产应当以成本计量。

债务重组采用债务人以多项资产清偿债务或者组合方式的，债权人应当首先确认和计量受让的金融资产和重组债权，然后按照受让各项非金融资产的公允价值比例，对放弃债权的公允价值扣除受让金融资产和重组债权确认金额后的净额进行分配，并以此为基础分别确定各项资产的成本。放弃债权的公允价值与账面价值之间的差额，应当计入当期损益。

债务重组采用将债务转为权益工具方式的，债务人初始确认权益工具时应当按照权益工具的公允价值计量；权益工具的公允价值不能可靠计量的，应当按照所清偿债务的公允价值计量。债务人所清偿债务账面价值与权益工具确认金额之间的差额应当计入当期损益。

债务重组采用债务人以多项资产清偿债务或者组合方式的，所清偿债务的账面价值与转让资产的账面价值，以及权益工具和重组债务的确认金额之和的差额，应当计入当期损益。

注意，债务人在破产清算期间进行的债务重组不属于《企业会计准则第12号——债务重组》规范的范围，应当按照企业破产清算有关会计处理规定处理。

（三）债务重组的涉税处理

在涉税处理上，企业重组是指企业在日常经营活动以外发生的法律结构或经济结构重大改变的交易，包括企业法律形式改变、债务重组、股权收购、资产收购、合并、分立等。

1. 债务重组涉及的增值税

以非现金资产清偿债务的债务重组中，债务人将非货币性资产用于抵债，属于增值税应税行为，应该申报缴纳增值税并按规定开具相应发票。

2. 债务重组涉及的企业所得税

《财政部 国家税务总局关于企业重组业务企业所得税处理若干问题的通知》（财税〔2009〕59号）（以下简称财税〔2009〕59号）第四条第二项规定："企业债务重组，相关交易应按以下规定处理：1. 以非货币资产清偿债务，应当分解为转让相关非货币性资产、按非货币性资产公允价值清偿债务两项业务，确认相关资产的所得或损失。2. 发生债权转股权的，应当分解为债务清偿和股权投资两项业务，确认有关债务清偿所得或损失。3. 债务人应当按照支付的债务清偿额低于债务计税基础的差额，确认债务重组所得；债权人应当按照收到的债务清偿额低于债权计税基础的差额，确认债务重组损失。4. 债务人的相关所得税纳税事项原则上保持不变。"

根据财税〔2009〕59号通知第五条规定："企业重组同时符合下列条件的，适用特殊性税务处理规定：（一）具有合理的商业目的，且不以减少、免除或者推迟缴纳税款为主要目的。（二）被收购、合并或分立部分的资产或股权比例符合本通知规定的比例。（三）企业重组后的连续12个月内不改变重组资产原来的实质性经营活动。（四）重组交易对价中涉及股权支付金额符合本通知规定比例。（五）企业重组中取得股权支付的原主要股东，在重组后连续12个月内，不得转让所取得的股权。"

上述企业重组适用特殊性税务处理是指，企业债务重组确认的应纳税所得额占该企业当年应纳税所得额50%以上，可以在5个纳税年度的期间内，均匀计入各年度的应纳税所得额。企业发生债权转股权业务，对债务清偿和股权投资两项业务暂不确认有关债务清偿所得或损失，股权投资的计税基础以原债权的计税基础确定。企业的其他相关所得税事项保持不变。

3. 债务重组可能涉及契税

《中华人民共和国契税法》（以下简称《契税法》）第一条规定："在中华人民共和国境内转移土地、房屋权属，承受的单位和个人为契税的纳税人，应当依照本法规定缴纳契税。"第二条规定："本法所称转移土地、房屋权属，是指下列行为：（一）土地使用权出让；（二）土地使用权转让，包括出售、赠与、互换；（三）房屋买卖、赠与、互换……"

因此，以土地、房屋权属抵债的，属于土地使用权转让、房屋买卖应当缴纳契税。因此，以非货币性资产清偿债务方式的债务重组中，抵债资产涉及房地产的，债务人承受土地房屋权属时应按规定申报缴纳契税。但《财政部 税务总局关于继续执行企业、事业单位改制重组有关契税政策的公告》（财政部 税务总局公告 2023 年第 49 号）第七条规定："……经国务院批准实施债权转股权的企业，对债权转股权后新设立的公司承受原企业的土地、房屋权属，免征契税。"

4. 债务重组可能涉及土地增值税

企业以资产清偿债务的形式进行债务重组的，如果债务方抵债资产涉及房产的，应视同销售房地产申报缴纳土地增值税。

5. 债务重组涉及的印花税

如果以"债转股"的形式进行债务重组的，《财政部 税务总局关于企业改制重组及事业单位改制有关印花税政策的公告》（财政部 税务总局公告 2024 年第 14 号）第一条第二项规定："企业债权转股权新增加的实收资本（股本）、资本公积合计金额，应当按规定缴纳印花税。对经国务院批准实施的重组项目中发生的债权转股权，债务人因债务转为资本而增加的实收资本（股本）、资本公积合计金额，免征印花税。"

【案例 13-1】 2025 年 1 月，铁蛋建筑公司与钢蛋分包公司签订某住宅工程防水分包合同，合同总价 1 090 万元，该工程适用一般计税方法计税。2025 年 1 月，铁蛋建筑公司拟将一批全新采购的防水涂料用于抵偿应支付给钢蛋分包公司分包款，该批防水涂料成本为 100 万元（不含税价），双方签订了债务重组协议。假设铁蛋建筑公司应付钢蛋分包公司分包款为 150 万元，拟用于抵偿该分包款的防水涂料市场公允价值为 120 万元（不含税价）。铁蛋建筑公司和钢蛋分包公司均为增值税一般纳税人，不考虑其他税收优惠，铁蛋建筑总包公司和钢蛋分包公司应如何进行财税处理？

分析：在涉税处理上，债务人应当按照支付的债务清偿额低于债务计税基础的差额，确认债务重组所得；债权人应当按照收到的债务清偿额低于债权计税基础的差额，确认债务重组损失。债权方取得债务方用于抵偿债务的实务资产时，应当以公允价值入账；债权方在进行以物抵债的会计处理时，原材料按照账面价值核算，但应缴纳的增值税计税基础应当以该实务资产的公允价值作为准。上述案例中，铁蛋建筑公司用于抵偿债务的原材料账面价值低于公允价格。因此，债务方在债务重组利得的金额上存在税会差异。

①铁蛋建筑公司会计处理。

借：应付账款——分包款 1 500 000

　　贷：原材料——防水涂料 1 000 000

　　　　应交税费——应交增值税（销项税额）

156 000（1 200 000×13％）

　　　　其他收益——债务重组收益 344 000

②钢蛋分包公司会计处理。

借：原材料——防水涂料 1 200 000

　　应交税费——应交增值税（进项税额） 156 000

　　投资收益 144 000

　　贷：应收账款——工程款 1 500 000

注意，债务人以物抵债，不仅是应付款项与应收款项的资金抵冲，应当向债权人开具货物销售增值税发票，申报缴纳增值税。若未及时申报缴纳增值税则存在涉税风险。上述案例中，铁蛋建筑公司应当向钢蛋分包公司开具价税合计数为 1 356 000 元的增值税专用发票或普通发票。

二、以房抵债合同的生效条件

"以房抵债"协议，本质上是一种以物抵债的支付方式，其主要内容为发包人与承包人签订协议，将发包人房屋以特定价格抵偿给承包人，以此履行建设工程施工合同或结算协议中约定的工程款支付义务。

（一）诺成性与实践性

以物抵债协议并非严格的法律概念，亦非《中华人民共和国民法典》所规定的典型合同，但在司法实践与理论界对其性质的界定上，对协议性质属于实践性还是诺成性存在较大分歧。

1. 合同中直接约定收款方式为"以房抵债"

诺成性合同与实践性合同主要区别在于其成立及生效时点。诺成性合同在当事人意思表示一致之际即告成立，而实践性合同则在达成共识之后，须待当事人履行交付标的物的义务后方可成立。

在实务中，相当一部分建筑企业在与发包方签订建设工程施工合同时，双方就在付款条款中直接约定用该项目施工完毕并竣工验收通过后待售的房产抵偿工程款。这种情况下，由于工程尚未开工，发包人与承包人达成的"以房抵工程款"约定无法明确抵债房产的具体状况和工程款的具体抵偿数额，一般表述为以房抵偿一定比例的工程款，例如"最终结算金额中50％以房抵债，50％以银行转账、商业承兑汇票等形式支付"。

笔者认为，在建设工程合同中嵌入这类"以房抵偿工程款"条款过于笼统，有时难以执行，若承包方（建筑企业）最终拒绝接受以房抵债，继续向发包方主张工程款，法院一般会支持承包方的诉求。

【案例13-2】 A建筑公司与B地产公司在签订的＊＊商业广场建筑安装工程建设工程施工合同时，在付款条款中约定："本工程竣工后，结算审核完成后在合同约定的时间内，甲方（B地产公司）不能按时按量支付乙方（A建筑公司）工程款时，甲方可以将已竣工的可以投入使用的成品（如商场与产权式酒店）等，按欠付的乙方工程款等价转交于乙方名下，转交价格按当地市场行情下浮15％，甲方无偿配合乙方营销，物业管理由甲方管理。"最终，由于双方在施工过程中存在诸多争议，该项目竣工后结算工作久拖未决。A建筑公司向法院提起诉讼，要求B地产公司支付工程款，不接受以房抵债。法院认定，该协议签订时，案涉工程刚开始施工，双方尚未形成债权债务关系，房屋亦未建成，以物抵债协议应当具备的基本内容均未确定。因此，案涉＊＊商业广场建筑安装工程建设工程施工合同不具备以物抵债协议的基本内容，不能认为双方就案涉工程欠款达成了以商品房抵偿的合意。

在实务中，也有部分地区法院在审理建设工程施工合同纠纷案中，认为以物抵债协议并不以债权人现实地受领抵债物，或取得抵债物所有权、使用权等财产权利为成立或生效要件。只要双方当事人的意思表示真实，合同内容不违反法律、行政法规的强制性规定，合同即为有效。

笔者的观点偏向于以物抵债协议视为实践性合同。

2. 施工合同履行过程中签署"以房抵债"协议

在施工合同已完成或正在进行时，若承包方（建筑企业）向发包方（地产企业）申请支付进度款或结算款，发包方因资金短缺，与承包方协商变更工程款支付方式，以特定房产抵扣所欠工程进度款。在这种情况下，若相关房产已获得预售许可证明，且无其他导致合同无效的因素，司法实践普遍承认此类协议的有效性。若发包方未按约定履行"以房抵工程款"协议，承包方可以主张继续履行以物抵债协议，但不可要求确认所抵物品的所有权归自己所有。

【案例 13-3】 2024 年 1 月，铁蛋建筑公司与钢蛋地产公司签订了某房屋建筑施工总承包合同，合同工期 2 年。2024 年 12 月，钢蛋地产公司欠付铁蛋建筑公司工程款 3 000 万元，双方签订了以房抵债协议约定钢蛋地产公司以其 20 套持有待售房产抵偿应付的工程款。约定抵债协议的生效条件为：一个月内将协议内约定抵债的房产（公允价值 3 000 万元）办理过户手续，确保过户至铁蛋建筑公司名下，以抵偿应付的 3 000 万元工程款。直至 2025 年 5 月，钢蛋地产公司也未能办理该抵债房产过户手续，铁蛋建筑公司可否请求钢蛋地产开发公司支付工程款 3 000 万元？

分析：《最高人民法院关于适用〈中华人民共和国民法典〉合同编通则若干问题的解释》（法释〔2023〕13 号）第二十八条规定："债务人或者第三人与债权人在债务履行期限届满前达成以物抵债协议的，人民法院应当在审理债权债务关系的基础上认定该协议的效力。当事人约定债务人到期没有清偿债务，债权人可以对抵债财产拍卖、变卖、折价以实现债权的，人民法院应当认定该约定有效。当事人约定债务人到期没有清偿债务，抵债财产归债权人所有的，人民法院应当认定该约定无效，但是不影响其他部分的效力；债权人请求对抵债财产拍卖、变卖、折价以实现债权的，人民法院应予支持。"

笔者认为，钢蛋地产公司到期未按以房抵债协议约定履行，未在一个月内办理过户手续，以房抵债的生效条件不存在，铁蛋建筑公司可以请求钢蛋地产开发公司履行原债务。

（二）以房抵债对工程价款优先受偿权的影响

承包人的建设工程价款优先受偿权，优先权的具体行使方式有两种：一是承包人与发包人协议将工程折价，建设工程的价款就该工程折价的价款优先受偿；二是承包人请求人民法院将该工程依法拍卖，建设工程的价款就该工程拍卖的价款优先受偿。

1. 建设工程价款的优先授权

《最高人民法院关于审理建设工程施工合同纠纷案件适用法律问题的解释（一）》（法释〔2020〕25号）（以下简称法释〔2020〕25号）第三十六条规定："承包人根据民法典第八百零七条规定享有的建设工程价款优先受偿权优于抵押权和其他债权。"第三十七条规定："装饰装修工程具备折价或者拍卖条件，装饰装修工程的承包人请求工程价款就该装饰装修工程折价或者拍卖的价款优先受偿的，人民法院应予支持。"第三十八条规定："建设工程质量合格，承包人请求其承建工程的价款就工程折价或者拍卖的价款优先受偿的，人民法院应予支持。"第三十九条规定："未竣工的建设工程质量合格，承包人请求其承建工程的价款就其承建工程部分折价或者拍卖的价款优先受偿的，人民法院应予支持。"第四十条第二款决定："承包人就逾期支付建设工程价款的利息、违约金、损害赔偿金等主张优先受偿的，人民法院不予支持。"

建筑企业接受发包方以房抵债，在完成房屋变更登记之前，以房抵债协议并不形成优于其他债权的利益，不能认定由此而产生的物权期待权及物权本身。即发包方如果以其他项目房产作为抵债物，则承包人（建筑企业）可能因此丧失工程款优先受偿权。但如果"以房抵工程款"协议是承包人就涉案工程的，则其享有的建设工程价款优先受偿权优于其他债权的利益。

2. 工程款优先受偿权弱于全款购房者房屋交付请求权

注意，上述建筑承包人的工程款优先受偿权弱于全款购房者房屋交付请求权。《最高人民法院关于商品房消费者权利保护问题的批复》（法释〔2023〕1号）第一条规定："建设工程价款优先受偿权、抵押权以及其他债权之间的权利顺位关系，按照《最高人民法院关于审理建设工程施工合同纠纷案件适用法律问题的解释（一）》第三十六条的规定处理。"

第二条规定："商品房消费者以居住为目的购买房屋并已支付全部价款，主张其房屋交付请求权优先于建设工程价款优先受偿权、抵押权以及其他债权的，人民法院应当予以支持。只支付了部分价款的商品房消费者，在一审法庭辩论终结前已实际支付剩余价款的，可以适用前款规定。"

3. 建设工程价款的优先授权期限

建设工程价款的优先授权是有期限的。根据法释〔2020〕25号第四十一条规定："承包人应当在合理期限内行使建设工程价款优先受偿权，但最长不得超过十八个月，自发包人应当给付建设工程价款之日起算。"

另外，根据法释〔2020〕25号第四十二条规定："发包人与承包人约定放弃或者限制建设工程价款优先受偿权，损害建筑工人利益，发包人根据该约定主张承包人不享有建设工程价款优先受偿权的，人民法院不予支持。"

三、以房抵偿工程涉及的财税处理

建筑企业作为不动产的购买方，取得业主抵偿工程款的商品房，某种程度上税费一定会增加。

（一）取得抵偿工程款的商品房涉及的税费

建筑企业作为不动产的购买方，取得业主抵偿工程款的商品房，某种程度上税费一定会增加。

1. 购买环节涉及契税

（1）契税税率。

《契税法》第三条规定："契税税率为百分之三至百分之五。契税的具体适用税率，由省、自治区、直辖市人民政府在前款规定的税率幅度内提出，报同级人民代表大会常务委员会决定，并报全国人民代表大会常务委员会和国务院备案。省、自治区、直辖市可以依照前款规定的程序对不同主体、不同地区、不同类型的住房的权属转移确定差别税率。"

（2）契税的计税依据。

土地使用权出让、出售，房屋买卖，需要缴纳契税的计税依据为土地、房屋权属转移合同确定的成交价格，包括应交付的货币及实物、其他经济利益对应的价款（不包括增值税额）。

（3）纳税义务发生时间与纳税地。

《契税法》第九条规定："契税的纳税义务发生时间，为纳税人签订土地、房屋权属转移合同的当日，或者纳税人取得其他具有土地、房屋权属转移合同性质凭证的当日。"第十条规定："纳税人应当在依法办理土地、房屋权属登记手续前申报缴纳契税。"第十一条规定："纳税人办理纳税事宜后，税务机关应当开具契税完税凭证。纳税人办理土地、房屋权属登记，不动产登记机构应当查验契税完税、减免税凭证或者有关信息。未按照规定缴纳契税的，不动产登记机构不予办理土地、房屋权属登记。"

另外，如果在依法办理土地、房屋权属登记前，权属转移合同、权属转移合同性质凭证不生效、无效、被撤销或者被解除的，纳税人可以向税务机关申请退还已缴纳的契税。

2. 购买环节涉及印花税

建筑企业取得业主抵偿工程款的商品房需要缴纳印花税。《中华人民共和国印花税法》（以下简称《印花税法》）第一条规定："在中华人民共和国境内书立应税凭证、进行证券交易的单位和个人，为印花税的纳税人，应当依照本法规定缴纳印花税。在中华人民共和国境外书立在境内使用的应税凭证的单位和个人，应当依照本法规定缴纳印花税。"第四条规定："印花税的税目、税率，依照本法所附《印花税税目税率表》执行。"第五条："印花税的计税依据如下：（一）应税产权转移书据的计税依据，为产权转移书据所列的金额，不包括列明的增值税税款……"

建筑企业取得业主抵偿工程款的商品房应缴纳的印花税的计税凭证为土地使用权、房屋等建筑物和构筑物所有权转让书据（不包括土地承包经营权和土地产权转移），转让包括买卖（出售）继承、赠与、互换和分割。计税依据为价款的万分之五。印花税的纳税义务发生时间为纳税人书立应税凭证或者完成证券交易的当日。

3. 持有环节涉及房产税与城镇土地使用税

取得业主方抵偿工程款的房产后，在持有环节还将产生两种税，即房产税和城镇土地使用税。

（1）房产税。房产税是以房屋为征税对象，是一种按房屋的计税余值或租赁收入为计税依据，向产权所有人征收的一种财产税。以坐落在城市、县城、建制镇、工矿区的房屋和具有房屋功能的建筑（有屋面和围护结构的建筑、含已办理产权证的地下人防工程）为征收对象。房产税一般由房产所有者缴纳，产权归属全民所有的，经营单位缴纳；产权出典的，承典人缴纳；住宅区内业主共有的经营性房产、产权未确定或租典纠纷未决的，代管人或使用人缴纳。

房产税的税率，依照房产余值计算缴纳的，税率为 1.2%；依照房产租金收入计算缴纳的，税率为 12%，从租计征以不含增值税的租金收入为计税依据；出租收入按照相关规定免征增值税的，以含税价计征。

建筑企业取得业主抵偿工程款的商品房应交房产税的纳税义务发生时间为自办理房屋权属转移、变更登记手续，房地产权属登记机关签发房屋权属证书的次月。房产税由房产所在地征收，在征收城镇土地使用税时合并申报。

（2）城镇土地使用税。城镇土地使用税是以在城市、县城、建制镇、工矿区范围内对使用土地的单位和个人，以其实际占用的土地面积为计税依据，按照规定的税额计算征收的一种资源税。城镇土地使用税的纳税义务人为城市、县城、建制镇、工矿区范围内使用土地的单位和个人。由拥有土地使用权的单位或个人缴纳。以纳税人实际占用土地面积为计税依据，依照规定税额计算征收；地下建筑已取得使用权证书的按应征税款的 50% 计征；土地使用权共用的，按实际使用面积占总面积的比例分别计税。城镇土地使用税按年计算分期缴纳，与房产税合并申报；由土地所在地税务机关征收；土地在多个地区的应分别向多地税务机关缴纳；土地不在一个省的，省级税务机关决定。

城镇土地使用税，根据房产地价格定额每平方米在 0.6 元至 30 元之间；省级政府按照城市人口确定大中小规模确定。

4. 销售环节涉及的税费

建筑企业取得抵偿工程款的商品房若是为了出售，在取得和持有环节涉税内容不变，对外销售时可能会涉及增值税、土地增值税、企业所得税、城市维护建设税及附加、印花税，即便销售价格低于取得的价格，印花税依然要缴纳。

因此，建筑企业接受业主方以房抵偿工程款，无论取得房产作何用途，相较于直接收取工程款，其税费一定会有所增加。

（二）取得业主抵偿工程款的商品房的会计处理

如果业主方以待售商品房抵偿工程，业主方应当按照销售不动产处理，向建筑企业开具不动产销售发票，建筑企业向业主方正常开具"建筑服务"发票即可。建筑企业根据取得不动产以后的用途确定应计入"开发产品""固定资产""投资性房地产"等科目。

（三）房地产开发企业以房抵偿工程款应确认收入

在当前的经济环境下，房地产开发企业面临着巨大的资金压力，为了缓解这种压力，采用以房抵偿工程款的方式来进行债务清偿。执行《企业会计准则》的房地产开发企业，应以所交付房屋的公允价值作为确认收入的依据。公允价值的确定可以参考市场价格、同类房屋的交易价格和专业评估机构的评估结果。

房地产开发企业以房抵偿工程款是一种常见的债务清偿方式，企业在采用这种方式时，应正确确认收入，遵循税收政策和企业会计准则。

【案例 13-4】　A 房地产开发企业于 2018 年 12 月 15 日与 B 建设集团签订抵付工程款审批表。双方协商，由 A 房地产开发企业将某项目一期 12 套房子给与 B 建设集团用于抵顶部分剩余工程款，单价均为 9 500 元，面积总计 1 143.21 平方米，抵账房款总计 10 860 495 元。此后，A 房地产开发企业未作会计账务处理，未计提增值税销项税额，未申报增值税。

最终税务稽查部门认定，A 房地产开发企业违反了《中华人民共和国增值税暂行条例》第一条、第十九条第一项的规定，造成少计提增值税税额 517 166.43 元（10 860 495÷1.05×5％）。《中华人民共和国城市维护建设税暂行条例》第二条、第三条、第四条规定，应补缴城市维护建设税 36 201.65 元（517 166.43×7％）。《中华人民共和国企业所得税法》第六条第一项的规定，2018 年度应调增应纳税所得额 10 343 328.57 元（10 860 495÷1.05）。同时，按照《中华人民共和国税收征收管理法》第六十四条第二款的规定，对上述增值税、城市维护建设税、企业所得税问题，处应缴税款百分之五十的罚款。

四、"三方债权债务抵销"＋"以房抵债"模式下的财税处理

（一）建筑企业将债权转让给分供商抵销相应债务

前面我们已经阐述了业主方以房抵债可能会增加建筑企业的税费成本，若在业主方协商以房抵债时，直接要求业主将房屋抵给自己的分包商或供应商（以下简称分供商），三方签订债权债务抵销协议，将减少中间方建筑企业

的税费负担。"三方债权债务抵销＋以房抵债"这一操作的实质并不是单纯的以房抵债，或者说站在建筑企业的角度并没有以业主抵债的房产再抵给分供商，只是把对业主的债权转让给分供商，直接抵销了对分供商相应金额的债务。业主方在向建筑企业的分供商支付款项时，双方发生了以房抵债事项，以房抵债事项发生在债务转让之后。

1. 业主方的会计处理

在会计处理上，业主方先按照债权债务转让协议（债权转让通知）、以房抵债协议，借记"应付账款"科目，贷记"其他应付款"科目，相关建筑安装成本按照相关会计制度核算。将存量商品房抵给建筑企业的分供商时，按照销售房产确认收入、结转成本，借记"其他应付款"科目，贷记"主营业务收入""应交税费"等科目，借记"主营业务成本"科目、贷记"开发商品"；同时按照销售房产确认收入、结转成本；若用于抵债的属于期房，则按照销售期房的手续进行会计处理，借记"其他应付款"科目，贷记"预收账款""应交税费"等科目，按照有关规定预交增值税、土地增值税、企业所得税等。

2. 建筑企业的会计处理

建筑企业根据与业主方和分供商签订的债权债务抵消协议的约定，借记"应付账款"科目、贷记"应收账款"科目，相关合同收入和合同成本按照相关会计制度进行账务处理。

3. 分供商的会计处理

建筑企业的分供商在债权债务抵销协议、以房抵债协议生效时，借记"其他应收款"科目，贷记"应收账款"科目。当建筑企业的业主方以房抵债，双方办理房屋交付手续时，根据房产的公允价值，借记"固定资产""投资性房地产""开发产品""应交税费"等科目，贷记"其他应收款"科目。

【**案例 13-5**】 2024 年 8 月，铁蛋建筑公司与钢蛋地产公司签订了一份半亩方塘住宅施工总承包合同，合同总价 32 700 万元，该项目适用一般计税方法计税，工期三年。铁蛋建筑公司将该部分分项工程分包给闽中分包公司，分包金额 1 090 万元，该分包工程适用一般计税方法计税。

2025 年 2 月，钢蛋地产公司按照当期工程计价金额应付铁蛋建筑公司进度款 2 180 万元（价款 2 000 万元，增值税款 180 万元），按合同约定付款比例应付 1 744 万元，其中 1 090 万元以银行转账形式支付，剩余 654 万元拟将其持有待售商品房抵偿该部分工程款，拟抵债的商品房价值 654 万元（价款 600 万元，增值税款 54 万元），假设市场公允价值为 654 万元。

2025 年 2 月，铁蛋建筑公司对分包工程进行验工计价，计价金额为 872 万元（价款 800 万元，增值税款 72 万元），按合同约定付款比例应付 697.6 万元。经与双方友好协商后，铁蛋建筑公司将 654 万元债权直接转让给闽中分包公司，用于抵销其应付债务，并明确了该债权最终债务人可能只能以物抵偿等事项。铁蛋建筑公司向钢蛋地产公司送达了债权转让通知书，将以房抵债部分的债权转让给闽中分包公司（654 万元），随后三方签订了债权债务抵销协议。协议中约定钢蛋地产公司向闽中分包公司支付款项时直接以房抵债。假设合同未约定具体收款日期，不考虑其他税收优惠，三家公司就三方以房抵债的会计处理如下（暂略购入不动产涉及的契税、印花税，以及销售不动产涉及的印花税、土地增值税等其他税费的处理）。

（1）钢蛋地产公司的会计处理。

①钢蛋地产公司对铁蛋建筑公司该工程计价。

借：开发成本——建筑安装成本（暂估）　　　　20 000 000

　　其他应付款——待取得进项税额　　　　　　 1 800 000

　　　贷：应付账款（铁蛋建筑公司）　　　　　　 21 800 000

②向铁蛋建筑公司支付了 1 090 万元，铁蛋建筑公按照合同约定付款金额开具了建筑服务发票 1 744 万元（其中价款 1 600 万元，增值税 144 万元），向铁蛋建筑公司支付了 1 090 万元，其余应付金额按照三方签订债权债务抵消协议处理。

借：应交税费——应交增值税（进项税额）　　　1 440 000

　　贷：其他应付款——待取得进项税额　　　　　 1 440 000

借：应付账款（铁蛋建筑公司）　　　　　　　10 900 000

　　贷：银行存款　　　　　　　　　　　　　　 10 900 000

借：应付账款（铁蛋建筑公司）　　　　　　　 6 540 000

　　贷：其他应付款（闽中分包公司）　　　　　　 6 540 000

③钢蛋地产公司与闽中分包公司办理了房产过户手续，钢蛋地产公司向闽中分包公司开具了相应金额的不动产销售发票（654 万元）。

借：其他应付款（闽中分包公司）　　　　　　 6 540 000

贷：主营业务收入　　　　　　　　　　　　　　　　　6 000 000

　　　　应交税费——应交增值税（销项税额）　　　　　　540 000

　（2）铁蛋建筑公司会计处理如下（合同收入按照履约进度确认，暂略）。

①钢蛋地产公司对铁蛋建筑公司该工程计价，开具了1744万元发票。

　　借：应收账款——工程进度款　　　　　　　　　　21 800 000

　　　贷：合同结算——价款结算　　　　　　　　　　　20 000 000

　　　　应交税费——待转销项税额　　　　　　　　　　1 800 000

　　借：应交税费——待转销项税额　　　　　　　　　　1 440 000

　　　贷：应交税费——应交增值税（销项税额）　　　　1 440 000

②铁蛋建筑公司对闽中分包公司分包工程计价。

　　借：合同履约成本——工程施工——分包费　　　　　8 000 000

　　　其他应付款——待取得进项税额　　　　　　　　　720 000

　　　贷：应付账款　　　　　　　　　　　　　　　　　8 720 000

③闽中分公司向铁蛋建筑公司开具了697.6万元发票（其中价款640万元，增值税57.6万元），铁蛋建筑公司向闽中分包公司支付了43.6万元，其余按照三方签订债权债务抵消协议处理。

　　借：应付账款——分包款　　　　　　　　　　　　　436 000

　　　贷：银行存款　　　　　　　　　　　　　　　　　436 000

　　借：应付账款——分包款　　　　　　　　　　　　　6 540 000

　　　贷：应收账款——工程进度款　　　　　　　　　　6 540 000

　　借：应交税费——应交增值税（进项税额）　　　　　576 000

　　　贷：其他应付款——待取得进项税额　　　　　　　576 000

　（3）闽中分包公司的会计处理（合同收入按照履约进度确认，暂略）。

①铁蛋建筑公司对面中分包公司该工程进行计价。

　　借：应收账款——工程进度款　　　　　　　　　　　8 720 000

　　　贷：合同结算——价款结算　　　　　　　　　　　8 000 000

　　　　应交税费——待转销项税额　　　　　　　　　　720 000

②向铁蛋建筑公司开具了697.6万元发票（其中价款640万元，增值税57.6万元），收取了43.6万元，其余款项按照三方签订债权债务抵消协议处理。

　　借：应交税费——待转销项税额　　　　　　　　　　576 000

　　　　贷：应交税费——应交增值税（销项税额）　　　　576 000
　　借：银行存款　　　　　　　　　　　　　　436 000
　　　　贷：应收账款——工程进度款　　　　　　436 000
　　借：其他应收款（钢蛋地产公司）　　　　6 540 000
　　　　贷：应收账款（铁蛋建筑公司）　　　　6 540 000

③钢蛋地产公司与闽中分包公司办理了房产过户手续，钢蛋地产公司向闽中分包公司开具了相应金额的不动产销售发票（654万元）；闽中分包公司向铁蛋建筑公司开具了分包服务发票（697.6万元）

　　借：固定资产、投资性房地产等　　　　　6 000 000
　　　　应交税费——应交增值税（进项税额）　540 000
　　　　贷：其他应收款（钢蛋地产公司）　　6 540 000

在"三方债权债务抵销＋以房抵债"模式下，在涉税处理上分供商应按照相关业务向建筑企业开具应税发票，即建筑企业向业主方开具建筑服务发票，业主方向分供商开具不动产销售发票。三方债权债务实现抵销。以房抵债事项若存在价差，即出现债务重组利得或损失的，按照本节前述债务重组内容进行处理即可。

（二）业主方以关联企业的房产抵偿应付建筑企业工程款

前面我们已经阐述了"三方债权债务抵销＋以房抵债"模式，还有一类"以房抵债"比较特殊，就是业主方以关联企业的房产抵偿应付给建筑企业的工程款。

【案例13-6】　A地产集团应付B建筑公司工程款43 600 000元，A地产集团拟将其全资子公司C置业公司持有待售的商品房抵偿给B建筑公司。经过三方协商，C置业公司同意以其开发的房产为A地产集团抵销债务。A地产集团对B建筑公司负有债务，B建筑公司同意A地产集团用C置业公司的房屋销售款债权抵销A地产集团对B建筑公司的债务。拟抵债的房屋总价款为人民币37 467 139元，其余6 132 861元以银行转账的形式支付。现各方经友好协商，三方签订了债权债务抵销协议。假设B建筑公司应向A地产集团开具的建筑服务发票和C置业公司应向B建筑公司开具的不动产销售发票已经全额开具；A地产集团、B建筑公司相应收入及成本费用已经进行会计处理，暂略购房环节涉及的契税、印花税，以及销售房产环节涉及的土地增值税、企业所得税等相关税费处理。上述事项会计处理如下：

（1）A 地产集团会计处理（暂略前期确认建筑安装成本的会计处理）。

借：应付账款——B 建筑公司　　　　　　　　37 467 139
　　贷：其他应付款——C 置业公司　　　　　　37 467 139
借：应付账款——B 建筑公司　　　　　　　　6 132 861
　　贷：银行存款　　　　　　　　　　　　　6 132 861

（2）B 建筑公司会计处理（暂略前期确认收入、工程计价处理）。

借：银行存款　　　　　　　　　　　　　　　6 132 861
　　贷：应收账款——A 地产集团　　　　　　6 132 861
借：其他应收款　　　　　　　　　　　　　　37 467 139
　　贷：应收账款　　　　　　　　　　　　　37 467 139
借：固定资产、投资性房地产等　　　　　　　34 373 522.02
　　应交税费——应交增值税（进项税额）　　3 093 616.98
　　贷：其他应收款——C 置业公司　　　　　37 467 139

（3）C 置业公司的会计处理。

借：其他应收款——A 地产集团　　　　　　　37 467 139
　　贷：其他应付款——B 建筑公司　　　　　37 467 139
借：其他应付款——B 建筑公司　　　　　　　37 467 139
　　贷：主营业务收入　　　　　　　　　　　34 373 522.02
　　　　应交税费——应交增值税（销项税额）　3 093 616.98

（三）带有"包销"性质的抵偿协议

在实务中，部分房地产开发企业与建筑企业签订的"以房抵债协议"，并不是严格的以物抵债协议，也不是担保协议，从形式上看更像是一种捆绑销售，以"协助销售"作为工程承包的条件。

【案例 13-7】　2024 年 3 月，钢蛋地产公司（以下称"甲方"）与铁蛋建筑公司（以下称"乙方"）签订了某房屋建筑施工总承包合同，截至 2024 年 12 月，合同已经履约近 50%。2025 年 1 月，甲方与乙方签订了付款方式补充协议，协议中约定甲方拟用 2 000 万元库存商品房抵偿 2 000 万元进度款。协议约定乙方最迟应在 2025 年 12 月 31 日之前提供实际购房人确认单，并协助甲方与实际购房人办理过户手续。若在规定期限内未书面提交实际购房者信息及协助办理手续，甲方将使用该批房产抵偿工程款，过户至乙方名下。

分析：上述以房抵债协议，实质上带有"包销"性质。若未提供实质性服务，一般不做处理。除非未完成"包销"任务，业主直接以房抵债的，再按照以房抵债事项进行财税处理。

综上所述，相较于传统现金支付方式，以房抵工程款策略具有一定的优势。对于房地产开发企业而言，采用房产抵债能够缓解现金流压力；而对于建筑企业而言，接受房产抵债有助于降低应收款回收风险。然而，短期内抵债房产价值可能下滑，导致双方受损。在此背景下，双方务必遵守相关法律法规，如若操作不当，可能导致合同失效、引发新纠纷，或因产权过户困难影响合作关系。

第十四讲　建筑企业一线用工劳动报酬财税处理

建筑企业的用工模式对其发展及员工福祉具有重大影响。当前建筑行业主要包括以下几种用工模式：传统全日制用工、劳务分包、劳务派遣及灵活用工。无论哪一种形式，从根源上都无法回避农民工工资涉及的个人所得税和社会保险费问题。本讲将对农民工工资涉及的财税处理进行全面讲解。

一、建筑企业的用工模式差异

目前，建筑企业的用工模式大概可以分为劳务分包模式、内部劳务队模式、劳务派遣模式三大类。三类劳务用工模式所涉及工程质量责任、用工人数限制、对用工方的税费影响差异较大。

（一）三类用工模式

劳务分包，是指建筑总承包企业、专业分包企业将其承揽的工程中的劳务作业发包给具有专业作业资质的建筑劳务分包企业进行实施。

内部劳务队，实际上相当于是建筑企业内部建立的非法人、非分支机构的部门。内部劳务队一般有两种形式：一是员工队伍（自有工人），由建筑企业培训选拔劳务队长，由劳务队长负责选聘劳务作业人员；二是个人内部承包制，由劳务队长将建筑企业的工程劳务作业内容以包干作业的形式进行承包，劳务队长自负盈亏，事实上类似于劳务分包。

劳务派遣，用工单位与劳务派遣单位签订派遣服务合同，劳务派遣公司将员工派遣至用工单位，接受用工单位管理，并为其工作的服务。劳务派遣公司与派遣员工签订劳动合同并支付劳动报酬，并代扣代缴个人所得税及缴纳社会保险费；用工单位向劳务派遣公司支付服务费。

（二）工程质量责任差异

如果采用劳务分包模式，因施工作业导致的工程质量问题，劳务分包应当承担相应的工程质量责任。根据相关法律法规，劳务分包单位在施工过程中，应按照施工图纸、施工技术标准和施工方案进行施工，保证工程质量。如果分包单位未能履行法定责任，导致工程质量问题，分包单位需要依法承担相应的法律责任。

如果采用劳务派遣模式，劳务派遣公司提供的是人力资源服务，不是建筑服务，无须对工程质量负责。劳务派遣单位只是向建筑企业派遣工人，由用工单位具体负责组织人员按照图纸、施工方案、技术标准进行施工作业。

如果采用内部劳务队模式，要根据内部劳务队的性质判定是否需要承担工程质量责任。例如，名义上是内部劳务队，实则是将劳务作业分包给了个人，虽然属于违法分包，但分包人依然应当承担工程质量责任。

（三）用工人数限制差异

如果采用劳务分包模式，一般采取的是平方米包干或工日包干进行分包，用工单位不对劳务分包单位的具体雇工作出要求。部分岗位需要相应证书的，劳务分包单位雇佣的人员应当符合相应要求，但是对用工人数无限制。

如果采用内部劳务队模式，无论属于员工式队伍形式还是内部承包形式，对用工人数均无限制。

如果采用劳务派遣模式，用工单位只能在临时性、辅助性或者替代性的工作岗位上使用被派遣劳动者。用工单位应当严格控制劳务派遣用工数量，使用的被派遣劳动者数量不得超过其用工总量的10％。

（四）对用工方的财税影响差异

1. 建筑劳务分包开具的"建筑服务"发票

建筑劳务分包服务属于建筑服务，开具的发票品名为"建筑服务"，选择适用一般计税方法计税的税率为9％，选择适用简易计税方法计税的征收率为3％。用工单位（建筑总包单位或专业分包单位）适用简易计税方法计税的项目取得劳务分包发票可用于差额扣除，适用一般计税方法计税的项目在增值税预缴环节可以抵减劳务分包额后再预缴。

在企业所得税上，凭劳务分包合同、结算单据、劳务分包发票等相关资料在企业所得税前列支扣除。

2. 劳务派遣公司开具的"人力资源服务"发票

劳务派遣服务属于现代服务，开具的发票品名为"人力资源服务"。一般纳税人提供劳务派遣服务，以取得的全部价款和价外费用为销售额，按照一般计税方法（增值税税率 6%）计算缴纳增值税；小规模纳税人以取得的全部价款和价外费用为销售额，按征收率 3% 计算缴纳增值税；若选择差额纳税，不分一般纳税人和小规模纳税人，以取得的全部价款和价外费用，扣除代建筑总承包企业支付给劳务派遣员工的工资、福利和为其办理社会保险费及住房公积金后的余额为销售额，按照简易计税方法依 5% 的征收率计算缴纳增值税。选择差额纳税的劳务派遣公司，向建筑总承包企业收取用于支付给劳务派遣员工工资、福利和为其办理社会保险及住房公积金的费用，不得开具增值税专用发票，可以开具普通发票。

用工单位（建筑总包单位或专业分包单位）适用简易计税方法计税的项目取得劳务派遣发票不得用于差额扣除，适用一般计税方法计税的项目凭其开具的增值税专用发票上税额勾选抵扣进项税额。

企业所得税税前凭劳务派遣服务合同、劳务派遣发票、用工考勤等相关资料在企业所得税前列支扣除。

3. 内部劳务队提供的凭证

内部劳务队，若属于员工队伍形式，无进项税额可抵扣，以工资表、支付凭证、代扣代缴个人所得税完税凭证等工资薪金完整资料在企业所得税前列支扣除；若属于内部个人承包形式，只能在税务机关代开增值税普通发票，亦无进项税额可抵扣。用工单位的简易计税项目若将该发票作为分包款进行差额扣除存在一定涉税风险，笔者建议建筑企业谨慎操作。

总结而言，在建筑企业作出用工模式的选择时，需全面权衡自身发展战略、项目特性、人力成本及风险等因素。在实际操作中，企业可充分利用各类用工模式的优势，实施合理的人员配置与调整，旨在提升企业竞争力与成本控制力。

二、特定用工模式风险防范

随着我国建筑业的不断发展，劳务分包市场的改革越来越迫切。为了规范市场秩序，提高劳务分包企业的施工质量和效率，我国对劳务分包资质进行了多次改革。

（一）劳务分包资质由审批制改为备案制

《住房和城乡建设部关于印发建设工程企业资质管理制度改革方案的通

知》（建市〔2020〕94号）附件2《改革后建设工程企业资质分类分级表》显示，劳务分包资质改为专业作业资质（不分等级）。目前，专业作业资格实行备案制。具有公司法人营业执照且拟从事专业作业的企业在完成企业信息备案后，即可取得专业作业资质；取得专业作业资质的企业可以承接具有施工综合资质、施工总承包资质和专业承包资质的企业分包的专业作业。由此可以看出，若想备案为专业作业企业的必须满足身份是法人公司，个人独资企业、个体工商户、合伙企业无法备案专业作业资格。各省、自治区、直辖市逐步取消了资质审批，推行专业作业企业备案制。

（二）将劳务分包给个体工商户不是"新用工方式"

建筑总承包单位、专业承包单位可以就其承包的总包工程、专业分包工程的专业作业进行分包，但应分包给具有专业作业资质的企业。

1. 将劳务作业分包给个体户涉嫌违法分包

在实务中，普遍存在建筑企业将劳务作业分包给个体工商户的情形，甚至部分企业认为这是"新用工方式"。

"新用工方式"模式如图14-1所示。

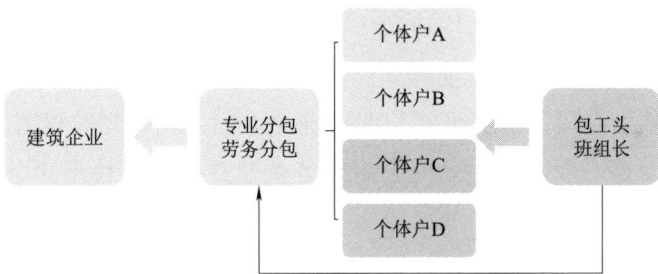

图 14-1　将劳务作业分包给个体户的模式

实际上，这种"新用工方式"涉嫌违法分包。《住房和城乡建设部〈关于印发建筑工程施工发包与承包违法行为认定查处管理办法〉的通知》（建市规〔2019〕1号）第十二条规定："存在下列情形之一的，属于违法分包：（一）承包单位将其承包的工程分包给个人的；（二）施工总承包单位或专业承包单位将工程分包给不具备相应资质单位的；（三）施工总承包单位将施工总承包合同范围内工程主体结构的施工分包给其他单位的，钢结构工程除外；（四）专业分包单位将其承包的专业工程中非劳务作业部分再分包的；（五）专业作业承包人将其承包的劳务再分包的；（六）专业作业承包人除计取劳务作业费用外，还计取主要建筑材料款和大中型施工机械设备、主要周转材料费用的。"

上述文件明确规定，专业作业承包人将其承包的劳务再分包的属于违法分包，因此劳务分包单位将承揽的劳务作业再包给个体户的涉嫌违法分包。

2. 专业作业企业应为公司法人

之所以有部分建筑企业将劳务作业分包给个体工商户，是因为这部分个体户的经营所得个人所得税大多采用核定征收方式。这部分个体户的作业人员的工资是否按规定代扣代缴个人所得税在征管监管上存在一定难度，甚至部分个体户在办理税务登记时并未认定工资薪金所得个人所得税税种。

《住房和城乡建设部等部门关于加快培育新时代建筑产业工人队伍的指导意见》（建市〔2020〕105 号）提出，改革建筑施工劳务资质，引导小微型劳务企业向专业作业企业转型发展，进一步做专做精；鼓励和引导现有劳务班组或有一定技能和经验的建筑工人成立以作业为主的企业；用人单位应与招用的建筑工人依法签订劳动合同，严禁用劳务合同代替劳动合同，依法规范劳务派遣用工。

上述文件鼓励设立的"以专业作业为主的企业"并不是鼓励班组去注册个体户，实质上依然是鼓励注册法人企业。这一改革倡导的"新用工模式"，应该是在资质上降低门槛，以减少劳务分包挂靠；在劳务队伍管理上压缩管理层级，以减少农民工工资发放层级，确保农民工能及时取得劳动报酬。

下面我们看一个案例，案例中的建筑企业让员工去注册个体户并取得增值税普通发票，被认定将部分属于员工工资性质的支出转化为增值税应税服务性质的支出，未按规定代扣代缴个人所得税，受到了处罚。

【案例 14-1】 A 建筑工程有限公司（以下简称"A 公司"）为某建筑总包单位的劳务分包方，主要为其提供建筑劳务。A 公司与承接的各建筑工程项目的工人签订劳动合同，并制作了员工工资结算单。A 公司为了便于管理，让各建筑工程项目上的班组负责人先后成立了"B 工程管理服务部"、"C 工程管理服务部"等 32 户个体工商户，并向 A 公司开具增值税普通发票，用于结算工人的工资。A 公司于 2021 年至 2022 年取得"B 工程管理服务部""C 工程管理服务部"等 32 户个体工商户开具的 1 429 份增值税普通发票，货物或劳务名称"建筑服务"，发票价税合计金额 25 292 963.60 元。

后税务机关稽查部门经核查，认定 A 公司承接的各建筑工程项目 2020 年实际发生人工工资 274 141.00 元，未代扣代缴个人所得税；2021 年实际发生人工工资 10 713 907.72 元，未代扣代缴个人所得税；2022 年实际发生人工工资 41 167 295.03 元，已代扣代缴 18 190.02 元。A 公司在 2021 年至 2022 年的科目余额表及 2021 年至 2022 年管理人员工资明细表显示，A 公司 2021 年发生管理人员工资 723 643.00 元，2022 年发生管理人员工资 256 000.00 元，但未代扣代缴个人所得税。经计算，A 公司在 2020 年至 2022 年少代扣代缴个人所得税 988 287.01 元。

税务机关稽查部门根据《中华人民共和国税收征收管理法》第六十九条"扣缴义务人应扣未扣、应收而不收税款的，由税务机关向纳税人追缴税款，对扣缴义务人处应扣未扣、应收未收税款百分之五十以上三倍以下的罚款"的规定，对 A 公司本次检查应扣未扣个人所得税 988 287.01 元，处百分之五十的罚款，即个人所得税罚款 494 143.51 元。

（三）建筑业应谨慎使用灵活用工平台

灵活用工平台服务，是基于云计算和大数据技术，构建了灵活用工行业的全流程数字化解决方案。提供共享用工、资金结算、税务代征等服务，在形式上属于"平台经济"。

一般情况下，灵活用工平台承担的是中间服务商的角色，由派工载体来负责派工。派工载体无非四种形式：自然人个人、临时税务登记户、核定征收经营所得的个人独资企业或个体工商户、人力资源服务公司。如果派工载体是自然人个人和临时税务登记户，则其从用工平台获取的收入可能包括劳务报酬所得和经营所得两大类，是否作为经营所得计税，要根据纳税人在平台提供劳务或从事经营的经济实质进行判定。

2023 年 5 月，中华人民共和国最高人民法院、中华人民共和国人力资源和社会保障部围绕新业态劳动关系认定问题，联合发布的《劳动争议典型案例》中明确了"从属性＋要素式"的劳动关系认定思路，结合平台用工中劳动者对工作时间及工作量的自主决定程度等要素，全面分析劳动者与企业之间的人格从属性、经济从属性、组织从属性，显著加强了对劳动管理程度的综合考量。当前灵活就业人员数量庞大，从事的相关业务在个人所得税的收入性质上记忆混淆，虽然从事相同性质的劳动，有些地区按照经营所得征税，有些地区按照劳务报酬所得征税，极易导致国家税源流失。部分灵活用工平台一律按照核定征收率更低的"经营所得"对待，很容易产生税务风险，建筑业取得这类灵活用工服务发票也要注意涉税风险。

三、内部劳务队支付农民工劳动报酬适用的个人所得税税目

建筑企业采用内部劳务队模式自招农民工，涉及支付给劳务作业人员的劳动报酬的定性，可能属于支付工资薪金，也可能属于劳务报酬。工资、薪金所得指的是非独立个人劳务活动所得到的报酬，即在机关、团体、学校、部队、企事业单位及其他组织中任职、受雇的报酬；而劳务报酬所得则是个人独立从事各种技艺、提供各项劳务所取得的报酬。两者的主要区别在于，前者存在雇佣与被雇佣关系，后者则无此关系。不论按照工资薪金还是劳务报酬认定，建筑企业作为劳动报酬的支付方，均属于其个人所得税的扣缴义务人。

（一）工资、薪金所得

按照《中华人民共和国个人所得税法》第九条第一款规定："个人所得税以所得人为纳税人，以支付所得的单位或者个人为扣缴义务人。"扣缴义务人在支付工资、薪金所得时，应当按照累计预扣法计算预扣税款。

1. 累计预扣法与月度预扣预缴

累计预扣法是指在一个纳税年度内，以截至当前月份累计支付的工资薪金所得收入额减除累计基本减除费用、累计专项扣除、累计专项附加扣除和依法确定的累计其他扣除后的余额为预缴应纳税所得额，对照综合所得税率表，计算累计应预扣预缴税额，减除已预扣预缴税额后的余额，作为本期应预扣预缴税额。

应预扣预缴税额的计算公式为

本期应预扣预缴税额＝（累计预缴应纳税所得额×税率－速算扣除数）－已累计预扣预缴税额

累计预缴应纳税所得额＝累计收入－累计免税收入－累计基本减除费用－累计专项扣除－累计专项附加扣除－累计依法确定的其他扣除

在 2021 年 1 月 1 日之前，上述"累计基本减除费用"＝5 000 元/月×当前月份。2021 年 1 月 1 日以后，《国家税务总局关于进一步简便优化部分纳税人个人所得税预扣预缴方法的公告》(国家税务总局公告 2020 年第 19 号)(以下简称国家税务总局公告 2020 年第 19 号)第一条规定："对上一完整纳税年度内每月均在同一单位预扣预缴工资、薪金所得个人所得税且全年工资、薪金收入不超过 6 万元的居民个人，扣缴义务人在预扣预缴本年度工资、薪金所得个人所得税时，累计减除费用自 1 月份起直接按照全年 6 万元计算扣除。即，在纳税人累计收入不超过 6 万元的月份，暂不预扣预缴个人所得税；在其累计收入超过 6 万元的当月及年内后续月份，再预扣预缴个人所得税。"

扣缴义务人应当按规定办理全员全额扣缴申报，并在个人所得税扣缴申报表相应纳税人的备注栏注明"上年各月均有申报且全年收入不超过 6 万元"字样。对按照累计预扣法预扣预缴劳务报酬所得个人所得税的居民个人，扣缴义务人比照上述规定执行。

【案例 14-2】 张某于 2024 年 12 月 1 日入职铁蛋建筑公司。假设 2025 年每月应发工资均为 10 000 元，每月减除费用 5 000 元，"五险一金"专项扣除为 1 500 元，每月子女教育专项附加扣除 1 000 元（选择夫妻双方各扣除 50%），每月照顾自己 3 岁以下婴幼儿支出 1 000 元（选择夫妻双方各扣除 50%）。假设没有减免收入及减免税额，也没有其他专项附加扣除情况。2025 年 1 月，张某应如何预扣预缴个人所得税？

分析：按照前述累计预扣预缴计算方式见表 14-1，计算预扣预缴税额：

2025 年 1 月，应预扣预缴税额＝（10 000－5 000－1 500－1 000－1 000）×3%＝45（元）；以此类推，在相关要素不变的情况下，铁蛋建筑公司支付给张某 2 月至 12 月的工资、薪金所得，每月应预扣预缴的个人所得税均为 45 元，不考虑其他因素，全年累计应扣缴的个人所得税为 540 元。

【案例 14-3】 承上例，假设张某 2023 年 12 月 31 日入职铁蛋建筑公司，且至今一直在该公司任职，每月均在铁蛋公司正常考勤、发放工资、申报个人所得税，其他条件不变。铁蛋建筑公司给张某发放的 2025 年 1 月工资应如何预扣预缴个人所得税？

分析：按照国家税务总局公告 2020 年第 19 号第一条规定，张某累计减除费用自 1 月起直接按照全年 6 万元计算扣除，1 月的当年累计收入为 1 万元，未超过 6 万元的月份暂不预扣预缴个人所得税。因此，铁蛋建筑公司向张某发放 2025 年 1 月的工资后暂不预扣预缴个人所得税。

表 14-1　综合所得一个人所得税预扣率表（一）

（居民个人工资、薪金所得预扣预缴适用）

级数	累计预扣预缴应纳税所得额	预扣率	速算扣除数（元）
1	不超过 36 000 元的部分（3 000 元/月以内）	3%	0
2	超过 36 000 元至 144 000 元的部分（3 000 元至 12 000 元）	10%	2 520
3	超过 144 000 元至 300 000 元的部分（12 000 元至 25 000 元）	20%	16 920
4	超过 300 000 元至 420 000 元的部分（25 000 元至 35 000 元）	25%	31 920
5	超过 420 000 元至 660 000 元的部分（35 000 元至 55 000 元）	30%	52 920
6	超过 660 000 元至 960 000 元的部分（55 000 元至 80 000 元）	35%	85 920
7	超过 960 000 元的部分（超过 80 000 元）	45%	181 920

2. 招用不完全等于雇佣

适用"工资薪金所得"的劳动报酬一定需要缴纳社会保险费吗？

《国家税务总局关于企业工资薪金和职工福利费等支出税前扣除问题的公告》（国家税务总局公告 2015 年第 34 号）第三条：

"三、企业接受外部劳务派遣用工支出税前扣除问题

企业接受外部劳务派遣用工所实际发生的费用，应分两种情况按规定在税前扣除：按照协议（合同）约定直接支付给劳务派遣公司的费用，应作为劳务费支出；直接支付给员工个人的费用，应作为工资薪金支出和职工福利费支出。其中属于工资薪金支出的费用，准予计入企业工资薪金总额的基数，作为计算其他各项相关费用扣除的依据。"

招用不等于雇佣。在法律上没有"临时工"的概念，只有"非全日制用工"的相关规定。《中华人民共和国劳动合同法》第六十八条规定："非全日制用工，是指以小时计酬为主，劳动者在同一用人单位一般平均每日工作时间不超过四小时，每周工作时间累计不超过二十四小时的用工形式。"工资支付周期不得超过 15 日，且工资不得低于当地最低小时工资标准。因此，企业与临时工之间的关系既有可能是劳动关系也有可能是劳务关系。

《住房和城乡建设部 人力资源社会保障部关于修改〈建筑工人实名制管理办法（试行）〉的通知》（建市〔2022〕59 号）第一条"一、将第八条修改为：'全面实行建筑工人实名制管理制度。建筑企业应与招用的建筑工人依法

签订劳动合同，对不符合建立劳动关系情形的，应依法订立用工书面协议。建筑企业应对建筑工人进行基本安全培训，并在相关建筑工人实名制管理平台上登记，方可允许其进入施工现场从事与建筑作业相关的活动'"的规定，建筑企业招用农民工，并不代表一定形成从属的雇佣关系，即劳动关系。

在工作时间上，临时工没有明确的规定。企业支付给临时工的工资既有可能属于其劳务报酬也有可能是工资薪金，应该根据其关系认定到底属于哪一类劳动报酬。另外，关于社会保险费，必须要先认定临时工与企业是劳动关系还是劳务关系，再来判定是否应该缴纳社会保险费，还是只为其购买工伤保险。

（二）劳务报酬所得

建筑企业向劳务作业人员支付的劳动报酬如果属于劳务报酬的，作为扣缴义务人应按次或者按月预扣预缴个人所得税。

1. 按次或者按月预扣预缴

劳务报酬个人所得税的具体预扣预缴方法如下：劳务报酬所得每次收入不超过 4 000 元的，减除费用按 800 元计算；每次收入 4 000 元以上的，减除费用按 20％计算。劳务报酬所得以计算收入减除费用后的余额为收入额。劳务报酬所得的应纳税所得额，以每次收入额为预扣预缴应纳税所得额，适用 20％至 40％的超额累进预扣率。计算劳务报酬所得应预扣预缴税额时暂不扣除任何专项扣除金额及专项附加扣除金额。

【案例 14-4】 2025 年 3 月，李某为铁蛋建筑公司提供木工劳务作业服务，铁蛋建筑公司向其支付劳务报酬所得 20 000 元，当年李某未在其他时间为钢蛋公司提供其他服务。不考虑其他因素，按照表 14-2 计算。当月向李某支付的劳务报酬，铁蛋公司在全员全额申报纳税时应预扣预缴个人所得税？

分析：李某的劳务报酬所得收入超过 4 000 元，收入应减除费用 20％，即应纳税所得额＝20 000×（1－20％）＝16 000（元）；当月单次的应纳税所得额不超过 20 000 元的部分适用预扣率为 20％；应预扣预缴的个人所得税＝16 000×20％＝3 200（元）。

表 14-2　综合所得——个人所得税预扣率表（二）

（居民个人劳务报酬所得预扣预缴适用）

级数	预扣预缴应纳税所得额	预扣率	速算扣除数（元）
1	不超过 20 000 元的部分	20％	0
2	超过 20 000 元至 50 000 元的部分	30％	2 000
3	超过 50 000 的部分	40％	7 000

2. 劳务报酬"是非"多

在实务中，农民工的劳动报酬无论是按照工资薪金所得还是劳务报酬所得计算，最终在汇算清缴后计算得出应缴纳、应退回的税费后应当是一致的，都是属于综合所得，但是在预扣预缴环节适用的税率和计算方法存在较大差异。如果按照劳务报酬计算个人所得税，虽然省去了"社会保险费"，但是暂时代扣代缴的个人所得税比按工资、薪金所得需缴纳的个人所得税多一些。

除此之外，自然人取得劳务报酬所得还应当去劳务发生地税务机关申请代开增值税发票，在代开发票环节税务局不征收个人所得税，由支付方履行预扣预缴及申报义务。在预扣预交环节，农民工劳动报酬对应的个人所得税可能需要建筑企业垫付，汇算清缴时若出现退税也是退给其个人。基于农民工流动性特征，建筑企业恐难收回垫付的个人所得税，且为个人垫付的个人所得税也无法在所得税前作为成本列支，对建筑企业而言存在一项潜在的损失风险。

四、未代扣代缴个人所得税的涉税风险

（一）合理的工资薪金

建筑企业支付给农民工的劳动报酬，若按照工资薪金核算，必须符合税法规定的"合理的工资薪金"。《中华人民共和国企业所得税法实施条例》第三十四条规定："企业发生的合理的工资薪金支出，准予扣除。前款所称工资薪金，是指企业每一纳税年度支付给在本企业任职或者受雇的员工的所有现金形式或者非现金形式的劳动报酬，包括基本工资、奖金、津贴、补贴、年终加薪、加班工资，以及与员工任职或者受雇有关的其他支出。"

上述条例对"工资薪金"作出规定，但并未解释"合理"在实务中如何把握。《国家税务总局关于企业工资薪金及职工福利费扣除问题的通知》（国税函〔2009〕3 号）规定："一、关于合理工资薪金问题　《实施条例》第三十四条所称的'合理工资薪金'，是指企业按照股东大会、董事会、薪酬委员会或相关管理机构制订的工资薪金制度规定实际发放给员工的工资薪金。税务机关在对工资薪金进行合理性确认时，可按以下原则掌握：（一）企业制订了较为规范的员工工资薪金制度；（二）企业所制订的工资薪金制度符合行业及地区水平；（三）企业在一定时期所发放的工资薪金是相对固定的，工资薪金的调整是有序进行的；（四）企业对实际发放的工资薪金，已依法履行了代扣代缴个人所得税义务；（五）有关工资薪金的安排，不以减少或逃避税款为目的。"

合理的工资薪金就是企业真实发生的，遵循企业既定的薪酬制度，按相关标准实际发放并且履行了代扣代缴个人所得税义务的工资薪金，即属于法定合理，但凡明确违反了上述文件中规定的"五项原则"即可认为是不合理的。因此，部分建筑企业直接以项目部编制的农民工工资表作为工资成本入账，未履行代扣代缴个人所得税的义务，存在纳税调整的风险。未履行代扣代缴个人所得税的义务，明确违反了前述"五项原则"中的第四项，不属于《中华人民共和国企业所得税法实施条例》中规定允许扣除的"合理的工资薪金"。

（二）扣缴义务人未履行扣缴义务的涉税风险

按照《中华人民共和国税收征收管理法》第六十九条的规定，建筑企业在向农民工支付劳动报酬时，无论是适用工资薪金还是劳务报酬，都应当履行代扣代缴义务。

【案例 14-5】　云南省 A 建筑劳务有限公司（以下简称"A 公司"）在 2019 年 1 月 1 至 2021 年 12 月 31 日期间累计发放农民工工资 49 004 390 元，其中：2019 年度发放农民工工资 5 005 786 元，2020 年度发放农民工工资 14 590 359元，2021 年发放农民工工资 29 408 245 元。以上发放的工资薪金 A 公司未履行法定代扣代缴义务。云南省税务稽查部门认定 A 公司违反了《中华人民共和国税收征收管理法》第三十条第一款"扣缴义务人依照法律、行政法规的规定履行代扣、代收税款的义务……"构成了未按规定履行代扣代缴义务的税收违法行为。《国家税务总局关于发布〈个人所得税扣缴申报管理办法（试行）〉的公告》（国家税务总局公告 2018 年第 61 号）第六条："扣缴义务人向居民个人支付工资、薪金所得时，应当按照累计预扣法计算预扣税款，并按月办理扣缴申报……"

经计算，应补扣未代扣代缴的个人所得税 439 718.98 元，其中：2019 年应补扣未代扣代缴的个人所得税 64 709.55 元，2020 年应补扣未代扣代缴的个人所得税 175 621.59 元，2021 年应补扣未代扣代缴的个人所得税 199 387.84元。

云南省税务稽查部门根据《中华人民共和国税收征收管理法》第六十九条"扣缴义务人应扣未扣、应收而不收税款的，由税务机关向纳税人追缴税款，对扣缴义务人处应扣未扣、应收未收税款百分之五十以上三倍以下的罚款"，以及《国家税务总局云南省税务局关于发布〈云南省税务行政处罚裁量基准〉的公告》（国家税务总局云南省税务局公告 2021 年第 7 号）[①]"22. 扣缴义务人应扣未扣、应收未收税款的（纳税人拒绝代扣、代收税款或者纳税人自行申报缴纳了税款，扣缴义务人已向税务机关报告的除外）。……向纳税人追缴税款，责成扣缴义务人限期将应扣未扣、应收未收的税款补缴或补扣，并按以下标准执行：1. 扣缴义务人在税务机关对其违法行为作出税务处理前主动足额补扣或补收税款的，处应扣未扣、应收未收税款 50% 的罚款"的规定，决定对 A 公司应扣未扣的个人所得税 439 718.98 元处以 0.5 倍的罚款计219 859.50元。

五、代发农民工工资的个人所得税扣缴义务认定

（一）施工总承包单位代发农民工工资

《保障农民工工资支付条例》及《工程建设领域农民工工资专用账户管理暂行办法》明确要求，工程建设领域推行施工总承包单位代发农民工工资制度，分包单位的农民工工资也由总包单位代发。总包单位与分包单位签订委托工资支付协议，分包单位应当按月考核农民工工作量并编制工资支付表，经农民工本人签字确认后，与当月工程进度等情况一并交施工总承包单位。施工总承包单位根据分包单位编制的工资支付表，通过农民工工资专用账户

---

① 自 2023 年 10 月 1 日起，本法规全文废止。

直接将工资支付到农民工本人的银行账户，并向分包单位提供代发工资凭证。

【案例 14-6】 铁蛋建筑公司（以下简称"乙方"）与某园区投资公司（以下简称"甲方"）签订了数字产业园施工总承包合同，在合同中关于农民工工资支付的约定如下：按照本市加强对农民工工资支付管理的要求，乙方向甲方申报工程进度款时，所包含的人工费应单独列出（100%），经施工监理、投资监理审核，并由甲方确认后一起支付，确保人工费支付比例达到100%。乙方应按照相关文件规定，设立农民工工资专用账户；甲方按照合同约定付款比例计算应付进度款，其中农民工工资部分全额打入该专户中，其余进度款支付到乙方其他银行账户。农民工工资专用专户中的资金只能用于支付给在本项目从事劳务作业的农民工，乙方不得挪作他用。

（二）总包方代发农民工工资个人所得税由哪一方扣缴

总包单位代发专业分包、劳务分包单位农民工工资，农民工工资的个人所得税由哪一方扣缴？《中华人民共和国个人所得税法》第九条第一款规定："个人所得税以所得人为纳税人，以支付所得的单位或者个人为扣缴义务人。"《国家税务总局关于个人所得税偷税案件查处中有关问题的补充通知》（国税函发〔1996〕602号）第三条第二款规定："扣缴义务人的认定，按照个人所得税法的规定，向个人支付所得的单位和个人为扣缴义务人。由于支付所得的单位和个人与取得所得的人之间有多重支付的现象，有时难以确定扣缴义务人。为保证全国执行的统一，现将认定标准规定为：凡税务机关认定对所得的支付对象和支付数额有决定权的单位和个人，即为扣缴义务人。"

因此在实务中，我们根据农民工劳动关系即可确定其劳动报酬的个人所得税扣缴义务人。

【案例 14-7】 A交通工程有限公司（以下简称"A公司"）承揽的某地农村公路提档升级项目，2017年8月至10月通过中间人张某某发放工程劳务费，共计发放264人次劳务费，金额共计900 000元。由于每人次劳务费均不足人民币4 000元，因此A公司未进行全员全额扣缴申报个人所得税。后经税务稽查机关认定，A公司对上述劳务费的支付对象和支付数额有决定权，支付所得的单位和个人与取得所得的人之间有多重支付的现象，应被认定为扣缴义务人，应扣缴而未扣缴2017年度劳务所得个人所得税137 760元［（900 000－800×264）×20%］。税务稽查机关认定A公司违反了《国家税务总局关于个人所得税偷税案件查处中有关问题的补充通知》(国税函〔1996〕602号)第三条的规定。

最后，依据《中华人民共和国税收征收管理法》第六十九条的规定，对A公司应扣缴而未扣缴2017度劳务所得个人所得税的行为，处以应扣未扣劳务所得个人所得税税款百分之五十的罚款，即68 880元。

注意，上述案例中，A公司并未将劳务作业分包给劳务分包单位，而是分包给了自然人个人，并且是以自然人提供的农民工工资表作为企业所得税前列支扣除的凭证。因此，A公司属于农民工工资个人所得税扣缴义务人。若A公司把劳务作业分包给劳务分包单位，并按照《保障农民工工资支付条例》代发劳务分包单位的农民工工资，则应当依照劳务分包单位开具的发票作为税前扣除凭证。劳务分包模式下，劳务分包单位对劳务费的具体支付对象和支付数额有决定权，则应由劳务分包单位代扣代缴个人所得税。

【案例14-8】 2025年1月，铁蛋建筑公司承揽了某个数字智能产业园施工总承办项目，其中的劳务作业分包给钢蛋劳务分包公司。2025年3月，铁蛋建筑公司与钢蛋公司办理专业作业结算，结算金额为618万元，铁蛋建筑公司通过农民工工资专用账户代发钢蛋劳务分包公司农民工工资515万元，其余103万元通过一般账户直接支付到钢蛋劳务分包公司账上。假设上述业务钢蛋劳务分包公司已经开具了征收率为3%的增值税专用发票，款项已经支付。铁蛋建筑公司会计处理如下。

借：合同履约成本——工程施工——人工费　　　　6 000 000
　　应交税费——应交增值税（进项税额）　　　　180 000
　　贷：应付账款　　　　　　　　　　　　　　　　　6 180 000
借：应付账款　　　　　　　　　　　　　　　　6 180 000
　　贷：银行账款——一般账户　　　　　　　　　　1 030 000
　　　　银行存款——农民工工资专用账户　　　　　5 150 000

上述会计处理的依据主要包括但不局限于以下资料：首先，应附钢蛋劳务分包公司与铁蛋建筑公司的专业作业结算单、铁蛋建筑公司内部的劳务分包产值计提表；其次，钢蛋劳务分包公司开具的增值税专用（普通）发票，除了按规定在发票的备注栏填写工程所在地和工程项目的名称外，存在代发农民工工资事项的最好填写委托代发工资的金额；最后，铁蛋建筑公司要求劳务分包方提供委托代发申请书（委托代付农民工工资协议），以及农民工工时考勤表、经农民工本人签字确认的农民工工资发放表（工资卡复印件、身份证复印件只提供一次，留存备查，有新增人员的随时补充提供）。

钢蛋劳务分包公司会计处理（暂略前期人工成本、社会保险费等会计处理）。

借：应收账款 6 180 000

　　贷：合同结算——价款结算或主营业务收入① 6 000 000

　　　　应交税费——简易计税（应交税额） 180 000

借：银行存款 1 030 000

　　应付职工薪酬——工资（实发） 5 150 000

　　贷：应收账款 6 180 000

上述会计处理所需凭证资料，除包括前述铁蛋建筑公司所附资料外，还需要铁蛋建筑公司在完成代发后向钢蛋劳务分包公司提供的银行转账流水复印件。案例中涉及的农民工工资个人所得税由钢蛋劳务分包公司负责代扣代缴。

---

① 如果该劳务分包公司执行的是《小企业会计准则》，且符合相关条件不按照完工百分比确认收入的，则在验工计价时按照甲方确认的产值，价税分离后贷记"主营业务收入""应交税费"等科目。执行《企业会计准则》的，在验工计价时按照甲方确认的产值，不含税价的金额贷记"合同结算"科目。

第十五讲　增值税税率（征收率）变化与销售价款调整

自全面"营改增"以来，我国持续深化增值税改革，坚持普惠性减税与结构性减税并举。近年来，国家又出台了一系列的税收扶持政策，对小规模纳税人的增值税免征、减征优惠政策又做了进一步优化。本讲将对增值税税率（征收率）变化是否需要对销售价款进行调整，以及税率调整后部分未收款项适用税率进行全面解析。

一、税率调整对价格调整的影响

增值税税率变化，销售方是否必须对价格进行调整，目前争议较大，司法观点尚不统一，尚未实现同案同判。笔者认为针对不同合同需要具体问题具体分析：一是合同约定；二是税法影响；三是双方充分协商。建筑业企业应当从税率（征收率）调整中总结对分供商和发包方的合同管理与价格调整经验。

（一）结构性减税背景下调税不一定要调价

为了推进增值税实质性减税，深化增值税改革，国家对增值税税率作出结构性调整。《财政部 税务总局关于调整增值税税率的通知》（财税〔2018〕32 号）要求，自 2018 年 5 月 1 日起，纳税人发生增值税应税销售行为或者进口货物，原适用 17％和 11％税率的，税率分别调整为 16％、10％。根据财政部 税务总局 海关总署 2019 年第 39 号要求，自 2019 年 4 月 1 日起，增值税一般纳税人发生增值税应税销售行为或者进口货物，原适用 16％税率的，税率调整为 13％；原适用 10％税率的，税率调整为 9％。

增值税税率进行过两次大调整，在实务中不少企业因签订合同时价款没有对税率发生变化如何调价进行约定，引起不少纠纷。增值税税率下调，销售方一定要向购买方补偿总价款中的税率差吗？我们先看一个案例。

【案例 15-1】 2018 年 5 月，某建筑公司与电缆公司签订了一份电缆采购合同，在合同中约定电缆公司应向建筑公司开具税率为 16％的增值税发票。2019 年 4 月 1 日，货物销售适用的增值税税率从 16％调整为 13％。该建筑公司 2019 年 6 月 20 日开具了税率为 13％电缆销售发票，价税合计为 348 万元（价款 307.96 万元，增值税 40.04 万元）。建筑公司认为虽然增值税税率下调了，但双方就税率变化达成新的合意，也就是针对税率条款，合同没有发生变更。电缆公司未经建筑公司同意按照原含税价款开具的发票是降低后的税率，已经构成违约，该建筑公司要求电缆公司退还3%税率差对应的款项，后来双方协商不成，诉至法院。

法院经审查认为，双方争议是由于2019年4月1日之后增值税税率政策发生调整所引起。双方当事人在所签合同中对因税率下调导致的货款差额如何处理没有作出约定，且税率下降是国家政策调整的结果，是双方当事人在签订涉案合同时不可预见的，建筑公司要求电缆公司返还因增值税税率变化导致的税差额没有合同依据和法律依据。

（二）对税率变化影响合同价款的预防性合同条款

通过前述案例我们基本可以得出一个结论：调税不一定就要调价。税率变化，销售方是否需要调价要看双方在签订合同时是如何约定价款调整事项的。双方在签订合同时合同价款要进行价税分离，明确约定税率和增值税额，同时对税率变化双方应该如何调整价格作出明确约定。如约定当税率变化时，坚持不含税金额不变，增值税款根据新税率重新计算、调整。若没有对税率变化后价款如何调整作出约定，销售方可以拒绝购买方的调价要求。

二、税率变化如何调整供应商的含税合同价

建筑企业如果与分包商、物资供应商在所签订的合同中已经对税率调整后如何进行调价进行了明确的约定，且税率发生变化时双方都遵循合同约定进行友好商谈达成一致意见，双方可就税率调整后如何调价的具体事项签订补充协议。

（一）结构性减税对合同价款调整的影响

1. 如何调整未履约部分的合同价格

建筑企业应当对分包方和材料供应商就已完成部分的建筑服务、已供完的货物，在新税率执行之前开具原税率发票，若已完成部分在新税率执行时尚未开具原税率发票，或将来无法再开具原适用税率发票的金额，双方应当

协商进行调整，并对剩余未实施的合同量的含税单价、含税总价进行调整。下面案例发生时间为2019年，但处理方法仍有可借鉴之处。

【案例15-2】 2019年2月，铁蛋建筑公司（增值税一般纳税人）与钢蛋建材公司（增值税一般纳税人）签订了一份钢筋采购合同，该合同的总价款为1 160万元，其中价款1 000万元，增值税160万元，增值税税率为16%。双方在合同中约定若增值税税率发生变化，钢蛋建筑公司所供应的钢筋不含税单价不变，根据调整后的税率重新计算含税单价，未完成的合同量重新调整。2019年2月至3月之间已经供货580万元（含税，税率16%），已开票464万元（含税，税率16%）。2019年4月1日，销售钢筋适用的增值税税率从16%调整为13%，含税价格应该如何调整？

分析：笔者认为，比较稳妥的做法应该是铁蛋建筑公司要求钢蛋建材公司在4月1日之前按照已经供完货的内容全额开具原税率（16%）的增值税发票。或者在3月计税期申报纳税时对已供完货尚未开具相应发票的部分，在增值税纳税申报表附列资料（一）中按照"未开具发票销售额"进行申报。2019年4月1日以后可以接着按原税率开具。自2019年9月20日起，纳税人想通过增值税发票管理系统开具原税率17%、16%、11%、10%的蓝字发票，应向主管税务机关提交开具原适用税率发票承诺书，办理临时开票权限。临时开票权限有效期限为24小时，纳税人应在获取临时开票权限的规定期限内开具原适用税率发票。

如果上述案例中钢蛋建材公司在2019年4月1日之前未按照已供货内容全额开具相应增值税发票，也未在3月计税期申报纳税时按照"未开具发票销售额"进行申报，则钢蛋建材公司可能存在滞纳风险和其他征管处罚风险，应当根据增值税纳税义务发生时间判定。

根据合同约定，铁蛋建筑公司不应按照原供应货款金额支付。按照合同约定，对于原税率调整之前已供完货尚未开具相应发票的部分重新进行"价税分离"，扣除原税率与新税率之间差额部分税款。应扣款金额计算如下：

应扣款金额 = （580−464）÷（1+16%）×（16%−13%）= 3（万元）

2. 如何调整已履约未开具发票部分的金额

建筑企业需要特别注意防止供应商"假调整"。常见的两种"假调整"如下：

第一种，供应商对于原适用税率调整之前已经供完货未开票部分、未按

"未开具发票销售额"申报纳税的内容，在开具发票时含税单价或者含税总价不变，只对税率按照政策进行了调整（16％调整为13％），人为调高了不含税单价，相当于变相涨价，致使建筑企业的利益受损。

第二种，供应商对于原适用税率调整之前已经供完货未开票部分、未按"未开具发票销售额"申报纳税的内容，在开具发票时含税总价不变，不含税单价也不变，擅自改变了发票中的"数量"，致使增值税发票中的"数量"与实际供应的数量不一致，比实际供应的货物数量更多。同时还存在涉税风险，因为发票上的数量与实际供应量对不上。风险系数有多大，在实务中还要结合主观上是否故意，客观上是否造成国家税款流失等条件综合进行判断。

除了上述调整以外，建筑企业还应该对相关经济合同的剩余合同量对应的含税金额做相关调整，计算公式为

剩余合同量含税价格＝（原含税合同总价－已完成部分含税总价）÷（1＋原税率）×（1＋新税率）

（二）小规模纳税人减税背景下的价格调整

1. 减免税背景下小规模纳税人结算价款的调整

近年来，小规模纳税人的增值税减免政策变化比较频繁，建筑业企业不论自身是否属于小规模纳税人，都无法避免与小规模纳税人打交道。减免政策变化频繁的背景下涉及合同价款的调整与工程结算是建筑企业商务工作的重点之一。

接下来我们通过两个实务案例解析减免税背景下，结算价款的调整问题。

【案例 15-3】 铁蛋建筑公司为增值税一般纳税人。2020 年 1 月，该公司将其承包的总包工程中的分部分项工程分包给钢蛋公司，钢蛋公司为增值税小规模纳税人。分包合同约定价款中包含的税率（征收率）为 3％，施工期间钢蛋分包公司按照当时的减税政策开具的增值税专用发票票面征收率为 1％。该分包工程于 2020 年 1 月开工，2021 年 12 月工程竣工，2022 年 12 月双方进行最终结算。铁蛋建筑公司应该按 3％的征收率与钢蛋分包公司结算，还是按 1％征收率计算总价进行结算？

分析：前面我们已经根据实务案例对"调税是否需要调价"作出分析。本案例的减税政策虽有一定的期限，但同属于税率（征收率）变化销售方是否需要调价的情形。上述案例双方签订的分包合同并未对税率（征收率）发

生变化是否需要调价、如何调价作出明确约定。同时根据当时出台的针对小规模纳税人的增值税减税政策背景看，国家为了支持企业、个体工商户复工复业而出台的税收优惠政策。此外，该优惠政策是给予纳税人的优惠，并不是给予税费承担人的优惠。该减税政策下的小规模销售额计算公式为

销售额＝含税销售额÷（1＋1%）

因此，笔者认为上述案例中的分包方可拒绝调价，总包方应当按照合同约定的含税价格进行结算。当然，作为分包方如果为了后期能够更好地与总包方合作也可以主动放弃减税政策或接受总包方对结算总价进行调整。

【案例15-4】 铁蛋建筑总包公司为增值税一般纳税人。2022年9月，将其承包的总包工程中的分部分项工程分包给钢蛋公司，钢蛋公司为增值税小规模纳税人。双方在合同中约定钢蛋公司向铁蛋建筑总包公司开具"免税"的建筑服务发票。该分包工程于2022年10月开工，2023年4月工程竣工。2023年1月后，税收政策发生变化，铁蛋建筑总包公司如何对钢蛋公司进行工程计价，钢蛋公司如何开具发票？

分析：上述案例在遇到税收优惠政策发生变动时极易引起合同纠纷，需要对该合同价是否含税进行举证。若在招标文件中明确要求投标方报含税价格并按照含税价格签订合同的，虽然签订合同时未进行价税分离，在税收优惠政策发生变动后，分包方应当按照纳税义务发生时间和新政策执行时间判定开具何种征收率的增值税发票，税费无法转嫁给总包方。若原合同价款在招标文件中没有明确报价是否含税，签订分包合同时也未明确税费，只约定分包方可按照税收优惠政策开具"免税"发票的，在税收优惠政策发生变动后，应当按照纳税义务发生时间分段结算。该分包工程的增值税纳税义务发生在2022年10月1日至2022年12月31日期间的，钢蛋分包公司可开具增值税"免税"发票；增值税纳税义务发生在2023年1月1日至2023年12月31日期间的，应按照是否享受小规模纳税人新的减免税政策开具相应征收率的增值税普通发票或专用发票，这种涉及税费约定不明确的，分包方可以将政策变动后的税费转嫁给总包方。

通过前面几个案例，我们应总结经验教训。站在建筑业总包方的角度，与分供商签订的合同不仅对增值税税率发生变化时双方是否需要调价、如何调价作出明确约定外，针对分供商为小规模纳税人时的征收率不可预见的变化也要作出同样约定，才能在商务谈判中更主动一些。

三、如何应对发包方的调价要求

增值税率（征收率）发生变化，发包方必然会对建筑承包方已完成部分的建筑服务且尚未开具相应税率发票，或将来无法再开具原适用税率发票的金额进行调整，并对剩余合同量的含税合同总价进行更正调整。在本节前述内容中我们也分析了一些实务案例，得出了"调税未必需要调价"的结论，是否需要调价要结合双方的合同约定来判断。

接下来我们以几类不同情形的实务案例，解析增值税税率发生变化，承包方是否必须答应发包方调价的要求。

（一）在施工项目遇到税率下调

建筑企业部分工程项目工期较长，有的长达五至十年，增值税税率调整时部分项目可能还处于施工状态。

【案例 15-5】 铁蛋建筑公司于 2018 年 12 月与发包方签订了某个 EPC 项目合同，合同工期 5 年。由承包人全权负责设计、采购、施工及验收。该合同为全过程垫资施工合同，合同约定发包方按照垫资额和银行同期利率上浮 20%计算垫资利息，在结算时扣除 3%质保金后一次付清其余全部款项。关于合同价格约定如下：①本合同的投标报价为固定单价，凡影响投标报价的所有相关费用应列入本次报价中。中标后不得以不完全了解招标文件、施工图纸、施工现场环境为借口提出额外补偿或延长供货时限等要求。②关于税金部分约定如下：设备采购部分税金对应的税率为 16%，管线及安装部分税金对应的税率为 10%，调试服务部分税金对应的税率 6%。

该项目于 2019 年 2 月开工，由于不可抗力因素中途停工近 8 个月，一直到 2024 年 10 月才完工。在施工过程中，发包人进行工程计价时均按照合同约定的时点进行计价，计价金额为含税金额未分别列明价款和税款。施工过程中，税率发生变化，双方也未就变化达成其他补充协议。由于是全程垫资项目，在此之前铁蛋建筑公司未收到任何工程款及垫资利息，也未开具任何发票。

2024 年 12 月 1 日，双方在最终结算谈判时产生了较大争议，该工程的全部结算款应该以原税率计算，还是以新税率计算？

分析：上述案例就两个争议点：

第一，税率变化后销售方要不要调价。合同价款中是否对税率变化后价款的调整做明确约定，如果没有，不考虑其他因素，承包方可以拒绝发包方的调价要求。另外，合同中约定该合同的价格是"固定单价"，理论上就是含税单价固定不作调整。若造价政策发生变化，也要根据造价文件的执行时间等综合因素判断是否需要调价，纯粹因税率发生变而要打破"固定单价"的约定，这个理由难以成立。

笔者认为，上述案例中双方并未就税率变化达成补充协议约定相关调价事项，施工方不应调价。

第二，在施工的项目税率发生了变化，结算时适用新税率还是原税率。建筑服务的增值税纳税义务发生时间判定条件，以收款时间、开具应税发票时间、合同约定收款日期孰早为原则确定。如果既未开票、收款，也未约定具体的收款日，但合同已经履约完成了，则以建筑服务完成日作为增值税纳税义务发生时间。上述案例，在施工过程中业主方只计价并未付款，施工方也未开具应税发票，且按照合同约定也未达到付款日。因此，截至上述案例的结算谈判日（2024 年 12 月 1 日），该项目尚未发生增值税纳税义务发生时间。

笔者认为，该项目在结算时（2024 年 12 月 1 日以后），应适用结算当期实施的增值税税率。

（二）竣工未结算项目遇到税率下调

部分工程项目在增值税税率调整时可能已经竣工了，但是尚未进行最终结算，结算款发票尚未开具发票。

【案例 15-6】 铁蛋建筑公司（增值税一般纳税人）承揽了某个人工智能工业产业园区施工总承包项目，合同约定的开工竣工时间为 2017 年 1 月至 2020 年 12 月。在此期间增值税税率调整了两次，工期也延误了一年，一直到 2021 年 12 月才最终竣工。在施工期间，发包方每个月均进行了工程计价（工程计价金额含税，未价税分离），但款项并未按照合同约定的付款时间和付款比例支付，存在支付延期、付款比例缩水的情况。由于发包方未按照计价金额 100% 支付款项，施工方也未 100% 开具建筑服务发票，就出现了计价时的税率与后期开具的增值税发票税率不一致的情形。

2023 年 12 月，双方进行最终结算谈判时出现了争议，争议的焦点在于最终的含税结算款是以工程计价当期的税率为准，还是以施工方开具的建筑服务发票上的税率计算。发包方主张按照工程计价时的税率与开具发票时的税率差扣除后再确定最终结算额；总包方铁蛋建筑公司要求按照工程计价的金额开具发票，且税率以开具发票的当期税率为准，不能扣除税率差。

铁蛋建筑公司在与发包方进行谈判时提出：

（1）发包方虽然每期按时进行了工程计价，但是并未按合同约定时间每期支付工程款，导致部分款项本应按照 11% 的税率开具发票，后期可能只能按照 10% 或 9% 的税率开具，这个结果是发包方导致的，不应由承包方对政策变化买单。

（2）虽然铁蛋建筑公司未按照计价金额 100% 给发包方开票，但在施工期间已按各期发生了的人工费、材料费、机械使用费及分包费用支付给分供商，支付给下游的税已产生，若发包方要扣除税率差，则存在承包方倒贴税费的问题。

铁蛋建筑公司的上述谈判角度和理由是否合适？

分析：笔者认为，上述案例中总包方在与发包方进行结算谈判时，选择的两个谈判角度和理由的表述存在一定问题。

第一，关于开具建筑服务发票适用的税率表述不准确。"本应按照 11% 的税率开具发票，后期可能只能按照 10% 或 9% 的税率开具"，案例所述情况不存在后期无法开具原税率的情形。只要纳税义务发生时间能够确认，则税率也能确定。上述案例发包方按照每期计价金额的一定比例支付进度款，有可能影响纳税义务发生时间，但并不是唯一因素。因此，总包方在谈判结算的表述上要注意不要出现专业漏洞。问题的核心在于发包方未付款项的增值税纳税义务发生时间是否横跨不同税率期间，能够准确认定这个时间才是确定适用税率的关键。

第二，关于"倒贴"税费的表述不准确。上述案例的总包方认为该工程的人工费、材料费、机械使用费、分包费等在发生时已经支付了，分供商也按照当时适用的增值税税率开具了发票。如果发包方在结算时对未付款项要扣除税率差，总包方就吃亏了。事实上，不考虑增值税纳税义务发生时间给总包方带来的涉税风险，发包方扣除销项税率差，总包方按照新税率开具销项发票，相较于总包方开具原税率发票，其增值税税负不但没有上升，反而是下降的。数据分析如下：

假设总发包方未付款项为 1 100 万元，适用 10％ 的税率，销项税额 100 万元；未支付的材料费 348 万元、机械租赁费 232 万元，适用的税率均为 16％，进项税额分别为 48 万元、32 万元。

总包方应交增值税＝100－48－32＝20（万元）；

若总包方不含税价不变，发包方针对税率调整扣除税率差：即总包方的销项税额由 100 万元调整为 90 万元，进项税额依然是 48 万元、32 万元。

总包方应纳税额＝90－48－32＝10（万元）；

通过上述简单的数据比较可知，总包方以此种理由用于结算谈判是十分不利的。

总之，增值税税率发生变化总包方作为销售方是否需要调价，主要依据签订合同时是否对税率变动后调整价款进行约定；适用原税率还是新税率，主要看增值税纳税义务发生的时间。

（三）固定总价合同遇到税率下调

固定总价合同，俗称"闭口合同"。这种价款一经约定，除业主增减工程量和设计变更外，此前合同约定的价款一律不调整。这类合同额工程造价易于结算，量与价的风险主要由承包商承担，但遇到增值税下调时，未必有利于发包方。

【案例 15-7】 铁蛋建筑公司（增值税一般纳税人）于 2019 年 2 月承揽了某房屋建筑项目，签订固定总价合同。该项目适用一般计税，在 2023 年 12 月该工程已经竣工，合同履行期间增值税税率发生变化（10％ 下调为 9％）。2024 年 3 月，双方在办理竣工结算手续时合同总价该不该调整呢？固定总价合同能否固定税金？

分析：上述案例属于固定总价合同，一般情况下综合单价不因工资、物价、材料价格、政府收费、费率、税率的变化和政府颁发的任何调价文件调整价格。在固定总价合同中，竞争性费用可做调整（竞争性费用包括：人工费、材料费、机械费、管理费、利润）；按照计价规范税金不得作为竞争性费用。合同约定的是固定总价，遇到税率调整，原则上固定总价可不变动。开具发票时适用的税率到底是原税率 10％ 还是新税率 9％，应当依照纳税义务发生时间来判定，与是否固定总价无关。

注意，如果双方在固定总价合同中约定了税率变化需要调整价格，则遵循双方合同意思自治原则，业主方要求就税率差额部分对结算总价进行调整并无不当。

（四）竣工已结算项目未付的质保金遇到税率下调

部分工程项目在增值税税率调整时可能已经竣工并最终结算，但是质保金发票尚未开具。

【案例 15-8】 铁蛋建筑公司为增值税一般纳税人，其施工的某个公路工程已经竣工，竣工结算时适用的增值税税率为 10％（2019 年 3 月），结算总价为 11 000 万元（含 10％的增值税），结算当月按照结算价的 97％扣除累计已支付的进度款后支付结算款。竣工结算协议中明确约定缺陷责任期两年，暂扣的质量保证金为结算价格的 3％，即 330 万元（含 10％增值税）。质保到期后 28 天内支付质保金，若有其他违反质保约定、为配合发包方进行维修等行为，发包方有权按照施工总承包合同中的违约责任对铁蛋建筑公司进行处罚，处罚金额直接从到期应付的质保金中直接扣除。2022 年 4 月，缺陷责任期到期，建筑服务适用的增值税税率调整为 9％，发包方在支付质保金时要求扣除 1％的税率差。双方因此事一直僵持不下，尚有尾款未结清。结算价是否需要调整，如何调整？

分析：上述案例增值税税率下调结算价格是否需要调整，主要看两个事项。第一，施工合同对价款中的税款是如何约定的，针对税率变化是否需要调价、如何调价是否明确说明。如果没有约定此项事宜，承包方可以拒绝调价，在没有其他扣款事项的前提下，依然按照 330 万元收取质保金、开具质保金发票；第二，不论总包方是否对该质保金进行调价，都不能决定该质保金适用的增值税税率。该工程质保金适用的增值税税率主要依据增值税纳税义务发生时适用的增值税税率。《国家税务总局关于在境外提供建筑服务等有关问题的公告》（国家税务总局公告 2016 年第 69 号）第四条规定："纳税人提供建筑服务，被工程发包方从应支付的工程款中扣押的质押金、保证金，未开具发票的，以纳税人实际收到质押金、保证金的当天为纳税义务发生时间。"

前述案例中，该工程的质保金尚未开具发票，则纳税义务发生时间以收到质保金的当天为准。案例中应收质保金的时间为 2022 年 4 月，适用的增值税税率为 9％。质保金到期后的税率与结算时的税率不一致，承包方是否需要调价应依据合同约定协商，但该质保金适用的税率为 9%。

综述，建筑业企业要对税率和征收率的调整有预判，并在合同中明确约定税率调整后如何对价款及税款进行调整。虽然近年来增值税税率趋于稳定，税率档保持在 3 档（6%、9%、13%），但针对小规模的普惠性优惠政策不断变化，站在不同角度的买卖双方可以拟定对己方有利的条款。实务中，在建材销售价格的决定上销售方占优势，在施工环节的报价中发包方又占优势，因此，建筑业企业更应该注重合同条款的设计。

四、增值税立法后税率趋于稳定

2024 年 12 月 25 日，第十四届全国人民代表大会常务委员会第十三次会议表决通过了《中华人民共和国增值税法》，自 2026 年 1 月 1 日起施行。在税率方面，《中华人民共和国增值税法》将"营改增"、税率简并等改革成果以法律形式固定。《中华人民共和国增值税法》第十条规定："增值税税率：（一）纳税人销售货物、加工修理修配服务、有形动产租赁服务，进口货物，除本条第二项、第四项、第五项规定外，税率为百分之十三。（二）纳税人销售交通运输、邮政、基础电信、建筑、不动产租赁服务，销售不动产，转让土地使用权，销售或者进口下列货物，除本条第四项、第五项规定外，税率为百分之九：1. 农产品、食用植物油、食用盐；2. 自来水、暖气、冷气、热水、煤气、石油液化气、天然气、二甲醚、沼气、居民用煤炭制品；3. 图书、报纸、杂志、音像制品、电子出版物；4. 饲料、化肥、农药、农机、农膜。（三）纳税人销售服务、无形资产，除本条第一项、第二项、第五项规定外，税率为百分之六。（四）纳税人出口货物，税率为零；国务院另有规定的除外。（五）境内单位和个人跨境销售国务院规定范围内的服务、无形资产，税率为零。"

《中华人民共和国增值税法》第十一条规定："适用简易计税方法计算缴纳增值税的征收率为百分之三。"

增值税立法是税收法定原则的重要实践，税率趋于稳定有助于构建可预期的市场环境。企业可更清晰地规划长期投资、商品定价和供应链的完善，降低政策不确定性风险。未来，税率调整将更注重程序合法性和经济适应性，同时通过配套政策优化实际税负，推动高质量发展。

音频

第十六讲

第十六讲　收取延期付款利息的财税处理

价款与价外费用是合同中约定的价格，包括合同本身约定的价款和根据合同约定或者法律规定产生的额外费用。本讲主要围绕建筑业价外费用中常见的延期付款利息财税处理展开讲解。

一、价款与价外费用

价款是合同中约定的主要交易价格，而价外费用则是销售方根据合同约定或者法律规定产生的额外收取的费用。例如，购买方支付的违约金、利息、保险费等。在一份符合规范的交易合同中价款一定存在，只是约定的形式有差异（如总价合同、单价合同，甚至部分特定业务只约定了工作量），但是价外费用却不一定存在。

（一）价款和价外费用在税法上的概念

《中华人民共和国增值税法》第十七条规定："销售额，是指纳税人发生应税交易取得的与之相关的价款，包括货币和非货币形式的经济利益对应的全部价款，不包括按照一般计税方法计算的销项税额和按照简易计税方法计算的应纳税额。"《营业税改征增值税试点实施办法》第三十七条规定："销售额，是指纳税人发生应税行为取得的全部价款和价外费用，财政部和国家税务总局另有规定的除外。……"

价外费用，包括价外向购买方收取的手续费、补贴、基金、集资费、返还利润、奖励费、违约金、滞纳金、延期付款利息、赔偿金、代收款项、代垫款项、包装费、包装物租金、储备费、优质费、运输装卸费，以及其他各种性质的价外收费。但下列项目不包括在内：

（1）受托加工应征消费税的消费品所代收代缴的消费税；

（2）同时符合以下条件的代垫运输费用：承运部门的运输费用发票开具给购买方的；纳税人将该项发票转交给购买方的。

（3）同时符合以下条件代为收取的政府性基金或者行政事业性收费：①由国务院或者财政部批准设立的政府性基金，由国务院或者省级人民政府及其财政、价格主管部门批准设立的行政事业性收费；②收取时开具省级以上财政部门印制的财政票据；③所收款项全额上缴财政。

（4）销售货物的同时代办保险等而向购买方收取的保险费，以及向购买方收取的代购买方缴纳的车辆购置税、车辆牌照费。

根据上述规定可知，销售方与购买方发生应税交易后所收取的价款和价外费用属于销售额的一部分，销售额是计算应纳税额的基础。笔者提醒，在理解这一规定时，需要明确两个重要事项：首先，价外费用的收益必须是基于应税服务（销售应税货物）才能产生，也就是说，只有存在价款的情况下才有可能存在价外费用；其次，价外的各种收益都是销售方向购买方收取的，这是确定税收归属的重要依据。

因此，销售方在进行纳税申报时，必须保持高度的谨慎和细致，确保所有应税收入都得到正确的申报和处理。

（二）价外费用构成销售额的一部分

在《营业税改征增值税试点实施办法》中，销售额的定义非常明确，即纳税人发生应税行为取得的全部价款和价外费用。在《中华人民共和国增值税法》中也有明确发生应税交易取得的相关价款都属于销售额的一部分。在实务中，价外费用也应当按照价款开具应税发票缴纳增值税。

1. 建筑企业向甲方收取的补偿金、赔偿金

建筑企业因提供建筑服务或其他服务（包括销售货物）后从购买方收取的补偿金、赔偿金等属于典型的价外费用。

【案例 16-1】 铁蛋建筑公司的某个适用一般计税方法的工程项目，业主方应付工程进度款 2 180 万元，由于业主资金紧张未按约定时间支付全部价款，仅按照约定比例支付了 1 090 万元，剩余款项逾期半年支付。业主方根据合同约定应支付给铁蛋建筑公司 2 万元违约金。收取的该笔违约金是否属于铁蛋建筑公司的价外费用？

分析：在上述案例中，铁蛋建筑公司首先是提供了建筑服务应取得相应进度款，业主未按照合同约定时间和约定付款比例支付进度款，支付的 2 万元违约金属于价外费用。需要注意的是，在计算增值税和企业所得税时，应当将违约金视为工程项目价款的一部分，而不是将其单独列为一笔额外的收入。

【案例 16-2】 铁蛋建筑公司与钢蛋地产公司签订了某项住宅工程总承包合同，合同总金额为 10 900 万元。铁蛋建筑公司已经按约定时间组建项目班子，完成了进场前准备。后由于业主资金链断裂，项目无法正常开工，且具体开工时间无法确定，预计无限期延长，双方协商解除协议。钢蛋地产公司按照合同约定的违约责任按照合同金额的 0.1% 向铁蛋建筑公司支付 10 万元违约金。对这笔违约金，铁蛋建筑公司如何进行财税处理？

分析：虽然铁蛋建筑公司取得的是业主方支付的违约金，若双方签订合同后尚未履约，即因甲方原因解除了合同，甲方并支付违约金的，笔者认为建筑企业取得该违约金不属于价外费用，因为未履约不存在应税交易行为，没有价款也就不存在价外费用了，直接确认为营业外收入。

2. 建筑企业向甲方收取的甲供材管理费

甲供材管理费是指建设单位为了满足工程施工要求，直接向施工单位提供工程材料，并由施工单位负责材料的管理、使用和保管等费用。甲供材管理费通常在工程合同中约定，由建设单位承担。甲供材管理费的支付通常与工程进度款一起支付。当施工单位完成一定工程量后，建设单位会按照合同约定支付相应的工程进度款，其中也包括甲供材管理费。在工程结算时，甲供材管理费通常会被单独列出，并按照合同约定的方式进行结算。

笔者认为，建筑企业因提供建筑服务和提供商甲供材管理而接受业主给予的"甲供材管理费"，属于补偿性质的价外费用。

3. 从第三方收回保证金时取得利息的涉税问题

建筑企业向甲方或其他第三方支付的各类保证金，在收回保证金时取得了一定比例的利息，是否属于价外费用？笔者认为，要看具体是什么类型的保证金的。如果是投标保证金、农民工工资保证金，事实上建筑企业在支付保证金时只是为了履行某项法定义务，并没有提供任何服务，取得利息不应该确认为销售额。若属于履约保证金、质量保证金的，甲方支付利息在某种程度上算是一种补偿，应当作为价外费用处理。

二、收取的延期付款利息与垫资利息

延期付款利息和垫资利息虽然都涉及资金的时间价值，但它们的计算方式和目的存在差异。延期付款利息，是业主方向承包方支付因延迟付款而遭受的损失，对于承包方而言是一项因被动事项而取得的补偿金。垫资利息，在实务中与延期付款利息一样都是承包方被动的事项，但从行为的主观意识上是承包方"主动"的。

（一）没有约定垫资利息很难主张业主方支付利息

建设工程领域的垫资分两种情况：第一种是业主方向承包方实际支付的进度款或结算款小于合同约定的应付款金额时，对于承包方而言就形成了一定的资金垫付，特别是承包方对外支付的比例远大于收款比例时；第二种是在签订建设工程承包合同时即约定承包人需要垫付资金施工的周期及是否需要业主方支付补偿。我们通常所述的垫资为第二种情形，第一种情形属于"延期付款"。

发包人和承包人约定由承包人垫资的，垫资的利息有约定的按约定计算，如果没有约定利息的，不支持主张利息。法释〔2020〕25号第二十五条规定："当事人对垫资和垫资利息有约定，承包人请求按照约定返还垫资及其利息的，人民法院应予支持，但是约定的利息计算标准高于垫资时的同类贷款利率或者同期贷款市场报价利率的部分除外。当事人对垫资没有约定的，按照工程欠款处理。当事人对垫资利息没有约定，承包人请求支付利息的，人民法院不予支持。"

（二）延期付款利息约定不明确的视具体情况主张计息

1. 延期付款利息从应付工程价款之日开始计付

法释〔2020〕25号第二十六条规定："当事人对欠付工程价款利息计付标准有约定的，按照约定处理。没有约定的，按照同期同类贷款利率或者同期贷款市场报价利率计息。"第二十七条规定："利息从应付工程价款之日开始计付。当事人对付款时间没有约定或者约定不明的，下列时间视为应付款时间：（一）建设工程已实际交付的，为交付之日；（二）建设工程没有交付的，为提交竣工结算文件之日；（三）建设工程未交付，工程价款也未结算的，为当事人起诉之日。"

根据上述规定可知，建设工程施工合同已经签订，工程竣工并交付，但发包人却迟迟不支付工程款，承包人可以向发包人主张逾期利息。

【案例 16-3】① 　被告 A 建筑公司承包了某社区项目，2019 年 8 月 5 日，被告公司与原告李某签订了建设工程分包合同，将外墙真石漆项目分包给原告，合同约定工程单价每平方米 36 元。原告履行合同后，要求被告 A 建筑公司支付工程款。被告支付 13 万元后，迟迟不支付剩余工程款。无奈之下，原告李某诉至法院，要求被告 A 建筑公司支付剩余工程款 662 988 元及利息。庭审中，被告公司辩称：原告施工的范围与真实的施工范围不一致，双方对已施工工程尚未进行结算。原告李某诉称：按照双方签订的合同约定，李某完成分包工程，并经验收合格，现工程已经交付使用。原、被告签订的合同协议书，系双方真实意思表示，不违反法律、行政法规的强制性规定，为有效合同。

在原告提交的微信聊天记录中，被告公司法定代表人张某对结算清单未提出异议，并称资金紧张，将尽快支付工程款，应视为双方对工程款项达成一致意见，被告欠原告工程款 662 998.6 元未支付，事实清楚，证据充分，法院予以确认。原告要求被告公司支付工程款 662 998 元，符合法律规定，应予以支持。被告公司辩称的原告超范围施工，且没有与原告进行结算，但被告未提供确切证据予以证明，没有事实和法律依据，法院不予采信。

原告要求被告自 2021 年 12 月 6 日至 2022 年 11 月 1 日按照银行一年期贷款利率的一倍计算利息，双方虽未约定利息。2021 年 12 月 6 日，原告在微信中向被告催要工程款并发送结算清单，被告公司未及时支付工程款，给原告造成占用资金损失，因此被告公司应自 2021 年 12 月 6 日至 2022 年 11 月 1 日按照同期贷款市场报价利率的一倍向原告支付利息。

由被告公司于本判决生效之日起十日内支付原告工程款 662 988 元及逾期利息。后被告上诉，二审法院维持原判。

2. 主张延期付款利息时应注意保留哪些凭证

发包人没有如约支付工程款的时候，承包方需准备和运用以下主要证据来证明自己的主张：

（1）招标公告、投标书、中标通知书组成的招投标文件。

（2）施工合同及附件、补充合同（如备忘录、修正条款及合同）。特别是

---

① 　来源于巨野县人民法院官网于 2023 年 9 月 14 日发布的案例指导《发包人逾期支付工程款，承包人可以主张逾期利息吗》。

合同中的工程计价和付款条款。

（3）工程签证文件。工程签证是建设工程合同双方对合同履行中具体工程量变更、工程施工事务协商确认的文件。

（4）工程施工计划或方案、工程图纸、技术规范、工程进度计划及记载工程施工状况的监理日记等项目现场文件、工程检查验收报告和各种技术鉴定报告。

（5）双方的往来信件及会谈纪要。包括施工过程中，业主、监理工程师和建筑承包人定期、不定期的会议记录或决议，以及催款函等凭证。

（三）取得延期付款利息和垫资利息如何缴纳增值税

1. 取得延期付款利息按照价外费用缴纳增值税

建筑企业因提供建筑服务而额外向业主方收取的延期付款利息属于价外费用，应按照价款的增值税税目和税率缴纳增值税。

【地方税务局口径】

问题内容：销售货物合同未明确约定需要另行收取的其他款项，但购买方未在合同约定的付款时间内付款。因此，销售方向购买方收取延期支付的货款利息费用，请问销售方应按"金融服务"纳税，还是属于销售相关价外费用应按"销售货物"纳税？

答复机构：福建省税务局

答复时间：2023年11月29日

国家税务总局福建省12366纳税服务平台答复：

您好！您提交的问题已收悉，现针对您所提供的信息回复如下：一、《中华人民共和国增值税暂行条例》第六条规定："销售额为纳税人发生应税销售行为收取的全部价款和价外费用，但是不包括收取的销项税额。

销售额以人民币计算。纳税人以人民币以外的货币结算销售额的，应当折合成人民币计算。"

二、《中华人民共和国增值税暂行条例实施细则》第十二条规定："条例第六条第一款所称价外费用，包括价外向购买方手续的手续费、补贴、基金、集资费、返还利润、奖励费、违约金、滞纳金、延期付款利息、赔偿金、代收款项、代垫款项、包装费、包装物租金、储备费、优质费、运输装卸费以及其他各种性质的价外收费。……"

因此，销售方向购买方收取的延期支付货款的利息费用，应作为销售货物的价外费用征收增值税。

感谢您的咨询！上述回复仅供参考，具体以法律法规和法律法规授权主管税务机关作出的相关规定为准。若您对此仍有疑问，请联系福建省税务局12366纳税服务平台或主管税务机关。

2. 取得垫资利息适用价外费用还是金融服务缴纳增值税

关于垫资利息到底是按照价外费用与价款适用相同的税目、税率，还是按照金融服务缴纳增值税存在一定争议。垫资和借款不一样，如果是建筑企业借款给业主方，业主方用于支付进度款，后期偿还本金并支付利息的，该利息应该适用"金融服务"缴纳增值税；若属于垫资施工，并在合同中约定了垫资利息的，应当将该利息视为补偿金。因此，笔者的观点是建筑企业取得垫资利息应当按照价外费用缴纳增值税。

三、收取和支付商业承兑汇票的贴现补偿

（一）商业承兑汇票的贴现补偿

建筑企业提供建筑服务等业主方以非现金方式支付工程款。例如商业承兑汇票等，业主方向建筑企业支付承兑汇票贴息的，也属于建筑企业工程项目的价外费用，随其工程价款正常结算。

【案例 16-4】 铁蛋建筑公司与钢蛋置业公司签订了某机场小镇施工总承包工程合同，关于付款方式双方约定如下：铁蛋建筑公司可以采用非现金支付方式支付工程进度款和结算款，若单笔款项收付使用非现金支付方式的，商票类给予的补偿为年化率 5%；非商票类期限小于 330 天补偿率为 7.7%，期限大于等于 330 天且无第三方担保的，补偿为年化率 8.7%；期限大于等于330 天且有第三方担保的，补偿为年化率 8.2%。

分析：铁蛋建筑公司取得的上述的非现金支付方式的补偿即属于典型的价外费用，在增值税处理上按照价款税目和税率缴纳增值税、开具发票；在会计核算上随价款计入合同收入。

在实务中，部分业主方向建筑企业支付各类非现金付款方式补偿金的时

候，以"合同外零星项目"的名义与建筑企业签订单项零星工程合同，并据此要求建筑企业开具建筑服务发票。笔者认为这种做法不可取。双方完全以主合同中付款条款、付款方式和相关补偿条款作为依据，若主合同中未约定相关补偿事项，可以签订承兑汇票贴现补偿协议等补充协议约定补偿事项，并在协议中约定发票开具事宜。

【案例 16-5】 铁蛋建筑公司于 2025 年 3 月承接了园区改造项目，该工程的税前工程造价为 6 000 万元。在签订工程施工总承包合同时，铁蛋建筑公司与建设方、保理公司签订了应收账款保理协定，即铁蛋建筑公司按照建设方每月拟支付的工程款金额与保理公司签订无追索权的应收账款转让协议。铁蛋建筑公司按照建设方审批的工程款金额全额开具增值税专用发票，保理公司按该发票金额的 5% 扣除保理费后将剩余款项支付给建筑企业，并提供税率为 6% 的金融服务发票。铁蛋建筑公司支付的保理费用，建设方将以补偿款的形式对其进行补偿。保理费用及补偿如何进行财税处理？

分析：铁蛋建筑公司取得的保理费补偿也属于价外费用，取得该补偿在增值税和企业所得税上均随价款处理。这里需要特别注意的是取得保理公司开具的 6% 的金融服务发票若属于增值税专用发票可否用于抵扣？若该保理属于贷款性质（资金融通），购进贷款服务的进项税额不得从销售项税额中抵扣。

（二）商业承兑汇票涉及的追索权

票据的追索权，即指汇票到期被拒绝付款或其他法定原因出现时，持票人获得请求其前手偿还汇票金额及有关损失和费用的权利。追索权是在票据权利人的付款请求权得不到满足时，法律赋予持票人对票据债务人进行追偿的权利。

1. 背书人对无债权关系的持票人承担连带责任

《中华人民共和国票据法》（以下简称《票据法》）第二十六条规定："出票人签发汇票后，即承担保证该汇票承兑和付款的责任。出票人在汇票得不到承兑或者付款时，应当向持票人清偿本法第七十条、第七十一条规定的金额和费用。"《票据法》第六十八条第一款规定："汇票的出票人、背书人、承兑人和保证人对持票人承担连带责任。"

2. 承兑汇票持有人遇到"提示付款待签收"

"提示付款待签收"是商业承兑汇票付款过程中常见的状态，需要等待银行签收和出票方银行签收，通常需要 3 个工作日左右到账。长期显示"提示付款待签收"事实上是拒付的表现。

【案例 16-6】 A 公司与 B 公司签订了某施工承包合同，A 公司以商业承兑汇票方式向 B 公司支付了工程进度款，B 公司又将该商业承兑汇票背书转让给了 C 公司。该商业承兑汇票到期后，C 公司向 A 公司提示付款，票据一直呈现"提示付款待签收"，遂将 B 公司告上了法庭，对该票据的权利行使追索权。后经中级人民法院判决 B 公司承担连带责任。B 公司不服该中级人民法院的判决，向高级人民法院申请再审。

二审法院经审查认为，关于案涉汇票是否已经被拒绝付款，C 公司是否有权行使追索权的问题。根据审理查明的事实，案涉汇票到期后，C 公司向承兑人 A 公司提示付款未获兑付，票据状态至今一直呈现为"提示付款待签收"状态。故二审法院认为，第一，《中华人民共和国票据法》第五十三条中"持票人应当按照下列期限提示付款……通过委托收款银行或者通过票据交换系统向付款人提示付款的，视同持票人提示付款"，第五十四条中"持票人依照前条规定提示付款的，付款人必须在当日足额付款"的规定，C 公司已经按照规定向承兑人 A 公司提示付款，承兑人 A 公司应当在提示付款当日足额付款但未付款，该汇票至今一年多仍处于"提示付款待签收"状态；第二，《中华人民共和国票据法》第六十二条"持票人行使追索权时，应当提供被拒绝承兑或者被拒绝付款的有关证明。持票人提示承兑或者提示付款被拒绝的，承兑人或者付款人必须出具拒绝证明，或者出具退票理由书。未出具拒绝证明或者退票理由书的，应当承担由此产生的民事责任"的规定，承兑人 A 公司在法律规定期限内既未付款，亦未出具拒绝证明或退票理由书，未能取得拒绝证明的责任不在 C 公司。承兑人 A 公司逾期不搭理、不签收的行为致案涉汇票长期处于"提示付款代签收"状态，该行为已经构成实质拒付，故 C 公司有权行使追索权。据此，二审法院根据《中华人民共和国票据法》第六十一条第一款"汇票到期被拒绝付款的，持票人可以对背书人、出票人以及汇票的其他债务人行使追索权"和第六十八条第一款、第二款"汇票的出票人、背书人、承兑人和保证人对持票人承担连带责任，持票人可以不按照汇票债务人的先后顺序，对其中任何一人、数人或者全体行使追索权"的规定，对 C 公司向其前手 B 公司使追索权，认为符合法律规定，判决予以支持，并无不当。二审判决认定事实清楚，适用法律正确，B 公司申请再审事由不能成立。最终，二审法院驳回了 B 公司的再审申请。

（三）非现金收款方式对承包人工程款优先受偿权的影响

建设工程优先受偿权，是指承包人对于建设工程的价款就该工程折价或者拍卖的价款享有优先受偿的权利，优先于一般的债权。

1. 工程款的优先受偿权

法释〔2020〕25 号第三十六条规定："承包人根据民法典第八百零七条规定享有的建设工程价款优先受偿权优于抵押权和其他债权。"第三十八条规定："建设工程质量合格，承包人请求其承建工程的价款就工程折价或者拍卖的价款优先受偿的，人民法院应予支持。"第三十九条规定："未竣工的建设工程质量合格，承包人请求其承建工程的价款就其承建工程部分折价或者拍卖的价款优先受偿的，人民法院应予支持。"

需要特别注意的是，工程价款的利息、违约金、损害赔偿金不在优先受偿的范围内。

另外，法释〔2020〕25 号规定的承包人优先受偿权优于抵押权和其他债权，但《最高人民法院关于商品房消费者权利保护问题的批复》（法释〔2023〕1 号）第一条规定："建设工程价款优先受偿权、抵押权以及其他债权之间的权利顺位关系，按照《最高人民法院关于审理建设工程施工合同纠纷案件适用法律问题的解释（一）》第三十六条的规定处理。"第二条规定："商品房消费者以居住为目的购买房屋并已支付全部价款，主张其房屋交付请求权优先于建设工程价款优先受偿权、抵押权以及其他债权的，人民法院应当予以支持。"

也就是说，全款买房者的房屋交付请求权优先于承包人的工程款优先受偿权。而对于只支付了部分价款的商品房消费者，在一审法庭辩论终结前已实际支付剩余价款的，可以适用上述房屋交付请求权优先于承包人的工程款优先受偿权的规定。

2. 优先受偿权的期限

法释〔2020〕25 号第四十一条规定："承包人应当在合理期限内行使建

设工程价款优先受偿权，但最长不得超过十八个月，自发包人应当给付建设工程价款之日起算。"

3. 业主采用承兑汇票付款对施工方优先受偿权的影响

建筑企业可以享受的建设工程价款的优先受偿权的行使期限最长只有 18 个月，建筑企业接受其他非现金付款方式很容易影响行使优先受偿权。因此，建筑企业在接受非现金付款条款时应尽可能与业主方约定商业承兑汇票、银行承兑汇票等到期后，仍有权行使优先受偿权，以确保业主方其他第三方到期无法兑现承兑款时可以要求行使优先受偿权。

四、价外费用应如何开具发票

价外费用适用的增值税税目、税率与价款一致。在开具价外费用发票时可以和销售货物或提供劳务的价款一同开具发票，也可以单独开具，必要时可以在发票备注栏中注明"价外费用"（建筑服务发票备注栏还应填写工程名称和工程地址）。

【案例 16-7】 2024 年 1 月 20 日，铁蛋建筑公司与钢蛋实业公司签订了产业园施工总承包合同。2024 年 4 月 30 日，钢蛋实业公司对已完成的工作量进行了计价，按照合同约定付款比例应支付 3 270 万元进度款。该款项一直拖到 2024 年 12 月 31 日尚未支付，铁蛋建筑公司遂将钢蛋实业公司告上了法院，法院判决钢蛋实业公司支付进度款 3 270 万元外，还需支付 117 472 元延期付款利息。铁蛋建筑公司应如何开具发票？

分析：铁蛋建筑公司可将上述延期付款利息并入工程进度款向钢蛋实业公司开具"＊建筑服务＊工程款"。若铁蛋建筑公司为增值税一般纳税人，则适用的增值税税率为 9％，在发票的备注栏上除填写工程名称和工程地址外无须特别备注。若上述延期付款利息发票单独开具发票，与其他工程款发票填写要求一致，在发票的备注栏上可以加备注"延期付款利息"，甚至可以把延期付款利息的计算公式填写在备注栏中。当然，也可以不备注"延期付款利息"，而是在发票的内容栏中直接填写"＊建筑服务＊工程款延期付款利息"。

音频

第十七讲

第十七讲　工程结算收入审减事项与质保金的财税处理

　　建筑企业工程项目在竣工结算环节将遇到一些比较棘手的涉税事项，如被业主方要求按照审计结论确定结算价，即对合同收入进行审减。同时还存在部分业主在支付质保金时无明确理由和相关凭证直接扣除部分质保金。本讲主要针对这类问题的财税处理展开分析。

一、会计收入与增值税收入、企业所得税收入的关系

建筑企业提供建筑服务取得收入，在概念上分为会计收入、增值税收入、企业所得税收入，三者在一定期间内是否完全一致呢？我们先看以下案例。

【案例 17-1】 铁蛋建筑公司为增值税一般纳税人，执行《企业会计准则》。2024 年 1 月，该公司承揽了甲方一个大型地产施工总承包工程，工程总造价 5.45 亿元（其中价款 5 亿元，增值税 0.45 亿元）。2024 年 1 月，该工程开工，至 2024 年 12 月按照投入法测算的履约进度已经完成了 40%。截至 2024 年 12 月底累计已完成的产值约 2 亿元（不含税）；甲方对铁蛋建筑公司完成的产值进行累计计价的含税金额为 1.8 亿元（其中价款约 1.65 亿元，增值税约 0.15 亿元），合同约定每月 26 日向甲方报送当月完成的产值，甲方在 7 个工作日内审定完毕，并根据审定的计价金额在审定完毕 3 个工作日内按计价金额的 80% 支付进度款，即在 2025 年 1 月 8 日累计应支付进度款 1.44 亿元。2024 年 12 月 31 日，铁蛋建筑公司累计开具 1.44 亿元发票（含税，其中价款约 1.32 亿元，增值税 0.12 亿元）。铁蛋建筑公司在 2025 年 1 月 15 日实际收到了 1.44 亿元。截至 2024 年 12 月，铁蛋建筑公司累计应该确认多少企业所得税收入、增值税销售额？要搞清楚这个问题，我们首先必须了解会计收入与增值税收入、企业所得税收入的确认原则。

（一）建筑企业会计收入的确认原则

建筑企业由于产品的特点和承包关系的特殊性，决定了合同收入和成本确认的特殊性。根据《企业会计制度》、《企业会计准则》和《中华人民共和国企业所得税法》规定，建造合同收入与合同成本应按照完工进度及时确认。由于建设施工合同付款条件苛刻、竣工决算周期长等原因，造成相当一部分

建筑企业未按完工进度确认收入与成本。

1. 执行《企业会计制度》的建筑企业如何确认收入

执行《企业会计制度》的建筑企业，根据《企业会计制度》第九十五条规定可知，建造承包商建造工程合同收入及费用应按以下原则确认和计量：如果建造合同的结果能够可靠地估计，企业应当根据完工百分比法[①]在资产负债表日确认合同收入和费用。当期完成的建造合同，应按实际合同总收入减去以前会计年度累计已确认的收入后的余额作为当期收入，同时按累计实际发生的合同成本减去以前会计年度累计已确认的费用后的余额作为当期费用。

如果建造合同的结果不能可靠地估计，合同成本能够收回的，合同收入根据能够收回的实际合同成本加以确认，合同成本在其发生的当期作为费用；合同成本不可能收回的，应当在发生时立即作为费用，不确认收入。

在一个会计年度内完成的建造合同，应当在完成时确认合同收入和合同费用。

2. 执行《企业会计准则》的建筑企业如何确认收入

执行《企业会计准则》的建筑企业，根据《企业会计准则第 14 号——收入》第十二条规定："对于在某一时段内履行的履约义务，企业应当在该段时间内按照履约进度确认收入，但是，履约进度不能合理确定的除外。企业应当考虑商品的性质，采用产出法或投入法确定恰当的履约进度。其中，产出法是根据已转移给客户的商品对于客户的价值确定履约进度；投入法是根据企业为履行履约义务的投入确定履约进度。对于类似情况下的类似履约义务，企业应当采用相同的方法确定履约进度。当履约进度不能合理确定时，企业已经发生的成本预计能够得到补偿的，应当按照已经发生的成本金额确认收入，直到履约进度能够合理确定为止。"

3. 执行《小企业会计准则》的建筑企业如何确认收入

执行《小企业会计准则》的建筑企业，要依据项目工期是否跨年判断适用哪一种方法。《小企业会计准则》第六十三条规定："同一会计年度内开始并完成的劳务，应当在提供劳务交易完成且收到款项或取得收款权利时，确

[①] 根据《企业会计制度》第九十六条第一款规定："合同完工进度可以按累计实际发生的合同成本占合同预计总成本的比例、已经完成的合同工作量占合同预计总工作量的比例、已完合同工作的测量等方法确定。"

认提供劳务收入。提供劳务收入的金额为从接受劳务方已收或应收的合同或协议价款。劳务的开始和完成分属不同会计年度的，应当按照完工进度确认提供劳务收入。年度资产负债表日，按照提供劳务收入总额乘以完工进度扣除以前会计年度累计已确认提供劳务收入后的金额，确认本年度的提供劳务收入；同时，按照估计的提供劳务成本总额乘以完工进度扣除以前会计年度累计已确认营业成本后的金额，结转本年度营业成本。"

（二）建筑企业企业所得税收入确认原则

《中华人民共和国企业所得税法实施条例》第九条规定："企业应纳税所得额的计算，以权责发生制为原则，属于当期的收入和费用，不论款项是否收付，均作为当期的收入和费用；不属于当期的收入和费用，即使款项已经在当期收付，均不作为当期的收入和费用。本条例和国务院财政、税务主管部门另有规定的除外。"

《中华人民共和国企业所得税法实施条例》第二十三条规定："企业的下列生产经营业务可以分期确认收入的实现：（一）以分期收款方式销售货物的，按照合同约定的收款日期确认收入的实现；（二）企业受托加工制造大型机械设备、船舶、飞机，以及从事建筑、安装、装配工程业务或者提供其他劳务等，持续时间超过 12 个月的，按照纳税年度内完工进度或者完成的工作量确认收入的实现。"

《国家税务总局关于确认企业所得税收入若干问题的通知》（国税函〔2008〕875 号）第一条第一款规定："一、除企业所得税法及实施条例另有规定外，企业销售收入的确认，必须遵循权责发生制原则和实质重于形式原则。"第二条规定："企业在各个纳税期末，提供劳务交易的结果能够可靠估计的，应采用完工进度（完工百分比）法确认提供劳务收入……"

由上述规定可知，当建筑企业某个项目工期跨年且建造合同结果能够可靠估计的，企业所得税收入的确认原则与会计收入的确认原则一致，均按照完工百分比（或履约进度）确认收入。与是否开具了增值税发票，是否收到了进度款或结算款并不一定直接挂钩。

（三）建筑企业增值税收入的确认原则

建筑企业提供建筑服务的增值税纳税义务发生时间的认定，《中华人民共和国增值税法》第二十八条规定："增值税纳税义务发生时间，按照下列规定确定：（一）发生应税交易，纳税义务发生时间为收讫销售款项或者取得销售款项索取凭据的当日；先开具发票的，为开具发票的当日。（二）发生视同应税交易，纳税义务发生时间为完成视同应税交易的当日。（三）进口货物，纳税义务发生时间为货物报关进口的当日。增值税扣缴义务发生时间为纳税人增值税纳税义务发生的当日。"《营业税改征增值税试点实施办法》第四十五条第一项规定："增值税纳税义务、扣缴义务发生时间为：（一）纳税人发生应税行为并收讫销售款项或者取得索取销售款项凭据的当天；先开具发票的，为开具发票的当天。收讫销售款项，是指纳税人销售服务、无形资产、不动产过程中或者完成后收到款项。取得索取销售款项凭据的当天，是指书面合同确定的付款日期；未签订书面合同或者书面合同未确定付款日期的，为服务、无形资产转让完成的当天或者不动产权属变更的当天……"

通过上述文件规定可知，建筑企业提供建筑服务的增值税纳税义务发生时间以收取进度款或结算款的时间、达到合同约定付款日、开具应税发票的当天三者孰早为原则；若部分项目未签订合同的，既无法开票也无收款又谈不上合同约定付款日的，以建筑服务完成的当天为增值税纳税义务发生时间；签订了合同，但合同中未约定付款日的，且未收取进度款或结算款、未开具应税发票的，也是以建筑服务完成的当天为增值税纳税义务发生时间。

阐述完了会计收入和增值税收入、企业所得税收入的确认原则差异，可以解答【案例17-1】的问题了。铁蛋建筑公司在2024年12月底合同履约进度未达到40%，累计已完成的产值约2亿元（不含税），即应按照履约进度确认的会计收入和企业所得税收入均为2亿元。合同约定的付款日为2025年1月8日，应付金额为1.44亿元，实际收到该款项的时间是2025年1月15日，而铁蛋建筑公司在2024年12月31日就已开具1.44亿元发票（含税，其中价款约1.32亿元，增值税0.12亿元），增值税纳税义务随即产生。因此，在2024年12月31日，铁蛋建筑公司当年该项目累计应确认的会计收入为2亿元，当期应申报的企业所得税申报收入2亿元，当期应申报的增值税销售额为1.32亿元。

（四）"两税收入"不一致是否存在风险

笔者姑且将增值税销售额即开票收入和企业所得税收入称之为"两税收

入"。在实务中，确实存在部分建筑企业因"两税收入"不一致被主管税务机关要求提交书面说明。实际上并不是只要"两税收入"不一致就一定会被预警，一般被预警的大多属于开票收入大于企业所得税申报收入的情形。

事实上，根据前述会计收入与"两税收入"的确认原则相比较可知，对于执行了《企业会计制度》《企业会计准则》的建筑企业而言，企业所得税收入（会计收入）与增值税收入确认的条件并不完全一致。通常情况下，业主方对建筑企业完成并报送的工程产值（据此完工比例确认企业所得税收入）进行工程计价，工程计价后（通常审定金额≤建筑企业报送的产值）按照合同约定付款比例（70%≤付款比例≤90%，最高不超过90%）支付进度款，建筑企业通常按照该比例开具相应发票（增值税收入主要与付款比例、付款金额、开票金额相关）。因此，建筑企业的企业所得税收入通常比增值税收入大，出现增值税收入大于企业所得税申报收入确实属于一个疑点。出现上述情形也有可能属于"误会"。例如，建筑企业某个项目在开工前收到业主方支付的预收款，并按照要求开具了增值税专用发票，增值税纳税义务随机产生。但由于尚未施工、没有履约进度，未确认企业所得税收入，出现增值税收入大于企业所得税收入也属于正常情形。

总之，建筑企业按照完工百分比法确认企业所得税纳税义务发生时，其增值税纳税义务未必发生；或者部分建筑企业提前开票（预收款开具应税发票的情形），即增值税纳税义务发生时企业所得税纳税义务未必发生。建筑企业某个项目在履约的一定阶段内、金额差异在一定范围内，"两税收入"不一致属于合理差异。只有当工程竣工并结算后，建筑企业已经按照结算金额全部确认了合同收入，并据此全额开具了建筑服务发票，"两税收入"才有可能完全一致。除此之外，企业发生的某些视同销售行为也会导致"两税收入"不一致。

二、竣工项目未及时确认收入的涉税风险

部分建筑企业没有执行《企业会计制度》或《企业会计准则》，未按照完工百分比或履约进度确认收入，而是按照向业主方开具发票的金额或收到的工程款确认收入，存在一定的涉税风险。在实务中，这类企业部分已竣工的项目由于业主方不能及时支付进度款或结算款，未向建筑企业索要应税发票，

造成收入确认滞后，增值税和企业所得税均面临被调整的涉税风险。

【案例17-2】　A建筑公司于2019年12月26日与B开发公司签订某房屋建设工程施工总承包合同，合同金额合计142 973 527.10元，合同建设周期为2019年12月26日至2022年4月1日。该合同约定付款方式为：根据工程实际进度情况，分部分项验收合格，发包人对工程量核实后，分阶段支付。第一次支付工程款的节点为主体结构"正负零"完成时，按照已完成工程量的60%支付；其余阶段按照每月完成工程量的60%支付；竣工验收合格后按照总造价的90%支付；竣工验收备案完成后完成结算的，支付至结算价97%。余款3%作为保修款，两年后无息支付保修款的90%，5年后全部无息付清余下10%。另外，双方约定小区竣工验收备案完成时，由承包人全额开具增值税专用发票给发包人。该项目已于2022年12月2日完成了工程质量竣工验收备案。根据造价部门2022年12月30日出具的某工程住宅楼结算书，该项目结算审定值为108 931 163.14元（含税）。A建筑公司累计开具工程款发票106 910 000元（含税），剩余2 021 163.14元未按合同约定开票，未按规定申报缴纳增值税。按照双方约定，项目竣工验收备案完成后，A建筑公司按工程结算造价开具发票并申报相关税款，增值税纳税义务发生时间应为项目质量竣工验收备案时间。

最后，税务机关认定该项目工程竣工验收备案达到约定收款开票条件后A建筑公司未能及时确认收入，未按规定申报缴纳相关税款。根据《中华人民共和国税收征收管理法》第六十三条第一款规定，要求A建筑公司申报缴纳2022年度应缴未缴的增值税166 885.03元、城市维护建设税8 344.25元、印花税1 485.27元、企业所得税24 206.56元。同时，处以应缴未缴税款百分之五十的罚款。

三、未按项目分别核算收入、成本的涉税风险

在日常咨询工作中，笔者发现部分建筑企业未按照不同项目分别核算项目收入和成本，存在一定程度上增值税进项税额混抵的情形。适用简易计税方法的项目取得增值税专用发票对应的进项税额未按规定进行转出处理，甚至因此产生留抵退税的情况，存在较大涉税风险。

【案例17-3】　A建筑劳务有限公司于2021年购入材料取得的增值税专

用发票全部勾选认证，产生进项留抵税额 104 335.03 元。部分材料用于简易计税方法计税的项目，对应的进项税额为 72 357.74 元的，进项税额应转出却未转出。2022 年 3 月，该公司产生期末留抵税额为 72 357.74 元，并于 2022 年 4 月申请办理留抵退税 72 357.74 元。最后，税务机关对 A 建筑劳务有限公司的行为按照骗税处理，对应转出的进项税额要求限期转出，同时处以骗取留抵退税款一倍的罚款，即 72 357.74 元。

四、工程结算与审计结论的关系

工程结算一定要以审计结论为准吗？只要约定了这类条款的工程项目，在结算环节大概率是根据审计结论审减，而不是增加结算额。大部分建筑企业在与业主方签订施工合同时都是被动接受"根据审计单位出具的审计决算为最终造价"的约定。

（一）政府发包项目的工程结算是否必须以审计结论为准

《最高人民法院关于建设工程承包合同案件中双方当事人已确认的工程决算价款与审计部门审计的工程决算价款不一致时如何适用法律问题的电话答复意见》（〔2001〕民一他字第 2 号）指出："审计是国家对建设单位的一种行政监督，不影响建设单位与承建单位的合同效力。建设工程承包合同案件应以当事人的约定作为法院判决的依据。只有在合同明确约定以审计结论作为结算依据或者合同约定不明确、合同约定无效的情况下，才能将审计结论作为判决的依据。"

政府作为发包方的项目合同中的结算条款普遍存在约定"最终结算价以审计结论为准"的情形，该约定是否有效呢？首先，法律上并未限制此类意识自治的合同约定，即法律上是有效的。其次，我们看一下住房和城乡建设部门下发的文件——《住房和城乡建设部办公厅关于印发房屋市政工程复工复产指南的通知》（建办质〔2020〕8 号）7.4 条规定："政府和国有投资工程不得以审计机关的审计结论作为工程结算依据，建设单位不得以未完成决算审计为由，拒绝或拖延办理工程结算和工程款支付。"

上述规定主要是针对政府部门作为发包人或者该项目属于国有投资工程时，不得以审计机关的审计结论作为工程结算依据。

（二）部分地区司法部门对工程结算与审计结论关系的规定

1. 湖南省高级人民法院的观点

《湖南省高级人民法院印发〈湖南省高级人民法院关于审理建设工程施工合同纠纷案件若干问题的解答〉的通知》（湘高法〔2022〕102号）第十三问："当事人约定以行政审计、财政评审作为工程款结算依据，一方以审计、财政评审结论不真实、客观要求重新鉴定如何处理？审计部门明确表示无法审计或拖延审计如何处理？

当事人约定以行政审计、财政评审作为工程款结算依据的，按约定处理。当事人有证据证明审计结论不真实、客观，法院可以准许当事人补充鉴定、重新鉴定或者补充质证等方法对争议事实做出认定。行政审计或财政评审部门明确表示无法进行审计，或在约定期限及合理期限内无正当理由未出具审计结论，当事人就工程价款结算无法达成一致申请司法审计鉴定的，应予准许。"

总体上，湖南省高级人民法院的观点是尊重合同当事人意思自治，并未区分项目属性是否为政府项目还是其他项目。

2. 河南省高级人民法院的观点

《河南高级人民法院发布关于建设工程合同纠纷案件疑难问题的解答》（2022年）第17问："双方合同约定以审计为结算依据，在当事人起诉时尚未审计的，能否对工程造价进行鉴定？答：双方施工合同约定以审计为结算依据的，对双方当事人具有约束力。但是，如果因发包人原因未进行审计或者发包人怠于履行合同约定配合审计义务，导致未能审计或者未能完成审计的，承包人可以起诉通过工程造价鉴定进行工程价款结算。"

显然，河南省高级人民法院的观点也认可合同约定以审计为结算依据的具有约束力。

3. 山东省高级人民法院的观点

根据山东省高级人民法院发布《山东高院关于审理建设工程施工合同纠纷案件若干问题的解答（2020年）》第3问："政府投资和以政府投资为主的建设项目，合同约定以行政审计、财政评审作为工程款结算依据的，如何处理？

"政府投资和以政府投资为主的建设项目，合同约定以行政审计、财政评审作为工程款结算依据的，按照约定处理；但发包人故意迟延提交审计或妨碍审计条件成就，以及行政审计、财政评审部门明确表示无法进行审计或无正当理由超出合同约定的审计期限三个月，仍未作出审计结论、评审意见的，当事人申请对工程造价进行司法鉴定，应当准许。"

【案例 17-4】 某建筑企业与某地区县政府签订了"＊＊改造工程建设框架协议"，关于工程结算的相关条款中约定"工程竣工后，根据审计单位出具的审计决算为最终造价。工程竣工后，由该建筑企业编制工程决算报县政府，县政府委托具有法定审核资质的机构进行工程造价决算审核，经双方共同确认后作为工程总投资的依据；关于工程价款的偿还，在工程竣工后，根据审计出具的审计决算为最终造价，在完善竣工资料及相关建设程序后，工程款分两次付清。"后来双方签订了"＊＊改造工程承包合同"，明确约定工程价款结算支付方式按与政府签订的协议执行。其间双方又签订了"＊＊改造工程承包合同补充协议"，而在工程结算条款中，手写补充约定"最终造价以审计结果为准"。

竣工验收后，该县审计局出具的审计报告被上级审计单位撤销，上级审计单位出具了专项审计调查报告，被作为该工程的结算依据。该县审计局上级审计单位出具的专项审计调查报告对应的工程结算价款比原县审计局出具的审计报告减少了近 5 000 万元。该建筑企业起诉该县县政府、交通局等相关单位。认为以该县上级审计单位出具的专项审计调查报告作为结算依据违反了合同的约定，也与法律规定不符，应当以县审计局出具的审计报告为准进行结算。同时提出以审计结果作为竣工结算依据限制了平等民事主体的民事权约定，通过审计确定工程造价是政府部门强加的不公平合同条款。

一审法院判决该建筑企业败诉。该建筑企业不服一审判决，遂提起上诉，要求二审法院撤销一审相关裁决。最终，二审依然判该建筑企业败诉。

分析：上述案例的主要争议点有两个：一是"＊＊改造工程建设框架协议"、"＊＊改造工程承包合同"和"＊＊改造工程承包合同补充协议"的性质和关于"以审计结论作为结算依据"的法律效力；二是该工程应以县审计局出具的审计报告，还是以其上级审计单位出具的专项审计调查报告作为工程结算依据。

在实务中，即便是国家审计机关的审计结论也并非确定合同当事人之间工程价款结算的当然依据。但上述案例中，双方约定了"以审计结论作为最终结算的依据"属于合同双方平等协商一致的结果，双方应予恪守。至于该建筑企业认为"以审计结论作为最终造价"的约定是强加给其的不公平条款，在签订合同时应当协商或者不予认可该条款，而不是结算时再提出异议，认为该条款不公平，试图推翻此约定。事实上，该建筑企业只是不满于一审判决时以该县上级审计单位出具的专项审计调查报告为结算依据，事实上并不是反对"以审计结论作为最终结算依据"的方式。该工程在相关协议中已经明确约定了以审计决算为结算依据，案涉工程是政府投资的项目，应当受到国家的审计监督，工程业主的财务收支须受此审计监督的约束。该建筑企业只是无法提供证据证明该县上级审计单位出具的专项审计调查报告结算金额有何问题。

依照《中华人民共和国审计法》第二十二条的规定可知，审计机关对政府投资和以政府投资为主的建设项目的预算执行情况和决算，进行审计监督。该县审计局的审计，是基于《中华人民共和国审计法》等法律法规的规定而进行的审计监督活动，是依法行使职权的行为。之后上级审计单位根据《中华人民共和国审计法实施条例》第四十三条第一款、第二款"上级审计机关应当对下级审计机关的审计业务依法进行监督。下级审计机关作出的审计决定违反国家有关规定的，上级审计机关可以责成下级审计机关予以变更或者撤销，也可以直接作出变更或者撤销的决定；审计决定被撤销后需要重新做出审计决定的，上级审计机关可以责成下级审计机关在规定的期限内重新做出审计决定，也可以直接作出审计决定"的规定，认为该县审计局出具的审计报告存在重大失实被其依法撤销。上级审计单位派出审计调查组根据工程承包合同，以及相关补充协议约定的工程内容，深入施工现场对案涉工程竣工结算进行复查，经调查审定案涉工程建筑安装投资金额原《审计报告》多审定投资近 5 000 万元。上级审计单位对案涉工程竣工决算审计是依法行使国家审计监督权的行为，不存在重复审计，其作出的审计决定具有一定的强制性。虽然审计是国家对建设单位的一种行政监督，其本身并不影响民事主体之间的合同效力，但是本案双方当事人"以审计决算为最终造价"的约定，实际上是将有审计权限的审计机关对业主单位的审计结果作为双方结算的最终依据。因该县审计局出具的审计报告已被撤销，故应当以上级审计单位出具的专项审计调查报告作为涉案工程的结算依据。

上述案例的经验教训深刻。笔者提醒，如果建筑企业认为"以审计结论作为最终结算依据"的约定不公平，应当在签订工程建设合同及相关协议时协商，一旦在合同中确定了该方式，则约定有效。如果最终的审计结论与双方原结算资料相差甚远，建筑企业应当提供相关事实证明，推翻审计结论。若建筑企业在竣工时已经按照合同金额及完工进度100％确认了收入，结算时被审减了收入的，直接在结算的当年损益中调整，无须追溯到竣工年度进行调整；同理，结算金额大于前期已确认的合同收入，直接在当年调整收入，不做追溯调整。

五、被业主扣除的质保金如何进行财税处理

工程质保金又称为工程合同质量保修金，一般是由合同双方约定从应付合同价款中预留的，当标的物出现质量问题，需要进行修理时，用于支付修理费用的资金。

（一）工程质量保修书

根据《建设工程质量保证金管理办法》的相关规定，建设工程质量保证金是指发包人与承包人在建设工程承包合同中约定，从应付的工程款中预留，用以保证承包人在缺陷责任期内对建设工程出现的缺陷进行维修的资金。一般情况下，发包人与承包人在签订建设工程承包合同时就会直接签订工程质量保修书，以合同附件的形式确定。详见范本17-1。

范本17-1：

工程质量保修书

发包人（全称）：

承包人（全称）：

发包人和承包人根据《中华人民共和国建筑法》和《建设工程质量管理条例》，经协商一致就＊＊工程（工程全称）签订工程质量保修书。

一、工程质量保修范围和内容

承包人在质量保修期内，按照有关法律规定和合同约定，承担工程质量保修责任。

质量保修范围包括地基基础工程、主体结构工程，屋面防水工程、有防水要求的卫生间、房间和外墙面的防渗漏，供热与供冷系统，电气管线、给排水管道、设备安装和装修工程，以及双方约定的其他项目。具体保修的内容，双方约定如下：_____。

二、质量保修期

根据《建设工程质量管理条例》及有关规定，工程的质量保修期如下：

1. 地基基础工程和主体结构工程应为设计文件规定的工程合理使用年限；

2. 屋面防水工程、有防水要求的卫生间、房间和外墙面的防渗为____年；

3. 装修工程为____年；

4. 电气管线、给排水管道、设备安装工程为____年；

5. 供热与供冷系统为____个采暖期、供冷期；

6. 住宅小区内的给排水设施、道路等配套工程为____年；

7. 其他项目保修期限约定如下：

质量保修期自工程竣工验收合格之日起计算。

三、缺陷责任期

工程缺陷责任期为____个月，缺陷责任期自工程竣工验收合格之日起计算。单位工程先于全部工程进行验收，单位工程缺陷责任期自单位工程验收合格之日起算。缺陷责任期终止后，发包人应退还剩余的质量保证金。

四、质量保修责任

1. 属于保修范围、内容的项目，承包人应当在接到保修通知之日起____天内派人保修。承包人不在约定期限内派人保修的，发包人可以委托他人修理。

2. 发生紧急事故需抢修的，承包人在接到事故通知后，应当立即到达事故现场抢修。

3. 对于涉及结构安全的质量问题，应当按照《建设工程质量管理条例》的规定，立即向当地建设行政主管部门和有关部门报告，采取安全防范措施，并由原设计人或者具有相应资质等级的设计人提出保修方案，承包人实施保修。

4. 质量保修完成后，由发包人组织验收。

五、保修费用

保修费用由造成质量缺陷的责任方承担。

六、双方约定的其他工程质量保修事项：

工程质量保修书由发包人、承包人在工程竣工验收前共同签署，作为施工合同附件，其有效期限至保修期满。

发包人（公章）：　　　　　　　　　承包人（公章）：

法定代表人（签字）：　　　　　　　法定代表人（签字）：

委托代理人（签字）：　　　　　　　委托代理人（签字）：

（二）质保金的增值税与企业所得税纳税义务发生时间的认定

1. 关于质保金增值税纳税义务发生时间的特殊规定

《国家税务总局关于在境外提供建筑服务等有关问题的公告》（国家税务总局公告 2016 年第 69 号）第四条规定："纳税人提供建筑服务，被工程发包方从应支付的工程款中扣押的质押金、保证金，未开具发票的，以纳税人实际收到质押金、保证金的当天为纳税义务发生时间。"

2. 质保金企业所得税纳税义务发生时间

在实务中经常出现的情况是还未到工程质保期，发包方暂不支付质保金，但要求建筑企业（承包方）先按照结算金额 100％ 开具建筑服务发票。建筑企业未收到质保金，但增值税纳税义务随即发生。

工程质保金，在实质上属于建筑企业合同收入的一部分，根据合同履约进度确认。因此，在企业所得税上，无论是否已经开具质保金发票，无论是否已经收到质保金，竣工结算后，其企业所得税纳税义务即发生。

（三）未足额收回的质保金如何处理

在缺陷期因承包方原因导致的缺陷问题，应该由承包方负责维修。业主方在发现相关缺陷问题时应及时通知承包方履行维修义务。若承包方未履行相关义务，业主方自行维修或委托其他第三方进行维修的，相关维修支出可以从预留的应支付给承包方的质保金中扣除。

1. 部分质保金被业主方扣留

建筑企业的质保金被业主方部分扣留的原因主要有三类：第一类，建筑企业未按照合同约定标准进行工程维修或维修后的质量仍存在瑕疵，业主方要求其支付罚款即违约金；第二类，建筑企业未进行维修，业主方直接扣款支付给其他提供工程维修服务的建筑企业；第三类，业主方要求建筑企业对部分质保金进行债务免除。

【案例 17-5】 铁蛋建筑公司为增值税一般纳税人。2022 年 1 月，该公司与钢蛋置业公司签订了某园区办公楼施工总承包合同。2023 年 8 月，该工程竣工结算，最终含税结算金额为 3 270 万元，在结算协议中明确约定预留 3％作为工程质保金，即 98.1 万元（其中价款 90 万元，增值税额 8.1 万元），质保期为 2 年。业主方在结算后并未按照合同约定的付款比例 97％支付结算款，仅按照 90％支付，铁蛋建筑公司已按照结算金额 3 270 万元全额开具了建筑服务发票。在缺陷责任期内，该办公楼的地下车库发现质量缺陷。钢蛋置业公司向铁蛋建筑公司发出了保修通知，铁蛋建筑公司认可该缺陷问题是由自己施工造成的，但由于业主方未按照合同约定付款比例支付款项，铁蛋建筑公司并未履行维修义务。钢蛋置业公司委托其他第三方进行了维修，发生维修支出 21.8 万元。钢蛋置业公司于 2025 年 2 月向铁蛋建筑公司支付尾款时直接扣除了该维修支出，铁蛋建筑公司应如何进行账务处理？

分析：上述案例中质保金未能足额收回，属于建筑企业未进行维修，业主方直接扣款支付给其他提供工程维修服务的建筑企业的情形。我们先考虑三个问题，第一，该项目的结算金额是否需要按照被扣除质保金后的金额重新要调整；第二，被扣除的质保金是否需要部分红冲已开具的发票；第三，该建筑企业被扣除的质保金在企业所得税前列支扣除是否需要发票。

通过上述案例介绍可知，被扣除的质保金是直接用于支付给提供维保服务的第三方，竣工结算的结果并不因部分债权直接冲抵部分债务而改变，依然是 3 270 万元。因此，无须调整结算金额，也无须部分红冲发票。提供维保服务的第三方取得铁蛋建筑公司被扣除的质保金，应当向铁蛋建筑公司开具建筑服务发票，而不是向该工程的业主方开具应税发票。综上所述，铁蛋建筑公司被扣除的质保金，应当根据提供维保服务的第三方开具的建筑服务发票计入管理费用或销售费用，不再计入合同成本。会计处理如下。

借：销售费用——工程维保费　　　　　　　　　218 000
　　贷：应收账款——质保金　　　　　　　　　　　218 000

若上述案例中被扣除的质保金属于铁蛋建筑公司支付给业主方的违约金、赔偿金，在会计处理上，记入"营业外支出"科目，并冲减相应的债权。在企业所得税的处理上，凭合同违约责任条款、业主方开具的收据、罚款通知等证明该违约金额的真实性与合理性在税前扣除。

2. 承包方原因导致的缺陷损失超过预留的质量保证金

缺陷期内因承包方原因导致的缺陷问题，若承包方未履行相关义务，业主方自行维修，且相关支出超出了预留的质保金，除了全部扣除质保金外，发包方还可向承包方索赔差额损失部分。

【案例 17-6】　　承接上例，上述项目的地下车库缺陷维修事项，铁蛋建筑公司在接到发包方通知后以对方未按照合同约定付款比例足额支付结算款为由拒绝履行维修义务。钢蛋实业公司自行委托第三方维修发生相关支出 109 万元，并由提供维保服务的第三方向铁蛋建筑公司开具了相应金额的建筑服务发票。钢蛋实业公司向铁蛋建筑公司发出扣款通知函，将从预留的质保金中扣除 98.1 万元，并向铁蛋建筑公司索赔 10.9 万元质量缺陷损失，假设铁蛋建筑公司认可该事项，如何进行账务处理？

（1）被扣除的质保金直接由业主方代付给了提供维保服务的第三方。

借：销售费用——维保服务费　　　　　　　　　981 000

　　贷：应收账款——质保金　　　　　　　　　　　981 000

（2）向业主方支付剩余质量缺陷损失。

借：营业外支出　　　　　　　　　　　　　　109 000

　　贷：银行存款　　　　　　　　　　　　　　　109 000

3. 业主方无明确理由与相关凭证扣除了部分质保金

在实务中，还有一类情况十分普遍，那就是业主方在建筑企业质保期到期后支付质保金时，没有明确理由与相关凭证就扣除了部分质保金。这部分扣款既不是罚款、违约金，也不是扣除款项直接自行维修工程。特别是近年来，以房地产施工为主业的建筑企业，由于部分业主资金链出现重大问题，为了确保竣工结算项目的资金流安全不得不做出妥协接受甲方的扣款，以便更快地回笼资金。事实上，这类情况应当属于债务重组，建筑企业主动放弃了部分债务，进行债务免除处理。双方可就扣除部分金额签订债务重组协议或债务免除协议，并按照此协议进行财税处理。

（1）债务免除的涉税处理。

在涉税处理上，根据《财政部 国家税务总局关于企业重组业务企业所得税处理若干问题的通知》（财税〔2009〕59 号）（以下简称财税〔2009〕59 号）

第四条规定，"企业重组，除符合本通知规定适用特殊性税务处理规定的外，按以下规定进行税务处理……（二）企业债务重组，相关交易应按以下规定处理……3.债务人应当按照支付的债务清偿额低于债务计税基础的差额，确认债务重组所得；债权人应当按照收到的债务清偿额低于债权计税基础的差额，确认债务重组损失……"另外，根据财税〔2009〕59号第六条规定，"企业重组符合本通知第五条规定条件的，交易各方对其交易中的股权支付部分，可以按以下规定进行特殊性税务处理：（一）企业债务重组确认的应纳税所得额占该企业当年应纳税所得额50%以上，可以在5个纳税年度的期间内，均匀计入各年度的应纳税所得额。企业发生债权转股权业务，对债务清偿和股权投资两项业务暂不确认有关债务清偿所得或损失，股权投资的计税基础以原债权的计税基础确定。企业的其他相关所得税事项保持不变……"

（2）债务免除的会计处理。

在会计处理上，业主方因扣除了部分质保金得利部分应确认为债务重组利得，按照扣除的金额，借记"应付账款"科目，贷记"其他收益——债务重组利得"科目。建筑企业主动免除的质保金部分损失应确认为债务重组损失，按照免除的金额，借"投资收益——债务重组损失"科目，贷记"应收账款"科目。

第十八讲

第十八讲　建筑业合同印花税

　　印花税属于行为税范畴，它的征收目的主要是调节市场行为和维护经济秩序。印花税的征税对象包括各类经济合同、产权转移书据、营业账簿等，涵盖了广泛的经济社会领域。与其他税种相比，印花税税率较低，税负较轻，同时存在的涉税风险也较容易被纳税人忽略。本讲仅就建筑业涉及的各类经济合同印花税展开解析。

一、印花税的应税凭证

现行印花税只对《印花税法》中列举的凭证征收印花税，没有列举的凭证不征收印花税。列举的凭证主要分为四类：经济合同、产权转移书据、营业账簿、证券交易。

（一）印花税税目税率表

印花税的税率设计根据税目的不同而有所差异，现行印花税税率分为比例税率和定额税率。比例税率一共四档，分别为 1‰（千分之一）、0.5‰（万分之五）、0.3‰（万分之三）、0.05‰（万分之零点五），主要以凭证载明的金额为计征基数。具体税目税率见表 18-1。

表 18-1　印花税税目税率表

税目		税率	备注
合同（指书面合同）	借款合同	借款金额的万分之零点五	指银行业金融机构、经国务院银行业监督管理机构批准设立的其他金融机构与借款人（不包括同业拆借）的借款合同
	融资租赁合同	租金的万分之零点五	—
	买卖合同	价款的万分之三	指动产买卖合同（不包括个人书立的动产买卖合同）
	承揽合同	报酬的万分之三	—
	建设工程合同	价款的万分之三	—
	运输合同	运输费用的万分之三	指货运合同和多式联运合同（不包括管道运输合同）

税目		税率	备注
合同（指书面合同）	技术合同	价款、报酬或者使用费的万分之三	不包括专利权、专有技术使用权转让书据
	租赁合同	租金的千分之一	—
	保管合同	保管费的千分之一	—
	仓储合同	仓储费的千分之一	—
	财产保险合同	保险费的千分之一	不包括再保险合同
产权转移书据	土地使用权出让书据	价款的万分之五	转让包括买卖（出售）、继承、赠与、互换、分割
	土地使用权、房屋等建筑物和构筑物所有权转让（不包括土地承包经营权和土地经营权转移）	价款的万分之五	
	股权转让书据（不包括应缴纳证券交易印花税的）	价款的万分之五	
	商标专用权、著作权、专利权、专有技术使用权转让书据	价款的万分之三	
营业账簿		实收资本（股本）、资本公积合计金额的万分之二点五	
证券交易		成交金额的千分之一	

凡是前述《印花税法》税目税率中列举的合同及其他凭证都需要按规定缴纳印花税，没有列举的合同类别及相关凭证无须缴纳印花税。

【案例18-1】 铁蛋园林公司与某地风景区管理服务中心签订了一份生态湖沿岸绿化养护服务合同，服务期限为2024年10月1日至2025年9月30日，服务范围包括该景区生态湖沿岸的全部苗木及草坪的养护与管理，合同总价193万元。

分析：印花税的应税凭证是《印花税法》所附印花税税目税率表合同、产权转移书据和营业账簿。植物养护合同不在《印花税法》印花税税目税率表列举范围内，因此上述合同无须缴纳合同印花税。

在实务中，除了要把握《印花税法》列举的应税凭证范围外，还要注意应税凭证的精准解释。例如，借款合同并不是指所有借款的合同，对于资金的出借方身份是有明确规定的。

【案例 18-2】 铁蛋建筑公司受业主方资金链断裂影响，出现了资金周转紧张问题，分别与该地城市银行和钢蛋建材公司签订借款合同，分别借款1亿元和1000万元。两份借款合同是否都要缴纳印花税？

分析：根据前述《印花税法》的附表印花税税目税率表可知，借款合同范围是指银行业金融机构、经国务院银行业监督管理机构批准设立的其他金融机构与借款人（不包括同业拆借）所签订的借款合同，按借款金额万分之零点五缴纳印花税。铁蛋建筑公司与该地城市银行签订的借款合同需要缴纳印花税5000元（100 000 000×0.005%）；铁蛋公司与钢蛋建材公司签订的借款合同，由于钢蛋建材公司不属于金融机构，因此双方不需要缴纳印花税。

类似上述情形的，还有非电网企业之间签订的售电合同。《财政部 国家税务总局关于印花税若干政策的通知》（财税〔2006〕162号）第二条规定："对发电厂与电网之间、电网与电网之间（国家电网公司系统、南方电网公司系统内部各级电网互供电量除外）签订的购售电合同按购销合同征收印花税。电网与用户之间签订的供用电合同不属于印花税列举征税的凭证，不征收印花税。"

（二）未签订合同就不需要缴纳印花税吗？

根据《关于印花税若干事项政策执行口径的公告》（财政部 税务总局公告2022年第22号）（以下简称财政部 税务总局公告2022年第22号）第二条第二项"企业之间书立的确定买卖关系、明确买卖双方权利义务的订单、要货单等单据，且未另外书立买卖合同的，应当按规定缴纳印花税"的规定，未签订合同但是签订了具有合同性质、能够正式业务关系且标明了相应金额的凭证也需要缴纳合同印花税。若前述订单、送货单等凭证上只标明了供应内容和数量，未列明金额的，印花税的计税依据按照实际结算的金额确定。

笔者认为，建筑企业在采购零星物资时若未签订合同、未签订任何订单、销售单据等，仅取得了销售方开具的增值税发票，该发票应当不属于印花税应税凭证。因此，未签订合同不代表不需要缴纳印花税，要根据具体情况分析判断。

【部分地区税务机关答疑口径】

问题内容：服务行为未签订合同只有发票需要缴纳印花税吗？

国家税务总局浙江省税务局12366纳税缴费服务热线答复：

您好，您在网站上提交的纳税咨询问题收悉，现针对您所提供的信息简要回复如下。

根据《中华人民共和国印花税法》第二条规定："本法所称应税凭证，是指本法所附《印花税税目税率表》列明的合同、产权转移书据和营业账簿。"《印花税税目税率表》明确应税合同应为书面合同，"书面合同"定义可以参考《中华人民共和国民法典》第四百六十九条第二款、第三款"书面形式是合同书、信件、电报、电传、传真等可以有形地表现所载内容的形式。以电子数据交换、电子邮件等方式能够有形地表现所载内容，并可以随时调取查用的数据电文，视为书面形式"规定理解。发票不是书面合同，为非应税凭证。

（三）不属于印花税征税范围的凭证

财政部 税务总局公告2022年第22号第二条第四项规定："下列情形的凭证，不属于印花税征收范围：1. 人民法院的生效法律文书，仲裁机构的仲裁文书，监察机关的监察文书。2. 县级以上人民政府及其所属部门按照行政管理权限征收、收回或者补偿安置房地产书立的合同、协议或者行政类文书。3. 总公司与分公司、分公司与分公司之间书立的作为执行计划使用的凭证。"

在实务中，大型建筑企业特别是集团企业，物资采购大多采取集团统一管理模式，即集团统一对外采购、租赁物资或设备，再调拨给集团内各个分、子公司使用，物资需求信息均通过集团内部ERP办公系统进行填报、审批。集团公司每月通过系统归集购销数据进行结算并开具发票，无合同或购销单据，这种情况是否需要缴纳印花税？

《国家税务总局关于企业集团内部使用的有关凭证征收印花税问题的通知》（国税函〔2009〕9号）规定："……对于企业集团内具有平等法律地位的主体之间自愿订立、明确双方购销关系、据以供货和结算、具有合同性质的凭证，应按规定征收印花税。对于企业集团内部执行计划使用的、不具有合同性质的凭证，不征收印花税。"

【案例18-3】 铁蛋建筑集团总公司（以下简称"铁蛋总公司"）在外省承揽一个特大桥施工总承包项目，为了便于施工管理，在项目地设立"铁蛋建筑集团华东分公司"（以下简称"华东分公司"）。根据国家税务总局公告

2017年第11号第二条的规定，铁蛋总公司与华东分公司签订了华东某地特大桥项目内部授权施工协议，约定该项目的后续施工、结算收款、发票开具等事项均由华东分公司与业主方对接，铁蛋总公司只负责总体风险控制。总、分公司是否需要就双方签订的华东某地特大桥项目内部授权施工协议缴纳合同印花税？

分析：铁蛋总公司与华东分公司签订的华东某地特大桥项目内部授权施工协议属于内部授权施工协议，不属于建设工程合同，也不属于其他经济合同，无须缴纳合同印花税。

（四）应税凭证未交印花税的风险

建筑企业针对印花税应税合同或其他应税凭证，明知道应缴纳印花税而未缴纳的，存在较大涉税风险。《中华人民共和国税收征收管理法》第六十三条第一款规定："纳税人伪造、变造、隐匿、擅自销毁账簿、记账凭证，或者在账簿上多列支出或者不列、少列收入，或者经税务机关通知申报而拒不申报或者进行虚假的纳税申报，不缴或者少缴应纳税款的，是偷税。对纳税人偷税的，由税务机关追缴其不缴或者少缴的税款、滞纳金，并处不缴或者少缴的税款百分之五十以上五倍以下的罚款；构成犯罪的，依法追究刑事责任。"

【案例18-4】　山东省A建筑公司签订建设工程施工分包合同，未按规定全额申报缴纳印花税被税务稽查。该建筑公司2019年度签订建设工程施工分包合同（不含增值税金额）合计220 211 493.80元，应补缴印花税66 063.40元；2020年度签订建设工程施工分包合同（不含增值税金额）合计365 537 421.04元，应申报缴纳印花税109 661.20元，该建筑公司已申报缴纳11 487.40元，应补缴印花税98 173.80元；2021年度签订建设工程施工分包合同（不含增值税金额）合计400 078 179.81元，应补缴印花税120 023.60元。该建筑公司2019年、2020年、2021年合计应补缴印花税284 260.80元。该建筑公司所在地市税务局第二稽查局根据《中华人民共和国税收征收管理法》第六十三条第一款的规定，对该建筑公司虚假纳税申报造成少缴印花税284 260.80元的行为认定为偷税，要求限期补缴并处少缴印花税284 260.80元百分之五十的罚款，罚款合计142 130.40元。

二、建设工程合同印花税纳税义务时间与纳税地点

在《印花税法》实施之前，部分建筑企业的建设工程合同在项目地分次缴纳印花税，此做法存在涉税风险。《中华人民共和国印花税暂行条例》并无明确规定纳税地点，但是按照合同印花税纳税义务发生时间判定，签订合同即产生纳税义务，应该在合同签订地点一次性缴纳印花税。《印花税法》实施后，此项内容不应再有争议。

（一）合同印花税的纳税地点

《印花税法》第十三条规定："纳税人为单位的，应当向其机构所在地的主管税务机关申报缴纳印花税；纳税人为个人的，应当向应税凭证书立地或者纳税人居住地的主管税务机关申报缴纳印花税。"

因此，建筑企业的施工项目无论是否跨地区提供建筑服务，与客商签订的建设工程合同及买卖合同等印花税均在公司机构地缴纳。

（二）合同印花税的纳税义务发生时间

《印花税法》第十五条第一款规定："印花税的纳税义务发生时间为纳税人书立应税凭证或者完成证券交易的当日。"根据《印花税法》的规定，当建筑企业签订施工合同时，印花税的纳税义务就已经产生。在施工合同履行过程中，如果发生合同变更或补充，企业需要在变更或补充合同签订当日缴纳相应的印花税。变更或补充合同的印花税税率与原合同保持一致。

【案例18-5】　铁蛋建筑公司于2024年1月1日与甲方签订了一份道路施工总承包合同，合同暂定总价21 800万元（其中价款20 000万元，增值税款1 800万元），该工程适用一般计税方法。2024年5月31日，该公司首次确认工程产值1 090万元，并在2024年6月1日按照合同约定付款比例向业主开具了872万元建筑服务发票；2024年10月1日与甲方签订了一份补充协议，调增合同价款109万元（价款100万元，增值税款9万元）。上述合同印花税应该注意哪些事项？

分析：根据《印花税法》第十五条的规定可知，施工合同的印花税纳税义务发生时间为合同签订当日。上述案例的合同印花税的纳税义务发生时间为2024年1月1日，与确认产值的时间、开具发票的时间无关。按照合同暂

估价中的不含税计算缴纳印花税 6 万元（200 000 000×0.03‰）。另外，在 2024 年 10 月 1 日签订了补充协议，对合同金额做了变更，增量的差额部分应当缴纳印花税 300 元（1 000 000×0.03‰）。

笔者提醒，若在履约过程中合同因各种因素中途解除的，已缴纳印花税无法直接退回。

三、不同类型经济合同涉及的印花税

合同金额的填列方式影响合同印花税的计算基数，不同类型的经济合同涉及的印花税问题存在一定差异。

（一）合同印花税的计税基数

1. 合同金额应价税分离

《印花税法》第五条规定："……（一）应税合同的计税依据，为合同所列的金额，不包括列明的增值税税款……"因此，在签订各类经济合同时约定的合同金额应当分别载明价款和增值税款，如果笼统地约定一个含税总价未价税分离的，则应当按照含税总价计算缴纳印花税。

【案例 18-6】 2025 年 3 月，铁蛋建筑公司与钢蛋地产公司签订了一份南河书苑住宅项目工程总承包合同，合同总价 10 900 万元，其中价款 10 000 万元，增值税 900 万元。如何缴纳印花税？

分析：上述案例合同金额已经分别列明了价款和增值税款，按照不含税价款 10 000 万元作为基数计算缴纳印花税，即缴纳 3 万元印花税（100 000 000×0.03‰）。

【案例 18-7】 2025 年 2 月，铁蛋建筑公司与某地河道管理处签订了一份清水河玉带桥段河道清淤工程合同，计划开工日期 2025 年 2 月 10 日，计划完工该日期 2025 年 12 月 10 日。该项目合同为固定单价合同，合同总价为 869 万元。该合同未约定铁蛋建筑公司应开具何种税率发票。铁蛋建筑公司应如何缴纳印花税？

分析：上述案例合同金额未分别列明价款和增值税款，按照总价 869 万元作为基数计算缴纳印花税，即缴纳印花税 2 607 元（8 690 000×0.03‰）。

2. 经济合同未约定具体金额如何缴纳印花税

《印花税法》第六条规定："应税合同、产权转移书据未列明金额的，印花税的计税依据按照实际结算的金额确定。计税依据按照前款规定仍不能确定的，按照书立合同、产权转移书据时的市场价格确定；依法应当执行政府定价或者政府指导价的，按照国家有关规定确定。"

《国家税务总局关于实施〈中华人民共和国印花税法〉等有关事项的公告》（国家税务总局公告 2022 年第 14 号）第一条第一款第二项规定："应税合同、产权转移书据未列明金额，在后续实际结算时确定金额的，纳税人应当于书立应税合同、产权转移书据的首个纳税申报期申报应税合同、产权转移书据书立情况，在实际结算后下一个纳税申报期，以实际结算金额计算申报缴纳印花税。"

3. 甲供合同如何缴纳印花税

甲供合同，顾名思义就是某个建设工程合同中约定了部分工程所需材料，由甲方采购提供给乙方使用，合同金额不含甲供内容。建设工程合同若为甲供合同如何缴纳印花税？

【案例 18-8】　铁蛋建筑公司与某房地产公司签订了一份商品住宅施工总承包合同，合同总价为 1.09 亿元，合同中约定其中 3 000 万元为甲供材料，由甲方自行采购交付给乙方，请问该合同计税金额是否包含 3 000 万元甲供材料？

分析：发包人自行采购材料、设备的，应在签订合同时在专用合同条款的附件发包人供应材料设备一览表中明确材料、设备的品种、规格、型号、数量、单价、质量等级和送达地点。上述案例若为甲供工程，合同总价中不应包含甲供材金额 3 000 万元，按照不含甲供的金额计算缴纳印花税；若签订工程建设合同时合同金额未别除甲供金额，则按照合同总金额计算缴纳印花税。

（二）联合体合同如何缴纳印花税

《财政部 税务总局关于印花税若干事项政策执行口径的公告》（财政部 税务总局公告 2022 年第 22 号）第三条第一项规定："同一应税合同、应税产权转移书据中涉及两方以上纳税人，且未列明纳税人各自涉及金额的，以纳税人平均分摊的应税凭证所列金额（不包括列明的增值税税款）确定计税依据。"

【案例 18-9】　铁蛋建筑公司（联合体牵头人）与钢蛋设计公司（联合体成员）组成联合投标体共同承包了某职业大学创新实训基地的工程总承包项目（EPC）。合同约定由联合体成员钢蛋设计公司负责设计工作，由铁蛋建筑公司负责施工作业。合同工期为 2025 年 1 月 1 日至 2026 年 12 月 31 日；合同金额约定如下：

合同含税总价人民币（大写）壹亿叁仟贰佰玖拾贰万元整（小写）¥132 920 000.00 元。具体构成详见价格清单。

（1）设计费（含税）：人民币（大写）贰佰壹拾贰万元整（小写）¥2 120 000.00 元；适用税率 6%，不含税为人民币（大写）贰佰万元（小写）¥2 000 000.00 元，税金为人民币（大写）壹拾贰万元（小写）¥120 000.00 元。

（2）建筑安装工程费（含税）：人民币（大写）壹亿叁仟零捌拾万元整（小写）¥130 800 000.00 元；适用税率 9%，不含税为人民币（大写）壹亿贰仟万元整（小写）¥120 000 000.00 元，税金为人民币（大写）壹仟零捌拾万元整（小写）¥10 800 000.00 元。

上述合同如何缴纳印花税？

分析：上述案例为联合体承包合同，同时又是 EPC 合同。联合体工程合同金额已经按照不同承包人分别列明金额，联合体成员可以按照各自的合同金额计算缴纳印花税。若联合体工程合同金额未按照具体承包人分别列明的，按照总合同金额计算应缴纳的印花税，所有承包人平均分摊。

（三）EPC 项目合同如何缴纳印花税

部分地区将 EPC 项目认定为兼营业务，在合同中应分别列明设计费、采购费、施工费，即一份合同包含了三项业务。《印花税法》第九条规定："同一应税凭证载有两个以上税目事项并分别列明金额的，按照各自适用的税目税率分别计算应纳税额；未分别列明金额的，从高适用税率。"

虽然在印花税法税目税率中工程勘察、设计合同虽然未单独列示，但在《中华人民共和国民法典》第七百八十八条中明确规定工程勘察、设计合同属于建设工程合同，工程勘察、设计合同按照"建设工程合同"缴纳印花税。因此，无论是设计还是施工、采购业务，合同印花税的税率均为万分之三，未分别列明金额对单一法人独立中标的 EPC 项目合同适用的印花税税率无影响。

(四) 结算金额与合同金额不一致

1. 最终结算金额与合同金额不一致, 印花税如何缴纳

财政部 税务总局公告 2022 年第 22 号第三条第二项规定: "应税合同、应税产权转移书据所列的金额与实际结算金额不一致, 不变更应税凭证所列金额的, 以所列金额为计税依据; 变更应税凭证所列金额的, 以变更后的所列金额为计税依据。已缴纳印花税的应税凭证, 变更后所列金额增加的, 纳税人应当就增加部分的金额补缴印花税; 变更后所列金额减少的, 纳税人可以就减少部分的金额向税务机关申请退还或者抵缴印花税。"

【案例 18-10】 铁蛋建筑公司与某地城市发展投资建设公司签订了一项城市环城快速路施工总承包合同, 合同含税总价 10.9 亿元 (其中价款 10 亿元, 增值税款 9 000 万元, 已在合同中分别列明)。工程竣工验收后, 经过政府审计最终结算额为 10.35 亿元 (其中价款 9.5 亿元, 增值税款 8 550 万元)。在合同签订后已经按照不含税价 10 亿元作为基数计算缴纳了印花税 30 万元, 如今结算金额小于合同额, 多交的印花税可否申请退回?

分析: 根据财政部 税务总局公告 2022 年第 22 号第三条的规定可知, 如果合同双方没有对原始合同金额签订相关补充协议修改 (增大或减少), 仅是最终结算金额与合同金额存在偏差, 坚持 "多不退少应补" 的原则; 如果签了补充协议对原始合同金额做了变更, 则应该按照增加后的金额补交印花税, 如果合同金额签订补充协议后变少, 可以申请退还。因此, 上述案例并没有签订任何变更合同金额的补充协议, 无须补交结算金额与合同金额差额部分的印花税。

2. 因增值税款导致计算错误多交或少交印花税

财政部 税务总局公告 2022 年第 22 号第三条第三款规定: "纳税人因应税凭证列明的增值税税款计算错误导致应税凭证的计税依据减少或者增加的, 纳税人应当按规定调整应税凭证列明的增值税税款, 重新确定应税凭证计税依据。已缴纳印花税的应税凭证, 调整后计税依据增加的, 纳税人应当就增加部分的金额补缴印花税; 调整后计税依据减少的, 纳税人可以就减少部分

的金额向税务机关申请退还或者抵缴印花税。"

3. 未履行的合同能否退印花税

根据财政部 税务总局公告 2022 年第 22 号第三条第七项规定"未履行的应税合同、产权转移书据，已缴纳的印花税不予退还及抵缴税款。"

【部分地区税务机关答疑口径】

问题内容：未履行的合同能否退印花税？

提问时间：2023 年 6 月 9 日

国家税务总局深圳市税务局回复：

《财政部 税务总局关于印花税若干事项政策执行口径的公告》（财政部 税务总局公告 2022 年第 22 号）第三条第七项规定："未履行的应税合同、产权转移书据，已缴纳的印花税不予退还及抵缴税款。"

（五）总分公司授权施工模式合同印花税如何缴纳

国家税务总局公告 2017 年第 11 号第二条规定："建筑企业与发包方签订建筑合同后，以内部授权或者三方协议等方式，授权集团内其他纳税人（以下称'第三方'）为发包方提供建筑服务，并由第三方直接与发包方结算工程款的，由第三方缴纳增值税并向发包方开具增值税发票，与发包方签订建筑合同的建筑企业不缴纳增值税。发包方可凭实际提供建筑服务的纳税人开具的增值税专用发票抵扣进项税额。"

建筑企业根据这个政策衍生出了"总、分公司授权施工模式"，这一模式下建设工程合同的印花税应由总公司缴纳还是分公司缴纳？

【案例 18-11】 铁蛋建筑集团公司（以下简称"总公司"）于 2025 年 2 月 1 日与钢蛋实业集团公司订立一份钢蛋家具产业园工程总承包合同，合同总金额 21 800 万元。为了便于施工管理，总公司在该项目所在地设立了铁蛋建筑集团华南分公司（以下简称"分公司"），总公司通过内部授权协议授权分公司完成上述合同全部义务及享受相关权利，即由分公司负责施工，并与业主方办理工程款结算、发票开具事项。上述钢蛋家具产业园工程总承包合同，应由总公司还是分公司缴纳印花税？

分析：虽然总公司将该项目授权给分公司施工，但是签订建设工程合同的行为发生在总公司与业主之间。因此，笔者认为应该由铁蛋建筑集团总公司缴纳合同印花税。

（六）施工设备"湿租"合同按照什么税目缴纳印花税

建筑施工设备"湿租"是相对于"干租"而言，指出租方在出租建筑施工设备的同时配备了操作人员。《关于明确金融 房地产开发 教育辅助服务等增值税政策的通知》（财税〔2016〕140号）第十六条规定："纳税人将建筑施工设备出租给他人使用并配备操作人员的，按照'建筑服务'缴纳增值税。"

建筑施工设备"湿租"合同按什么税目缴纳印花税？

【案例18-12】 铁蛋建筑公司与某机械设备租赁公司签订了一份设备租赁合同，设备的操作人员由出租方配备，关于合同价格约定如下：

本合同暂定含税总金额人民币（大写）3 090 000元（含增值税）。（其中，不含税价3 000 000元；税额90 000元）。上述价格已含9%增值税，租费包含机械设备的运杂费、折旧费、大修费、日常维修、保养费、保费、企业管理费、合理利润、税金，以及配备司机的工资、奖金、社会保险费、劳动保护费及进退场费、设备安装、顶升附着、拆卸、检测等相关费用，该单价包括本合同明示和隐含的全部工作内容、责任、义务和工期延误等风险。

上述施工设备租赁合同如何缴纳印花税？

分析：在实务中，部分观点认为施工设备"湿租"既然属于建筑服务，就应当按照建设工程合同适用的印花税税率万分之三。笔者认为，建筑施工设备"湿租"按"建筑服务"缴纳增值税的规定只适用于增值税，不能扩大到其他税种，该合同的实质依然是租赁。因此，上述案例中铁蛋建筑公司与设备租赁商签订的施工设备"湿租"合同，应按照租赁合同的租赁价格和印花税税率千分之一计算缴纳印花税，即缴纳3 000元（3 000 000×0.1%）。

（七）融资性售后回租合同

通过印花税税目税率表可知，融资租赁合同应当按照租金的万分之零点五缴纳印花税。融资性售后回租合同如何缴纳印花税呢？

【案例18-13】 铁蛋建筑公司前期购置了大量设备，目前资金紧缺，既不能处置设备又要维持资金周转，于是与钢蛋融资租赁公司签订了设备售后回租合同。铁蛋建筑公司向钢蛋融资租赁公司出售了3台设备，总价值1 000万元，再按照总租金1 200万元租回来。假设租赁期间为10个租期，每期支付租金120万元。上述融资性售后回租合同是否需要缴纳印花税？

分析：《财政部 国家税务总局关于融资租赁合同有关印花税政策的通知》（财税〔2015〕144号）第一条规定："对开展融资租赁业务签订的融资租赁合同（含融资性售后回租），统一按照其所载明的租金总额依照'借款合同'税目，按万分之零点五的税率计税贴花。"第二条规定："在融资性售后回租业务中，对承租人、出租人因出售租赁资产及购回租赁资产所签订的合同，不征收印花税。"笔者提醒，上述文件第二条只针对融资性售后回租业务中的购买行为，即承租方与出售方为同一主体时，方可适用。若出售方为独立第三方时，出租方与其签订的购买合同，应按"购销合同"税目征收印花税。

音频

第十九讲

第十九讲　建筑业环境保护税

在经济快速发展的几十年过程中，环境保护任务日益紧迫。雾霾治理、水污染防治、土地污染防治等问题，倒逼环境保护税改革步伐加快。2018 年 1 月 1 日起，《中华人民共和国环境保护税法》施行，标志着中国有了首个以环境保护为目标的税种。环境保护税属于一种惩罚性质的税种，环境保护税的征收目的是让污染者付出更多代价。本讲就建筑业扬尘环境保护税的相关问题进行专题解析。

一、环境保护税纳税义务人与税目

(一) 纳税义务人

《中华人民共和国环境保护税法》（以下简称《环境保护税法》）第二条规定："在中华人民共和国领域和中华人民共和国管辖的其他海域，直接向环境排放应税污染物的企业事业单位和其他生产经营者为环境保护税的纳税人，应当依照本法规定缴纳环境保护税。"

(二) 应税污染物

应税污染物，是指《环境保护税法》所附环境保护税税目税额表、应税污染物和当量值表规定的大气污染物、水污染物、固体废物和噪声。

建设工程的应税污染物为大气污染物（扬尘）。

(三) 征税对象

建筑施工噪声、交通噪声是影响人们工作生活的重要污染源之一。但是在《环境保护税法》立法之初就考虑到不同建筑施工类型、工艺和位置产生的噪声不同，交通噪声具有瞬时性、流动性和隐蔽性等特点，建筑施工噪声和交通噪声监测难度较大，因此将其纳入环境保护税的征税条件尚不成熟，所以在立法时未将其纳入环境保护税的征收范围。建设工程领域的环境保护税征税对象为施工扬尘。

施工扬尘，是指在进行房屋建筑工程、市政基础设施工程、拆除工程、绿化工程、水利工程、公路工程、铁路工程、水运工程等施工活动过程中产生的对大气造成污染的总悬浮颗粒物、可吸入颗粒物和细颗粒物等一般性粉尘的总称。《财政部 税务总局 生态环境部关于明确环境保护税应税污染物适用等有关问题的通知》（财税〔2018〕117号）第一条规定："……排放的扬尘、工业粉尘等颗粒物，除可以确定为烟尘、石棉尘、玻璃棉尘、炭黑尘的外，按照一般性粉尘征收环境保护税。"

（四）税目税额

固体废物和噪声的适用税额，税法已明确且全国统一标准。大气污染物和水污染物税法只规定税额幅度范围。

《环境保护税法》第六条规定："环境保护税的税目、税额，依照本法所附《环境保护税税目税额表》执行。应税大气污染物和水污染物的具体适用税额的确定和调整，由省、自治区、直辖市人民政府统筹考虑本地区环境承载能力、污染物排放现状和经济社会生态发展目标要求，在本法所附《环境保护税税目税额表》规定的税额幅度内提出，报同级人民代表大会常务委员会决定，并报全国人民代表大会常务委员会和国务院备案。"

环境保护税税目税额表见表19-1。

表 19-1　环境保护税税目税额表

税　目		计税单位	税　额	备注
大气污染物		每污染当量	1.2元至12元	—
水污染物		每污染当量	1.4元至14元	—
固体废物	煤矸石	每吨	5元	—
	尾矿	每吨	15元	
	危险废物	每吨	1 000元	
	冶炼渣、粉煤灰、炉渣、其他固体废物（含半固态、液态废物）	每吨	25元	
噪声	工业噪声	超标1-3分贝	每月350元	1. 一个单位边界上有多处噪声超标，根据最高一处超标声级计算应纳税额；沿边界长度超过100米有两处噪声超标，按照两个单位计算应纳税额。 2. 一个单位有不同地点作业场所的，应当分别计算应纳税额，合并计征。
		超标4-6分贝	每月700元	
		超标7-9分贝	每月1 400元	

税　目		计税单位	税　额	备注
噪声	工业噪声	超标 10 – 12 分贝	每月 2 800 元	3. 昼夜均超标的环境噪声，昼夜分别计算应纳税额，累计计征。
		超标 13 – 15 分贝	每月 5 600 元	4. 声源一个月内超标不足 15 天的，减半计算应纳税额。
		超标 16 分贝以上	每月 11 200 元	5. 夜间频繁突发和夜间偶然突发厂界超标噪声，按等效声级和峰值噪声两种指标中超标分贝值高的一项计算应纳税额

二、环境保护税纳税义务人的认定

《环境保护税法》强调直接排放污染物的单位（含其他生产经营者）为环保税纳税义务人，并未对一项污染行为涉及多方责任人时如何认定作出规定，国家税务总局也未对建筑业领域扬尘环保税纳税义务人作出具体规定。

目前，大部分地区税务机关没有发文规定建筑工程领域的扬尘环境保护税纳税义务人，但实际征管过程中认定的建设工程项目的环境保护税纳税义务人为建筑企业（即直接向环境排放应税污染物的单位和经营者），有的专门发布相关文件规定了工程项目承包方为纳税义务人。笔者根据部分地区税务局出台的相关文件或 12366 纳税服务平台答疑内容，整理部分地区建筑工程扬尘环保税纳税义务人的口径（见表 19-2）。

表 19-2　部分地区建筑工程扬尘环保税纳税义务人口径统计表

省（直辖市、自治区）	纳税义务人	文件	12366 纳税服务平台答疑内容
安徽	施工方	《国家税务总局安徽省税务局 安徽省生态环境厅关于建筑施工和煤炭装卸堆存排放应税大气污染物环境保护税核定计算有关问题的公告》（国家税务总局安徽省税务局 安徽省生态环境厅公告 2018 年第 22 号）	2019 年 1 月 1 日起，安徽省内各类建设工程的施工方，对施工过程中无组织排放应税大气污染物的，应当计算应税污染物排放量，按照相关规定缴纳环保税

省（直辖市、自治区）	纳税义务人	文件	12366 纳税服务平台答疑内容
江苏	建设方	《国家税务总局江苏省税务局 江苏省生态环境厅关于部分行业环境保护税应纳税额计算方法的公告》（国家税务总局江苏省税务局公告 2018 年第 21 号）	各类建设工程的建设方（含代建方）应当承担施工扬尘的污染防治责任，将扬尘污染防治费用纳入工程概算，对施工过程中无组织排放应税大气污染物的，应当计算应税污染物排放量，按照相关规定向施工工地所在地主管税务机关缴纳环境保护税
山东	建设方	《国家税务总局山东省税务局 山东省生态环境厅关于修改〈山东省环境保护税核定征收管理办法〉的公告》（国家税务总局山东省税务局 山东省生态环境厅公告 2019 年第 10 号）	各类建设工程的建设方（含代建方）应当承担施工扬尘的污染防治责任，将扬尘污染防治费用纳入工程概算，对施工过程中无组织排放应税大气污染物的，应当计算应税污染物排放量，按照相关规定向施工工地所在地主管税务机关缴纳环境保护税
北京	建设方	《国家税务总局北京市税务局 北京市环境保护局 北京市住房和城乡建设委员会 北京市城市管理综合行政执法局关于建设施工工地扬尘征收环境保护税有关事项的通知》（京税函〔2018〕4 号）	本市行政区域内的建设工程施工扬尘应缴纳的环境保护税由建设单位（含代建方）向建设项目所在地主管税务机关申报缴纳
上海	承包方	《上海市地方税务局关于本市环境保护税有关征收管理问题的公告》（上海市地方税务局公告 2018 年第 1 号）	建筑施工企业产生的扬尘类应税污染物，暂按《环境保护税法》所附《应税污染物和当量值表》中大气污染物"一般性粉尘"进行征收
山西	承包方	《国家税务总局山西省税务局 山西省生态环境厅关于施工扬尘环境保护税核定计算及征收管理有关事项的公告》（国家税务总局山西省税务局 山西省生态环境厅公告 2023 年第 4 号）	"建筑工地和市政（拆迁）工地施工扬尘"，其环境保护税纳税主体（负责缴纳单位）为建筑工程、市政工程、拆迁工程和道桥施工工程等施工活动中符合《中华人民共和国建筑法》规定的总承包单位，即建筑工程施工许可证上注明的施工单位，无建筑工程施工许可证的为工程总承包合同中的承包方

笔者认为，扬尘环境保护税的纳税义务人认定为建设方或是承包方，只

是对纳税人的税源登记和纳税申报程序有影响。若认定为承包方为扬尘环保税纳税义务人，对于建筑企业的税负而言并不一定产生利空影响，关键是该项税费由谁承担。如果已经将扬尘污染防治费用纳入工程概算，即便建筑企业是纳税义务人，实际该项税费是由建设方（发包方）承担。

三、纳税义务发生时间与纳税地点

纳税义务时间和纳税地点是环境保护税税制的重要因素之一。

（一）纳税义务时间

建筑业扬尘环境保护税纳税义务发生时间为工程项目实际开工之日，一般以工程项目施工合同等相关资料载明的工程项目施工起始时间为准。纳税义务终止时间为工程项目实际完工之日，一般以施工单位提交的竣工验收申请等相关资料载明的工程项目竣工时间或落款时间为准。实际施工工期与建筑工程施工许可证、施工合同等资料上载明的施工工期不符的，以实际施工工期为准计税。在工程项目竣工时，已计税建筑面积或施工面积与总建筑施工面积有差额的，应一次性计税。

如果建筑企业某些工程项目竣工前因故中止履行合同，可以根据人民法院判决书等具有法律效力的证据确定实际建筑面积或施工面积，已计税建筑面积或施工面积与实际建筑面积或施工面积不一致的，应据实计税，多退少补。

（二）纳税义务发生时间与申报周期

环境保护税纳税义务发生时间为纳税人排放应税污染物的当日，按月计算，按季申报缴纳；不能按固定期限计算缴纳的，可以按次申报缴纳。因此，建筑企业扬尘环保税在工程实际开工后，应按月计算应纳税额，按季向工程所在地主管税务机关申报缴纳；实际施工工期不足一个月的，可按次申报缴纳。

（三）税源信息采集与纳税地点

不是所有建筑企业都属于扬尘环境保护税的纳税义务人，纳税人自行判别是否产生施工扬尘，未产生扬尘排放的不需要采集和申报。

1. 环境保护税基础税源信息采集

建筑企业若作为扬尘环境保护税纳税义务人的，跨地级市从事工程项目施工的，应在工程项目所在地办理跨区税源登记，并在跨区税源登记名下采集施工扬尘环境保护税基础税源信息，同省跨地市施工的一般情况下在电子税务局办理即可。若为跨省施工项目，在电子税务局无法办理的，建筑企业应及时在项目地所属税务机关办理税源信息登记。

同一施工单位同时实施多个工程项目的，应按工程项目分别核算施工扬尘排放量。因此要对多个工程项目分开进行税源采集，不得合并采集。

2. 环保税纳税地点

根据《环境保护税法》及其实施条例的相关规定，纳税人应当向应税污染物排放地的税务机关申报缴纳环境保护税。纳税人跨区域排放应税污染物，税务机关对税收征收管辖有争议的，由争议各方按照有利于征收管理的原则协商解决；不能协商一致的，报请共同的上级税务机关决定。

一般情况下，如果认定建筑承包方为扬尘环保税纳税义务人的，承包单位在其机构所在地级市域范围以内承接的工程项目，向其机构所在地主管税务机关申报缴纳施工扬尘环境保护税；施工单位在其机构所在地级市域范围以外承接的工程项目，向工程项目所在地主管税务机关申报缴纳施工扬尘环境保护税。

四、总包单位缴纳环境保护税时可否差额扣除分包方已经缴纳的环境保护税

（一）总包方已经缴纳了环境保护税，分包方是否需要缴纳

部分地区直接发文规定了承包方为扬尘环保税纳税义务人，且强调了"承包方"指的是总承包方。《国家税务总局山西省税务局 山西省生态环境厅关于施工扬尘环境保护税核定计算及征收管理有关事项的公告》（国家税务总局山西省税务局 山西省生态环境厅公告 2023 年第 4 号）第一条第一项规定："（一）纳税主体（负责缴纳单位）《核定计算办法》第五条第一款规定的'建筑工地和市政（拆迁）工地施工扬尘'，其环境保护税纳税主体（负责缴纳单位）为建筑工程、市政工程、拆迁工程和道桥施工工程等施工活动中

符合《中华人民共和国建筑法》规定的总承包单位，即《建筑工程施工许可证》上注明的施工单位，无《建筑工程施工许可证》的为工程总承包合同中的承包方。"

如果已经明确了施工总承包单位为扬尘环境保护税纳税义务人的，该工程的分包方不存在环保税纳税义务。若未明确规定的，恐怕在征管环节会出现总承包方和分包方分别按照施工面积计算缴纳环保税，造成重复征税的情形。

（二）总包方缴纳环境保护税时可否扣除分包方已经缴纳的环境保护税

在实务中，笔者接到过建筑企业总包单位咨询这样的问题：

林老师，我们项目所在地相关部门认定的扬尘环境保护税的纳税义务人为建筑承包方，我们作为项目的总承包方缴纳环境保护税时可否差额扣除分包方已经缴纳的环境保护税？

理论上，针对上述扬尘污染行为应该只征收一次环境保护税，如果总包方已经按照建筑面积（施工面积）计算缴纳了环境保护税，同一项目的分包方就不应再缴纳；或者分包方已经缴纳过的环境保护税，同一项目的总包方应当扣减这部分建筑面积（施工面积）后再计算缴纳环境保护税。但是，这类做法没有明确文件支撑。部分地区税务机关的做法值得其他地区借鉴和推广。例如，国家税务总局西安阎良国家航空高技术产业基地税务局在 2020 年 12 月对辖区内的建筑企业召开了施工扬尘环境保护税政策培训会，在培训中关于施工单位建设工程用地面积确定的原则，强调"如果有分包的话，总包方的面积为扣除分包方施工面积之后的建筑面积（注：按照分包的具体情况决定是否准予扣除）"。这一做法，避免了同一项目的总、分包单位重复缴纳施工扬尘环保税。

笔者在此建议，确定建筑企业为扬尘环保税纳税义务人的地区，针对同一项目总包方已经缴纳了环境保护税，分包方是否还需要缴纳；以及分包方缴纳了环境保护税的同一项目的总包方能否在申报时扣除该部分税额（或扣除相应施工面积）作出统一规定，以免重复纳税，加重建筑企业税费负担。

五、环境保护税的计算与申报

《财政部 税务总局 生态环境部关于明确环境保护税应税污染物适用等有

关问题的通知》（财税〔2018〕117号）第三条第三项规定："在建筑施工、货物装卸和堆存过程中无组织排放应税大气污染物的，按照生态环境部规定的排污系数、物料衡算方法计算应税污染物排放量；不能按照生态环境部规定的排污系数、物料衡算方法计算的，按照省、自治区、直辖市生态环境主管部门规定的抽样测算的方法核定计算应税污染物排放量。"

（一）扬尘环保税的计算

环境保护税应纳税额按照下列方法计算，应税大气污染物的应纳税额计算公式为

应税大气污染物的应纳税额＝污染当量数×适用税额

在实务中，大部分地区根据《环境保护税法》第十条第四项规定："不能按照本条第一项至第三项规定的方法计算的，按照省、自治区、直辖市人民政府生态环境保护主管部门规定的抽样测算的方法核定计算。"

建筑工地和市政（拆迁）工地施工扬尘按照一般性粉尘确定大气污染物当量值计算。其应税大气污染物应纳税额计算公式为

应纳税额＝大气污染当量数×单位税额

大气污染当量数＝排放量÷一般性粉尘污染当量值

排放量＝（扬尘产生量系数－扬尘排放量削减系数）（千克/平方米·月）×月建筑面积或施工面积（平方米）

环境保护税月应纳税额计算公式为

月应纳税额＝月建筑面积（施工面积）×（扬尘产生量系数－扬尘排放量削减系数）÷一般性粉尘污染当量值×适用税额

上述计算公式中，一般性粉尘污染当量值（千克）为4。关于建筑面积，各省环保主管部门、建设主管部门、财政和税务部门的规定有差异。一般各省会根据建筑工程划分建筑面积的计算规则，同时按照工程类型确定扬尘产生量系数，并根据采取的环境保护措施规定扬尘排放量削减系数。

在实务中，关于施工扬尘产生、削减系数有两个事项需要注意。

第一，根据建筑工程施工许可证中的工程名称、建设规模、合同工期判定工程类型。若没有建筑工程施工许可证，可根据施工合同来判定工程类型。例如，某地块项目、厂房建设等工程类型一般为房屋建筑工程；某市政排水改造工程，工程类型一般为市政基础设施工程。

第二，只有扬尘污染控制措施达标的才能扣除削减系数。建筑工程和市政工程扬尘控制措施达标标准如下，每项控制措施的任意一项基本要求不达标，则该项控制措施视为不达标。各地对于扬尘环境保护税的纳税额人进行的扬尘控制措施，例如道路硬化、边界围挡、裸露地（含土方）覆盖、易扬尘物料覆盖、运输车辆冲洗装置等措施的监管存在差异。

【案例 19-1】 铁蛋建筑公司 2024 年 12 月施工面积为 5 000 平方米，该建筑施工单位在施工过程中采取了道路硬化的扬尘污染控制措施但不达标。一般性粉尘污染当量值为 4，铁蛋建筑公司所在省大气污染物税额为 1.2 元/污染当量，建筑施工的扬尘产生量系数为 1.01，道路硬化的扬尘排放量削减系数为 0.071。假设不考虑其他因素，铁蛋建筑公司 2024 年 12 月扬尘环境保护税应纳税额是多少？

分析：环境保护税应纳税额 =（扬尘产生系数－扬尘削减系数）×建筑面积或施工面积÷一般性粉尘污染当量值×适用税额。但是由于建筑施工单位采取道路硬化的扬尘污染控制措施不达标，不能扣除削减量，所以 2024 年 12 月应纳税额 =（1.01×5 000÷4）×1.2 = 1 515（元）。

【案例 19-2】 承【案例 19-1】，假设其他条件不变，铁蛋建筑施工单位在施工过程中已经采取了道路硬化和边界围挡两项扬尘污染防治措施且达标。铁蛋建筑公司所在省的道路硬化的扬尘排放量削减系数为 0.071，边界围挡的扬尘排放量削减系数为 0.047。不考虑其他因素，铁蛋建筑公司 2024 年 12 月扬尘环境保护税应纳税额是多少？

分析：铁蛋建筑公司采取的道路硬化和边界围挡扬尘污染控制措施达标，可以扣除削减量，所以铁蛋公司 2024 年 12 月应纳税额 = ［（1.01－0.071－0.047）×5 000÷4］×1.2 = 1 338（元）。

在实务中，由施工单位自行申报削减系数计算缴纳环境保护税，在环境保护、住房和城乡建设等行业监管部门发现施工企业因削减措施不到位而实施行政处罚时，由纳税人更正申报补缴税款。

在会计处理上，建筑企业缴纳的环境保护税应该计入哪一个会计科目？大部分观点认为建筑企业缴纳的环保税应该计入"税金及附加"科目。笔者认为，若将缴纳的环保税计入"合同履约成本"也可以，甚至从造价组成的角度而言，若业主方已经将扬尘污染防治费用纳入工程概算的，计入合同成本更合适。

（二）环境保护税的申报

环境保护税申报表由两部分组成，分别是环境保护税基础信息采集表和环境保护税纳税申报表（分为 A 表和 B 表）。环境保护税按月计算，按季申报缴纳（A 表）。不能按固定期限计算缴纳的，可以按次申报缴纳（B 表）。按次申报纳税人请先进行信息采集申报。

施工扬尘环保税的纳税人，申报方式为按月计算、按季申报的，需填报环境保护税基础信息采集表、环境保护税纳税申报表（B 表）；仅按次申报的，只需填报环境保护税纳税申报表（B 表），无须填报环境保护税基础信息采集表。

音频

第二十讲

第二十讲　挂靠项目合同与财税处理的风险识别

　　建设工程"挂靠"是法律明令禁止的行为，对于被挂靠方而言，挂靠项目面临着经济损失、行政处罚、安全事故、农民工工资支付纠纷等诸多风险。本讲将针对建筑业的违法挂靠项目涉及的经营风险与财税风险进行详细讲解。

一、挂靠与违法分包、转包工程的区别

建筑工程项目的挂靠和违法分包、转包都违反了建筑法规和其他法律法规，都是违法行为。

（一）违法挂靠

违法挂靠，是指没有资质的个人或建筑企业以挂靠其他有资质或资质等级高的企业与业主方签订建设工程施工合同并实际施工的行为。在实务中，通常将名义承接单位称为"被挂靠单位"，将实际施承包人称为"挂靠人"。

《建筑法》第二十六条规定："承包建筑工程的单位应当持有依法取得的资质证书，并在其资质等级许可的业务范围内承揽工程。禁止建筑施工企业超越本企业资质等级许可的业务范围或者以任何形式用其他建筑施工企业的名义承揽工程……"

1. 住房和城乡建设部门对违法挂靠的认定

《建筑工程施工发包与承包违法行为认定查处管理办法》第九条规定："本办法所称挂靠，是指单位或个人以其他有资质的施工单位的名义承揽工程的行为。前款所称承揽工程，包括参与投标、订立合同、办理有关施工手续、从事施工等活动。"第十条的规定："存在下列情形之一的，属于挂靠：（一）没有资质的单位或个人借用其他施工单位的资质承揽工程的；（二）有资质的施工单位相互借用资质承揽工程的，包括资质等级低的借用资质等级高的，资质等级高的借用资质等级低的，相同资质等级相互借用的；（三）本办法第八条第一款第（三）至（九）项规定的情形，有证据证明属于挂靠的。"

通过上述规定可知，并不是只有资质等级低的借用资质等级高的单位承

揽工程项目被认定为挂靠，出现相反的情况也同样属于挂靠。

2. 部分地方司法系统对违法挂靠的认定

（1）北京市高级人民法院对违法挂靠的认定。

《北京市高级人民法院关于审理建设工程施工合同纠纷案件若干疑难问题的解答》第9问："当事人工作人员签证确认的效力如何认定？

"当事人在施工合同中就有权对工程量和价款洽商变更等材料进行签证确认的具体人员有明确约定的，依照其约定，除法定代表人外，其他人员所作的签证确认对当事人不具有约束力，但相对方有理由相信该签证人员有代理权的除外；没有约定或约定不明，当事人工作人员所作的签证确认是其职务行为的，对该当事人具有约束力，但该当事人有证据证明相对方知道或应当知道该签证人员没有代理权的除外。"

（2）福建省高级人民法院对违法挂靠的认定。

《福建省高级人民法院建设工程施工合同纠纷疑难问题解答（2022年）》规定："……3. 如何认定挂靠？……实务中，挂靠法律关系的认定应重点审查：投标保证金的缴纳主体和资金来源；实际施工人是否以承包人的委托代理人身份签订合同；实际施工人是否与发包人就合同事宜直接磋商；实际施工人是否全程参与投标、保证金的支付、合同的订立、实际施工等；是否以劳务分包形式来掩盖挂靠行为等，以此来确定法律关系的性质是否为挂靠。

"以下情况一般认定为挂靠：（1）假借内部承包名义，但没有人员聘用合同、没有缴纳社会保险费、没有工资发放记录，办公场所是各自独立的。（2）挂靠协议签订后，挂靠人再以被挂靠人的名义与发包人签订建设工程施工合同的；在没有挂靠协议的情况下，挂靠人以被挂靠人代理人的身份签订合同的。（3）工程款直接流向挂靠人，被挂靠人仅收取管理费，无实质参与工程管理，各自财务独立的。（4）从履行合同看，现场管理人员由挂靠人聘请、发放工资，挂靠人实际出资，以自己的名义或以被挂靠人的名义对外聘用人员、购买机械、材料或租赁设备的。"

（二）违法分包

《建筑法》第二十九条规定："建筑工程总承包单位可以将承包工程中的部分工程发包给具有相应资质条件的分包单位；但是，除总承包合同中约定的分包外，必须经建设单位认可。施工总承包的，建筑工程主体结构的施工必须由总承包单位自行完成。……禁止总承包单位将工程分包给不具备相应资质条件的单位。禁止分包单位将其承包的工程再分包。"

通俗地说，违法分包是指承包人在承包工程后，将其中的部分工程再分包给其他单位或个人施工的行为。《建筑工程施工发包与承包违法行为认定查处管理办法》第十二条规定："存在下列情形之一的，属于违法分包：（一）承包单位将其承包的工程分包给个人的；（二）施工总承包单位或专业承包单位将工程分包给不具备相应资质单位的；（三）施工总承包单位将施工总承包合同范围内工程主体结构的施工分包给其他单位的，钢结构工程除外；（四）专业分包单位将其承包的专业工程中非劳务作业部分再分包的；（五）专业作业承包人将其承包的劳务再分包的；（六）专业作业承包人除计取劳务作业费用外，还计取主要建筑材料款和大中型施工机械设备、主要周转材料费用的。"

（三）违法转包

转包，是指承包人将其承包的全部或部分工程转让给其他单位或个人施工的行为。《建筑法》第二十八条规定："禁止承包单位将其承包的全部建筑工程转包给他人，禁止承包单位将其承包的全部建筑工程肢解以后以分包的名义分别转包给他人。"

《建筑工程施工发包与承包违法行为认定查处管理办法》第八条规定，"存在下列情形之一的，应当认定为转包，但有证据证明属于挂靠或者其他违法行为的除外：（一）承包单位将其承包的全部工程转给其他单位（包括母公司承接建筑工程后将所承接工程交由具有独立法人资格的子公司施工的情形）或个人施工的；（二）承包单位将其承包的全部工程肢解以后，以分包的名义分别转给其他单位或个人施工的；（三）施工总承包单位或专业承包单位未派驻项目负责人、技术负责人、质量管理负责人、安全管理负责人等主要管理人员，或派驻的项目负责人、技术负责人、质量管理负责人、安全管理负责人中一人及以上与施工单位没有订立劳动合同且没有建立劳动工资和社会养老保险关系，或派驻的项目负责人未对该工程的施工活动进行组织管理，又不能进行合理解释并提供相应证明的；（四）合同约定由承包单位负责采购的主要建筑材料、构配件及工程设备或租赁的施工机械设备，由其他单位或个人采购、租赁，或施工单位不能提供有关采购、租赁合同及发票等证明，又不能进行合理解释并提供相应证明的；（五）专业作业承包人承包的范围是承包单位承包的全部工程，专业作业承包人计取的是除上缴给承包单位"管理费"之外的全部工程价款的；（六）承包单位通过采取合作、联营、个人承包等形式或名义，直接或变相将其承包的全部工程转给其他单位或个人施工的；（七）专业工程的发包单位不是该工程的施工总承包或专业承包单位的，但建设单位依约作为发包单位的除外；（八）专业作业的发包单位不是该工程承包单位的；（九）施工合同主体之间没有工程款收付关系，或者承包单位收到款项后又将款项转拨给其他单位和个人，又不能进行合理解释并提供材料证明的。

两个以上的单位组成联合体承包工程，在联合体分工协议中约定或者在项目实际实施过程中，联合体一方不进行施工也未对施工活动进行组织管理的，并且向联合体其他方收取管理费或者其他类似费用的，视为联合体一方将承包的工程转包给联合体其他方。"

在建筑业领域，不论是挂靠还是违法分包、转包都是违法行为，不仅会损害发包人的利益，同时因该违法行为产生的经济纠纷和其他责任纠纷对双方都不利，也会影响工程质量。因此，我们应该坚决反这类违法行为，保障建筑市场的正常秩序和健康发展。

二、违法挂靠面临的行政处罚

《建筑法》第六十六条规定："建筑施工企业转让、出借资质证书或者以其他方式允许他人以本企业的名义承揽工程的，责令改正，没收违法所得，并处罚款，可以责令停业整顿，降低资质等级；情节严重的，吊销资质证书。对因该项承揽工程不符合规定的质量标准造成的损失，建筑施工企业与使用本企业名义的单位或者个人承担连带赔偿责任。"

《建设工程质量管理条例》第六十一条规定："……勘察、设计、施工、工程监理单位允许其他单位或者个人以本单位名义承揽工程的，责令改正，没收违法所得，对勘察、设计单位和工程监理单位处合同约定的勘察费、设计费和监理酬金1倍以上2倍以下的罚款；对施工单位处工程合同价款2%以上4%以下的罚款；可以责令停业整顿，降低资质等级；情节严重的，吊销资质证书。"

建筑施工企业在承接工程时必须遵守相关法律法规，确保工程质量和安全。如果建筑施工企业转让、出借资质证书或者以其他方式允许他人以本企业的名义承揽工程，除了可能面临被罚款、没收违法所得外，资质等级很有可能也会受到影响，对建筑企业影响较大。

三、违法挂靠面临的合同风险与民事责任

建设工程施工行为若属于"挂靠"，则合同很有可能被认定为无效合同。被挂靠人与挂靠人在相关协议中定的管理费、违约责任或对外责任承担将均对挂靠人失去约束力。而作为被挂靠人，因接受挂靠行为对外产生的一些连带责任却不能免除，例如以下几个方面因挂靠面临的民事责任风险。

（一）挂靠工程逾期竣工带来的风险

《建筑法》第六十六条规定："建筑施工企业转让、出借资质证书或者以其他方式允许他人以本企业的名义承揽工程的，责令改正，没收违法所得，并处罚款，可以责令停业整顿，降低资质等级；情节严重的，吊销资质证书。对因该项承揽工程不符合规定的质量标准造成的损失，建筑施工企业与使用本企业名义的单位或者个人承担连带赔偿责任。"

《最高人民法院关于审理建设工程施工合同纠纷案件适用法律问题的解释（二）》第四条规定："缺乏资质的单位或者个人借用有资质的建筑施工企业名义签订建设工程施工合同，发包人请求出借方与借用方对建设工程质量不合格等因出借资质造成的损失承担连带赔偿责任的，人民法院应予支持。"

由此可见，在借用资质签订建设工程施工合同的情况下，出借方与借用方对建设工程质量不合格等因出借资质造成的损失承担连带赔偿责任。前述规定的损失就包含工期延误带来的损失。当然，如果发包人能证明工期延误与借用资质有因果关系，也可主张被挂靠人承担连带责任。

【案例 20-1】　A 建筑公司接受某建筑劳务公司挂靠，承接了一个工程造价为 2 亿元的商品住宅项目。后由于挂靠人自身原因无力继续施工，由 A 建筑公司接盘，最后该工程逾期竣工 833 天。在结算时，因 A 建筑公司延期竣工的行为导致发包方逾期向业主交房产生了违约损失，被发包方诉至法院。最终，法院判决 A 建筑公司向发包方支付工期延误违约金 100 万元，另支付因延期交验带来的经济损失 300 万元。

（二）挂靠工程的债务清偿责任

在实务中，挂靠工程的挂靠人大多以被挂靠单位的名义对外签订物资采购、设备租赁、专业分包等合同。一般因构成表见代理，由被挂靠单位承担支付相关款项的直接责任。如果挂靠人是以自己的名义对外签订物资采购、设备租赁等合同，但挂靠人是自然人的，且挂靠方抗辩拖欠款项是职务行为，被挂靠方有可能被追究为当事人，司法部门将查清案件事实、分清责任主体。

1. 债务清偿责任

【案例 20-2】 张三挂靠 A 建筑公司承揽了 B 公司某个脚手架搭建与保温拆除工程，因租赁建筑器材拖欠了 C 租赁站款项，C 租赁站将 A 公司和张三一同诉至法院。A 建筑公司在庭审中认可承包过 B 公司的该项工程，张三为该工程项目负责人。张三以 A 建筑公司名义与 C 租赁站签订租赁合同，租赁了建筑器材，虽未提交 A 建筑公司的授权委托书，但其在合同上加盖了名称为 A 建筑公司的公章，合同履行过程中 C 租赁站又多次运送租赁物到该工程地点，C 租赁站有充分理由相信张三签订合同的行为系代理 A 建筑公司而为，张三的行为构成表见代理。且 A 建筑公司申请鉴定时提交的《××生产区域脚手架搭设及保温拆除、恢复》合同中，张三作为 A 建筑公司委托代理人签字。综合以上情况，认定 A 建筑公司与 C 租赁站形成租赁合同关系，该合同的付款义务应由 A 建筑公司承担，张三在本案中不承担付款责任。

【案例 20-3】 A 建筑公司接受 B 公司挂靠承接了一个总承包工程，B 公司以 A 建筑公司的名义与业主方签订承包合同，并与分供商签订供应合同。由于该工程项目业主方未能按照合同约定支付比例支付进度款，该项目供应商起诉 A 建筑公司，造成 A 建筑公司账面的 30 万元资金被法院强制执行划入供应商账户。被挂靠方 A 建筑公司被强制划走的 30 万元资金需要哪些资料才能够在企业所得税前扣除？

分析：首先明确一个问题，被挂靠单位 A 建筑公司是否有责任为挂靠人 B 公司清偿债务。其次才是被强制划走的 30 万元如何进行涉税处理。根据案例表明的合同签订主体关系可知，A 建筑公司要承担该项目的债务清偿责任（无论事后能否向 B 公司追偿）；被挂靠单位 A 建筑公司应该取得该供应商开具的合规的应税发票才能抵扣进项税额在企业所得税前列支扣除。

2. 代位诉讼权

《中华人民共和国民法典》第五百三十五条规定："因债务人怠于行使其债权或者与该债权有关的从权利，影响债权人的到期债权实现的，债权人可以向人民法院请求以自己的名义代位行使债务人对相对人的权利，但是该权利专属于债务人自身的除外。代位权的行使范围以债权人的到期债权为限。债权人行使代位权的必要费用，由债务人负担。相对人对债务人的抗辩，可以向债权人主张。"

【案例 20-4】 某建筑企业 M 公司将某公路工程分包给 A 公司，A 公司又将部分工程"分包"给了 B 公司，B 公司又将其中矿石加工交给了 C 单位实施（个人独资企业）。B 公司一直欠付 C 单位款项，C 单位可否直接发起代位诉讼权，向 A 公司或发包方 M 公司索要款项？

分析：法释〔2020〕25 号第四十四条规定："实际施工人依据民法典第五百三十五条规定，以转包人或者违法分包人怠于向发包人行使到期债权或者与该债权有关的从权利，影响其到期债权实现，提起代位权诉讼的，人民法院应予支持。"

笔者在日常的咨询工作中，有人问到更多的是"被挂靠人不支付挂靠人款项，挂靠人可否直接向发包方主张债权？"笔者认为这种情况不能直接参照法释〔2020〕25 号第四十四条规定，因为该规定主要适用于违法转包、违法分包项目的实际施工人，以转包人或者违法分包人怠于向发包人行使到期债权的，实际施工人可以行使代位诉讼权，并未强调违法挂靠项目的实际施工人也可以适用。根据发包人对于挂靠事实是否知情，挂靠人需要分两种不同情形予以举证：发包人对于挂靠事实是不知情的；很可能导致合同无效。发包人对于挂靠事实是知情的，对于挂靠人借用资质实际施工的事情予以默许或者知道是挂靠人实际履行合同；如直接向挂靠人支付部分工程款，产生了实际的权利义务关系。且发包人对合同无效在主观上存在过错也应当承担过错责任。

（三）农民工工资支付风险

在实务中，挂靠人拖欠农民工工资导致被挂靠方被相关部门依法依规处理的案例屡见不鲜。《保障农民工工资支付条例》第三十六条规定："建设单位或者施工总承包单位将建设工程发包或者分包给个人或者不具备合法经营资格的单位，导致拖欠农民工工资的，由建设单位或者施工总承包单位清偿。施工单位允许其他单位和个人以施工单位的名义对外承揽建设工程，导致拖欠农民工工资的，由施工单位清偿。"

【案例 20-5】 张某个人挂靠 A 公司，其于 2019 年 12 月以 A 公司名义从 B 建筑公司处转包模钢构项目的安装工程[①]。李某等 19 位农民工在该工程中从事劳务作业工作。项目完工后，因项目工人部分工资未发，李某等 19 位农民工向该工程所在地的县人力资源和社会保障局投诉，该局在查处过程中组织原告、被告、A 公司和 B 公司进行四方协调，被告张某对拖欠农民工的工资数额进行确认，B 公司同意以自己确认的未付工程款为限代付农民工工资，并按比例折算代付数额；B 公司按比例已实际代付工资，但剩余部分被告张某、A 公司、B 公司均未支付。原告李某等 19 人多次催款未果，遂诉至法院。法院审理后认为，被告张某招用原告李某等 19 名农民工从事案涉工程项目的安装工作，李某等人已完成相关劳务作业，被告张某应依约支付报酬；A 公司允许被告张某以公司名义承揽工程，对被告张某拖欠农民工工资亦应承担清偿责任。B 公司相对于分包单位，系施工总承包单位，故对分包单位工资发放情况有监督义务，对分包单位拖欠的农民工工资有先行清偿的义务。法院依法判决被告张某、A 公司在判决生效后 5 日内支付原告李某等 19 人工资 16 万余元。被告 B 公司在被告张某、A 公司未支付上述款项的情况下承担先行清偿责任。

（四）挂靠合同被认定无效，约定的挂靠管理费如何处理

出借资质、借用资质属于违法行为，挂靠项目施工合同和挂靠协议很有可能被认定为无效合同，被挂靠单位是否可以主张挂靠方按约定支付的挂靠费？可以参照《重庆市高级人民法院 四川省高级人民法院关于审理建设工程施工合同纠纷案件若干问题的解答》第六问："无效建设工程施工合同中约定的管理费如何处理？答：转包人、违法分包人、出借资质的建筑施工企业已经收取了管理费，实际施工人以建设工程施工合同无效为由请求返还的，人民法院不予支持。未实际参与施工、组织管理协调的转包人、违法分包人、

---

① 笔者注：本案例摘自湖南省中方县人民法院官方网站"案件报道"栏目，为 2022 年 9 月 3 日发布的新闻《以挂靠公司名义承包工程，却久拖农民工工资不还，谁该担责》，作者为向垚、唐烨。

出借资质的建筑施工企业请求实际施工人按照无效建设工程施工合同约定支付管理费，人民法院不予支持。实际施工人请求转包人、违法分包人、出借资质的建筑施工企业支付的工程款中包含管理费的，对于管理费部分不予支持。"

【案例 20-6】 A园林公司设立分公司承包给张某使用，双方签订分公司承包经营协议。承包协议中约定承包经营期限为三年，张某每年向A公司支付30万元管理；张某承包分公司后独立核算，自负盈亏。分公司成立后，只参加过一次投标且未中标。三年承包期到期后A公司拟注销该分公司，张某不同意，双方协商多次不成。张某向A园林公司发函，函中称双方签订的分公司承包经营协议实为挂靠协议，属于无效合同，要求退还支付的管理费。最终，某某仲裁委员会仲裁庭认为双方签订的分公司承包经营协议属于挂靠协议，因违反禁止性规定而无效。《中华人民共和国民法典》第一百五十七条"民事法律行为无效、被撤销或者确定不发生效力后，行为人因该行为取得的财产，应当予以返还；不能返还或者没有必要返还的，应当折价补偿。有过错的一方应当赔偿对方由此所受到的损失；各方都有过错的，应当各自承担相应的责任。法律另有规定的，依照其规定。"

因此，上述案例中A园林公司的分公司承包经营的实质为建筑资质挂靠，挂靠人要求返还已支付的承包管理费得到了仲裁庭的支持。在实践中，司法机关可能会有不同的裁判结果，支持被挂靠单位返还管理费的案例也不是很多，但此类案例很容易被挂靠人争相效仿，对被挂靠单位极为不利。

四、挂靠项目的安全事故风险

《中华人民共和国民法典》第一千二百五十二条规定："建筑物、构筑物或者其他设施倒塌、塌陷造成他人损害的，由建设单位与施工单位承担连带责任。但是建设单位与施工单位能够证明不存在质量缺陷的除外。建设单位、施工单位赔偿后，有其他责任人的，有权向其他责任人追偿。因所有人、管理人、使用人或者第三人的原因，建筑物、构筑物或者其他设施倒塌、塌陷造成他人损害的，由所有人、管理人、使用人或者第三人承担侵权责任。"

若坍塌的建筑物属于挂靠项目，作为被挂靠人首先应承担相应的民事责任，其次再依据相关法律追究挂靠人的责任。《最高人民法院关于适用〈中华人民共和国民事诉讼法〉的解释》（2022 年修正）第五十四条规定："以挂靠形式从事民事活动，当事人请求由挂靠人和被挂靠人依法承担民事责任的，该挂靠人和被挂靠人为共同诉讼人。"

【案例 20-7】 自然人马某以广东某建筑公司的名义承接了一个酒店施工总承包工程。2020 年 11 月，该项目发生一起施工边坡坍塌事故，事故造成 4 人死亡，直接经济损失约 844.79 万元。该项目所在市应急管理局发布了这次事故的防范和整改措施落实情况评估报告，5 人被追究刑事责任、4 家单位和 22 人被追责处罚。作为被挂靠方的总包单位被提请降低或吊销资质，并对其作出罚款人民币陆拾万元整（60 万元）的行政处罚并结案，同时该市应急管理局 2021 年 3 月 29 日已报请省应急管理厅将其纳入安全生产信用信息联合惩戒黑名单。

五、违法挂靠工程的财税风险识别

部分挂靠人为了少交税费铤而走险虚开发票将有可能引发重大涉税风险，进而涉及刑法处罚。笔者认为，违法挂靠工程的财税风险集中体现在项目利润支取环节。

通常情况下，挂靠人不愿意按照正常的分红程序分取项目利润，大部分违法挂靠项目的利润分红方式都存在一定的涉税风险。若挂靠人为自然人，其挂靠的项目盈利金额所需承担的所得税费负担约为项目税前利润总额的 40%，其中企业所得税税负 25%，个人所得税税负 15%〔（1 − 25%）× 20%〕。部分被挂靠单位允许挂靠人采用下述两种方式分取挂靠项目的利润，存在不同程度的涉税风险与其他法律风险。

（一）采用"转包"模式提取利润

挂靠人以自己拥有或控制的建筑企业（资质低）与被挂靠单位签订"分包合同"，被挂靠单位扣除收取的挂靠费后，剩余金额均以挂靠人开具的分包发票列支成本，属于挂靠人的利润已经包含在其开具的建筑服务金额中。这类支取挂靠项目的利润，还存在违法分包、违法转包的行政处罚风险。

《建设工程质量管理条例》第六十二条第一款规定："……承包单位将承包的工程转包或者违法分包的，责令改正，没收违法所得，对勘察、设计单位处合同约定的勘察费、设计费 25% 以上 50% 以下的罚款；对施工单位处工程合同价款 0.5% 以上 1% 以下的罚款；可以责令停业整顿，降低资质等级；情节严重的，吊销资质证书。"

这类模式降低了被挂靠单位的财税风险，但对于挂靠人来说并不一定能降低其综合税负。

（二）采用独立核算的分公司挂靠提取利润

被挂靠单位在挂靠人承揽的项目地注册了一个分公司交给挂靠人使用，以被挂靠单位总公司的名义签订建设工程合同，再授权分公司实施该项目。一般情况下，挂靠的双方都希望该分公司为"独立的纳税义务人"，并且要求挂靠人在项目决算后，全部开具相关票据，债权债务清理完毕后将该分公司注销。这类模式下的分公司缴纳完企业所得税后，挂靠人（自然人）分取剩余利润要缴纳 20% 的个人所得税，因此该分公司在运营过程中可能呈现出的盈利水平较低，在企业所得税前列支的成本费用可能存在虚增成分。该分公司在注销的清税环节恐怕存在一定问题，若处置不当将引发较大的涉税风险。

另外，建筑企业将分公司交给挂靠人使用，即便工程竣工决算后注销了，也可能存在一定的法律风险。《公司法》第十三条第二款规定："公司可以设立分公司。分公司不具有企业法人资格，其民事责任由公司承担。"公司分支机构于法人变更过程中是否已实际被市场监督管理部门注销，不影响公司基于独立法人资格行使其分支机构所享有的民事权利、承担其分支机构所负有的民事义务。分公司对外签订合同，而后分公司在尚存部分债务未偿还就注销了，即便总公司对此不知情，也不能仅以不知情为由拒绝承担民事责任。

参 考 文 献

［1］林久时．建筑企业财税处理与合同涉税管理（全新升级版）［M］．北京：中国铁道出版社有限公司，2024.

［2］林久时．建筑施工企业全生命周期财税处理与风险防范（案例版）［M］．北京：中国铁道出版社有限公司，2022.

［3］何广涛．建筑业增值税管理与会计实务［M］．2版．北京：中国财政经济出版社，2020.

［4］孙凌志，刘芳．新时期工程造价疑难问题与典型案例解析［M］．北京：中国建筑工业出版社，2019.